Barbara Berckhan

Die etwas gelassenere Art, sich durchzusetzen

Ein Selbstbehauptungstraining für Frauen

WILHELM HEYNE VERLAG
MÜNCHEN

Umwelthinweis
Dieses Buch wurde auf chlor- und
säurefreiem Papier gedruckt.

7. Auflage

Taschenbuchausgabe 1/2003
Wilhelm Heyne Verlag, München,
in der Verlagsgruppe Random House GmbH
http://www.heyne.de
Copyright © 1995 by Kösel-Verlag GmbH & Co., München
Printed in Germany 2007
Umschlaggestaltung: Eisele Grafik-Design, München
Illustrationen: Eva Amode, München
Satz: Schaber Satz- und Datentechnik, Wels
Druck und Bindung: GGP Media GmbH, Pößneck

ISBN: 978-3-453-86412-2

Inhalt

Einleitung 9

Was heißt hier Selbstbehauptung? 17

Die Ursachen der Verunsicherung 17

Die Tyrannei des inneren Kritikers 20
Der innere Antreiber 27
Wie der Knacks im Selbstwertgefühl entsteht 33
Die Spielregeln der weiblichen und der männlichen Kultur 44

Die Bausteine der Gelassenheit 54

Die wichtigste Liebesbeziehung 56
Innere Vorschriften abbauen 71
Nehmen Sie's nicht persönlich: Ihr sachbezogenes Selbst ... 79

Selbstsicher auftreten 85

Die selbstsichere Körpersprache 86

Signale der Unsicherheit 89
Zeigen Sie Haltung 93
   Übung: Anleitung zur Muthaltung 94
*Von der Kunst, Zeit, Raum und Aufmerksamkeit
einzunehmen* 95

Stellen Sie Ihr Licht nicht unter den Scheffel 102

Wie das Veilchen im Moose 109
Rücken Sie Ihre Leistungen in ein besseres Licht 111

Selbstbehauptungsstrategie:
  Sich selbst positiv darstellen 113

Sagen Sie direkt, was Sie wirklich wollen 114

Verdeckte Wünsche werden nur selten verstanden 116
»Da red ich gegen eine Wand« 120
  Selbstbehauptungsstrategie:
  Direktes Wünschen oder Fordern 124

Wie ein Fels in der Brandung:
Das ABC der Beharrlichkeit 125

Sich durchsetzen, ohne zu kämpfen 126
Sie brauchen nicht auf andere einzugehen 131
  Selbstbehauptungsstrategie:
  Das ABC der Beharrlichkeit 134
*Die Grenzen der Beharrlichkeit oder »Vom Ochsen
kriegen Sie kein Kalbfleisch«* 141

Grenzen ziehen 147

Der Mut zum Nein 148

Ein halbes Nein kommt oft nicht an 149
*Wenn Ihr Nein nicht akzeptiert wird: Vorsicht,
Manipulation!* 151
  Selbstbehauptungsstrategie:
  Gelassen Nein sagen 159

Tragen Sie auch die Lasten der anderen? 161

Von intakten und kaputten Grenzen 163
Frühe Grenzverletzungen 165
Der heimliche Gewinn der Überlastung 167
Denken Sie zuerst einmal an sich selbst 171
  Selbstbehauptungsstrategie:
  Anleitung zur Lastenumverteilung 174

Das schlechte Gewissen 177

»Hilfe, ich werde kritisiert!« 181

»Komme ich bei den anderen an?« 182
Sie selbst bestimmen, welche Kritik Sie annehmen wollen .. 185
  Selbstbehauptungsstrategie:
  Kritik selbstsicher aufnehmen 188
Tratsch und Klatsch: Versteckte Kritik von hintenherum .. 189

So können Sie andere kritisieren, ohne sie zu verletzen 192

Einschnappen oder ausrasten: Wenn der innere Kritiker Amok läuft 193
Die häufigsten Fehler beim Kritikgespräch – und wie es besser geht 198
  Selbstbehauptungsstrategie:
  Wie Sie andere Menschen kritisieren können,
  ohne sie zu verletzen 202
Wie Sie Ihren Chef kritisieren können 203

Konflikte austragen 209

Zeit zum Streit 210

Der Wunsch nach Harmonie und Eintracht 211
Wodurch sich Menschen gegenseitig zur Weißglut bringen 214
Was Sie tun können, wenn Sie in einem Konflikt stecken .. 227
  Selbstbehauptungsstrategie:
  Gesprächsführung bei Konflikten 230
Beispiel einer Konfliktklärung 231

Wie Sie Spannungen besser aushalten können 238

Legen Sie sich ein »dickes Fell« zu 242
  Selbstbehauptungsstrategie:
  Ihr Schutzschild 243

Überleben in der Giftküche 244
Der Tanz um die Dominanz 245
Gelassen Kontra geben 247
  Selbstbehauptungsstrategie:
  Das Angriffs-Judo 253

Der Ärger mit der Wut 255
Aufgestaute Wut und ihre Folgen 257
Der bewusste Umgang mit der Wut 260
  Selbstbehauptungsstrategie:
  Machen Sie das Beste aus Ihrem Ärger 263
Wie Sie mit der Wut anderer Leute umgehen können 265

Ein Wort zum Schluss 267

Anmerkungen und Literatur 269

Einleitung

»Im Grunde liegt es daran, dass ich zu wenig Selbstvertrauen habe«, sagte die Frau zu mir. Sie hatte gerade darüber berichtet, wie schwer es ihr fällt, zu Hause und auch im Beruf sich von anderen abzugrenzen und auch mal nein zu sagen. Sie gehörte zu den Frauen, die sich oft allzu sehr für die Probleme der anderen zuständig fühlen, die eine riesengroße Antenne für anfallende Arbeiten oder ungelöste Schwierigkeiten haben und sich das alles auch ohne zögern aufladen. Wie viele andere Frauen auch wusste sie, woran es bei ihr haperte. »Aber wie komme ich zu mehr Selbstvertrauen? Und wie kann ich mich durchsetzen?«, fragte sie. Solche und ähnliche Fragen werden in den Seminaren und Trainings, die ich anbiete, sehr häufig gestellt. Das war mit ein Grund, warum ich vor einigen Jahren anfing, spezielle Selbstbehauptungstrainings für Frauen anzubieten. Das sind Seminare, in denen es darum geht, wie Frauen einerseits ihr Selbstwertgefühl stärken können, und wie sie sich andererseits anderen Menschen gegenüber gelassen und möglichst stressfrei durchsetzen können.

Das Buch, das Sie hier in den Händen halten, entstand vor allem auf Anregung der vielen Frauen, die an diesen Selbstbehauptungstrainings teilgenommen hatten. Die meisten wollten die Trainingsinhalte, die Übungen und Selbstbehauptungsstrategien gerne einmal zu Hause nachlesen oder an andere weitergeben. In dieses Buch fließen aber auch die Geschichten und Probleme vieler Frauen ein, die in den Seminaren oder auch in Einzelgesprächen über sich erzählten. Und ich greife auf die Erfahrungen zurück, die ich als Seminarleiterin in anderen, gemischten Seminaren gemacht habe, wie beispielsweise Kommunikationstrainings oder Führungskräftetrainings zum Thema Mitarbeiterführung.

In jedem Selbstbehauptungstraining wird früher oder später diese eine Frage gestellt: »Warum ist dieses Selbstbehauptungstraining nur für Frauen? Sind Männer denn nicht unsicher?« Meine Antwort lautet: »Doch, Männer sind auch unsicher. Ich denke, Männer und Frauen unterscheiden sich nicht im Ausmaß der Unsicherheit. Aber sie unterscheiden sich häufig in der Art und Weise, wie sie mit ihrer Unsicherheit umgehen.« Nach meinen Erfahrungen lastet auf den meisten Männern immer noch ein enormer Erfolgsdruck. Der Druck ließe sich ungefähr so in Worte fassen: »Ein richtiger Mann weiß immer, wo es langgeht. Er darf nicht unsicher oder ängstlich sein.« Diese traditionelle, männliche Rolle fordert von ihm, dass er allzeit »Herr der Lage« ist, tatkräftig zupacken kann und sich dabei nicht von Gefühlen und Stimmungen beeinflussen lässt. Das mag Ihnen hier beim Lesen vielleicht etwas überzogen vorkommen, und möglicherweise denken Sie auch, dass sich in den letzten Jahrzehnten doch vieles in Hinblick auf die alten Rollenbilder geändert hat. Und zum Glück stimmt das auch. Immer mehr Männer stellen dieses traditionelle und überholte Rollenmodell für sich infrage und suchen nach einer neuen Art, wie sie ihr Mannsein leben wollen.

Aber leider stelle ich auch fest, dass das alte männliche Rollenmodell immer noch eine enorme Wirkung hat. Männer, die aus dieser alten Rolle ausbrechen, bekommen nicht selten einiges an Angriffen und Spott von ihren Mitmenschen zu hören. Und so existiert zurzeit beides: Die alten Rollenmodelle werden von immer mehr Menschen infrage gestellt. Aber in den Köpfen (von Männern und Frauen) spukt auch immer noch das alte Männlichkeitsideal vom harten Kerl, der keine Angst kennt, der nicht weint und der nicht unsicher ist. Männer sind also durchaus innerlich unsicher, aber sie neigen immer noch mehr als Frauen dazu, ihre Unsicherheit und Unterlegenheitsgefühle zu verstecken. Frauen haben oft viel weniger Schwierigkeiten, zu zeigen, dass sie unsicher sind. Sie signalisieren oft sogar eine Unsicherheit, die sie innerlich gar nicht haben, um von anderen nicht als dominant oder zu hart eingestuft zu werden. Das lässt sich oft in Diskussionsrunden beobachten. Viele Frauen drücken ihre Meinung aus mit Worten wie: »Ich glaube ...« oder: »Es könnte doch sein, dass ...« oder: »Vielleicht wäre es sinnvoller ...« Durch diese Worte klingt ihr Standpunkt vage und unbestimmt. Bei Männern lässt sich oft genau das Gegenteil feststellen. Sie nehmen aus ihren Worten jede Unsicherheit heraus. Ihre Sätze beginnen häufig mit: »Es ist doch eine unumstößliche Tatsache, dass ...« oder: »Niemand kann doch heutzutage ernsthaft behaupten, dass ...«, »Sie werden mir sicher zustimmen ...« Und schon hört es sich so an, als würde der Mann von unumstößlichen Tatsachen und ernsthaften Fakten ausgehen, während die Frau nur ihren Glauben, ihr Vielleicht und ein Es-könnte-Sein anzubieten hat. Der Mann wirkt nach außen entschlossen und sicher. Die Frau wirkt schwankend und unsicher. Damit hier keine Missverständnisse aufkommen: Natürlich kann jede Frau genauso reden wie ein Mann und umgekehrt. Und einige Frauen tun das bereits. Ich habe dieses Beispiel nicht ausgewählt, um Ihnen zu zeigen, wie Sie künftig in Diskussionen Ihre Meinung vertreten sollen. Mir geht es darum, zu zeigen, dass sich die alten, traditionellen Geschlechterrollen immer noch unbemerkt im alltäglichen Verhalten niederschlagen. Nur weil ein Mann vielleicht aufgrund seiner verinnerlichten Männerrolle selbstsicher nach außen wirkt, muss das nicht bedeuten, dass er sich innerlich auch wirklich selbstsicher fühlt.

Ich habe mich entschieden, ein Buch zu schreiben, das speziell auf die Selbstbehauptungsprobleme von Frauen eingeht, wobei einige Themen durchaus beide, Frauen und Männer, etwas angehen. Ich denke zum Beispiel an das Thema »Der innere Kritiker und der innere Antreiber« und »Wie wir zu mehr Gelassenheit kommen«. Denn sich selbst unter Druck setzen und dabei ausbrennen, das betrifft Frauen und Männer gleichermaßen, ebenso das Thema »Umgang mit Kritik«. Da haben nach meinen Erfahrungen beide Geschlechter wirklich die gleichen Probleme. Frauen wie Männer tun sich schwer damit, ein gutes Kritikgespräch zu führen oder mit der Kritik von anderen selbstsicher umzugehen. Bei anderen Themen, wie beispielsweise der positiven Selbstdarstellung, weiß ich, dass Frauen darauf ganz anders reagieren als viele Männer. Den meisten Frauen fällt es sehr schwer, sich selbst zu loben, die eigene Leistung herauszustellen und Gutes über sich selbst zu sagen. Darüber hinaus zweifeln sie viel mehr als Männer daran, ob diese Form des Selbstlobes überhaupt erlaubt ist.

Ein anderer kritischer Punkt, der in den Trainings zur Sprache kommt, ist das Wort *Selbstbehauptung*. Manche meiner Teilnehmerinnen sind skeptisch, ob sie in einem Selbstbehauptungstraining überhaupt richtig sind. Wenn ich Glück habe, äußern die Teilnehmerinnen ihre Bedenken gleich zu Beginn des Seminars. Viele aber reden über ihre Zweifel erst am Schluss des Trainings. Solche Bedenken hören sich dann ungefähr so an: »Wissen Sie, Frau Berckhan, ich hatte schon Angst, wir würden hier zu einer aggressiven Emanze gemacht werden. Also das wollte ich auf keinen Fall werden.« An dieser Stelle gibt es meistens beifälliges Nicken von den restlichen Teilnehmerinnen. Nicht selten verbinden Frauen (und Männer) mit dem Wort Selbstbehauptung ein aggressives Auftreten. Manche glauben, Selbstbehauptung bestünde vorwiegend aus einem spitzen Ellenbogen und der Faust, die auf den Tisch haut. Das kann tatsächlich zur Selbstbehauptung gehören, es ist aber zugleich nur eine Facette der selbstsicheren Verhaltensweisen. Selbstbehauptung besteht nicht nur aus den dominanten und lauten Tönen. Selbstbehauptung kann auch etwas

Sanftes sein wie nachgeben, zuhören, Witze machen, Ja sagen, lachen, weinen und weggehen. Gerade für Frauen, die im Alltag vorwiegend ihre dominanten, starken Seiten leben, bedeutet Selbstbehauptung oft, dass sie sich auch von ihrer schwachen Seite zeigen können. Denn eine »starke« Frau braucht oft eine große Portion Selbstsicherheit, um auch ihre Verletzbarkeit, ihr Überfordertsein oder ihren Kummer nach außen zeigen zu können.

Darüber hinaus hat Selbstbehauptung viel mit Gelassenheit zu tun. Ich verstehe unter Gelassenheit eine innere Freiheit, das Nicht-geknebelt-Sein. Wir schaffen es oft, uns selbst anzuketten, indem wir uns mit einem Muss oder Soll unter Druck setzen. In der alten, traditionellen Frauenrolle lauteten diese Knebelungen und Vorschriften oft so: »Ich *muss* immer nett und hilfsbereit sein« oder: »Ich *sollte* bescheiden sein und nicht angeben.« Aber dieses Müssen und Sollen kommt auch im modernen Gewand der Frauenemanzipation daher. Da heißt es dann zum Beispiel: »Ich *muss* mich durchsetzen« oder: »Ich *sollte* selbstbewusst sein und mich nicht unterkriegen lassen.« Dieses Muss und Soll nenne ich in diesem Buch »sich selbst Vorschriften machen«. Und jede Form von inneren Vorschriften, seien es die alten, traditionellen oder die neuen, scheinbar emanzipatorischen Vorschriften erzeugt in uns Druck, Angst und Stress. Mit Angst, Druck und Stress im Nacken können wir aber kaum selbstsicher auftreten oder flexibel und kreativ ein Gespräch führen. Wirkliche Selbstbehauptung fängt damit an, dass wir das Korsett der inneren Vorschriften lockern und uns selbst mehr erlauben. Das Gegenteil von inneren Vorschriften ist die Gelassenheit, die innere Freiheit, etwas anzustreben und zu fordern, ohne Zwang und (Selbst-)Unterdrückung. Gleich im ersten Kapitel geht es darum, warum wir uns mit Vorschriften unter Druck setzen und wie wir innerlich mehr Selbstvertrauen entwickeln können. Mir ist diese Innenansicht der Selbstbehauptung sehr wichtig. Es ist eben nicht damit getan, sich nur etwas mehr zu entspannen und sich anders zu benehmen als bisher. Das Thema Selbstbehauptung berührt wie kaum ein anderes Thema unsere Persönlichkeit, besonders unser Selbstwertgefühl. Und es ist gut möglich, dass an Ihren inneren Vorschriften gerüttelt wird, wenn Sie die Selbstbehauptungsstrategien aus diesem Buch ausprobieren. Wenn Sie zum Beispiel in einem Bewerbungsgespräch die Strategie der positiven Selbstdarstellung anwenden wollen, kann es für Sie wichtig sein, dass Sie zuerst Ihre Bescheidenheits-Vorschriften wie »Eigenlob stinkt« oder »Ich darf mich nicht selbst loben« abbauen.

Ein Aspekt ist mir bei meinem Selbstbehauptungstraining noch besonders wichtig: die Sozialverträglichkeit. Die häufigsten Selbstbehauptungssituationen entstehen im Alltag nicht mit irgendwelchen Fremden, sondern mit den Menschen, die wir kennen, mit denen wir zusammenleben oder arbeiten. Wer sich nur aggressiv und ohne Rücksicht durchsetzt, mag zwar in der Sache gewinnen, läuft aber Gefahr, die jeweilige Beziehung aufs Spiel zu setzen. Deshalb ist es wichtig, dass wir bei unserer Selbstbehauptung auch die Beziehung zu unserem Gegenüber berücksichtigen. Was nicht heißt, dass es nur um Frieden und Harmonie mit anderen geht. Es ist unrealistisch, wenn wir erwarten, dass unsere Mitmenschen nur freudig applaudieren, wenn wir uns selbstsicher durchsetzen. Es geht vielmehr darum, sich einerseits sozial geschmeidig zu behaupten, zugleich aber auch dicke Luft und Spannung aushalten zu können.

Mir lag von Anfang an sehr viel daran, ein Buch zu schreiben, das sich nicht nur theoretisch mit dem Thema Selbstwertgefühl und Selbstbehauptung beschäftigt, sondern ich wollte auch ganz konkrete Strategien beschreiben, mit denen Frauen sich gelassen durchsetzen können. Nun fürchten manche Frauen, dass ihr Verhalten aufgesetzt und unecht wirkt, wenn sie im Alltag plötzlich eine solche

Selbstbehauptungsstrategie anwenden. Ich sehe dieses Problem auch, besonders dann, wenn die Strategie nicht zu Ihrer Persönlichkeit und der jeweiligen Situation passt. Tatsächlich sind die Strategien, die ich Ihnen hier vorstelle, nur eine Art Grundschnittmuster. Sie stehen vor der Aufgabe, dieses Grundschnittmuster für sich passend zu machen. Und zwar passend für die Situationen, in denen Sie sich durchsetzen wollen und für die Menschen, mit denen Sie es meistens zu tun haben.

Diese Selbstbehauptungsstrategien sind vergleichbar mit einer guten Hautcreme: Im Topf ist die Creme noch deutlich mit einer eigenen Farbe und einer bestimmten Festigkeit zu erkennen. Haben Sie die Creme erst einmal bei sich aufgetragen, dann verschmilzt sie mit Ihrer Haut. Sie zieht ein und ist als Creme nicht mehr zu erkennen. Eine Selbstbehauptungsstrategie, die hier im Buch noch ganz deutlich als reine Strategie beschrieben wird, ist von außen als solche nicht mehr zu erkennen, wenn Sie sie auf Ihre ganz individuelle Art und Weise anwenden. Die Selbstbehauptungsstrategie verschmilzt mit Ihrem persönlichen Stil. Dazu brauchen Sie zunächst einfach die Bereitschaft, diese Strategien auszuprobieren. Die Teilnehmerinnen meiner Selbstbehauptungstrainings erfahren die Strategien während des Seminars am eigenen Leib. In dem geschützten Rahmen eines Trainings ist es sehr leicht, etwas Neues zu wagen, weil mögliche Fehler dort keine große Tragweite haben. Ihr erstes Trainingsfeld wird wahrscheinlich der Alltag sein. Suchen Sie sich anfangs ganz bewusst harmlose Situationen aus, in denen Sie die Strategien üben können. Wählen Sie für sich solche Gelegenheiten aus, bei denen es für Sie um wenig oder nichts geht, bevor Sie die Strategien in wichtigeren Gesprächen und Verhandlungen anwenden. Entscheidend ist dabei, dass Sie sich selbst Zeit lassen und dabei liebevoll mit sich umgehen.

Was heißt hier Selbstbehauptung?

In diesem Kapitel geht es darum, wie unsere Selbstsicherheit und Gelassenheit von innen her entstehen kann. Es geht also um das seelische Fundament unserer Selbstbehauptung. Und ich beschreibe, wie wir uns selbst »klein kriegen«, wodurch wir unsere eigene Selbstsicherheit untergraben. Es ist schon viel gewonnen, wenn wir diese selbst gemachten Verunsicherungsprozesse bei uns erkennen und stoppen können. Darüber hinaus spielt bei diesem Thema natürlich das gesellschaftliche Umfeld eine große Rolle, besonders das, was ich hier die weibliche und männliche Kultur nenne. Die Spielregeln und Verhaltensmuster dieser beiden Kulturen tragen dazu bei, dass sich besonders Frauen eingeschüchtert fühlen. Im zweiten Abschnitt dieses Kapitels geht es darum, was Sie tun können, um Ihre innere Gelassenheit und Selbstsicherheit aufzubauen und zu stärken.

Die Ursachen der Verunsicherung

Niemand macht uns unsicher. Aber viele reden so, als sei ein Außenstehender daran schuld, dass wir unsicher werden. Da heißt es dann: »Mein Chef verunsichert mich total. Jedes Mal, wenn er mich anspricht, fühle ich mich irgendwie ertappt und werde knallrot.« Oder: »Der Freund meiner Freundin ist so überheblich, dass ich ganz schüchtern und gehemmt werde.« – »Wenn ich diese Typen in Schlips und Anzug nur von weitem sehe, geht mein Selbstbewusstsein sofort den Bach runter.« Das klingt zunächst so, als ob andere Leute für unser Selbstwertgefühl verantwortlich wären. Tatsächlich ist es aber so, dass die Gefühle und Einstellungen, die wir anderen Menschen oder bestimmten Situationen gegenüber haben, von uns selbst verursacht werden.

Um das, was geschieht, wenn wir unsicher werden, genauer erklären zu können, möchte ich Ihnen das Teile-Modell der Seele vorstellen. Ich gehe wie viele andere Psycholog(inn)en und Pädagog(inn)en davon aus, dass unsere Persönlichkeit nicht aus einem Guss besteht.[1] Sie ist eher ein System, das sich aus verschiedenen Teilen oder Unterpersönlichkeiten zusammensetzt. Wir haben nicht ein einheitliches Selbst, sondern wir bestehen aus vielen verschiedenen Selbsten. Wir erleben diese Selbste als unterschiedliche innere Stimmen oder auch als Energien. Dieses Modell der Psyche erleichtert es uns, seelische Prozesse zu verstehen und beschreiben zu können.

Am Beispiel eines inneren Konflikts lässt sich dieses Teile-Modell der Seele gut verdeutlichen. So einen inneren Konflikt zwischen den Teilen Ihrer Persönlichkeit können Sie beispielsweise dann erleben, wenn Sie versuchen, einen guten Vorsatz in die Tat umzusetzen und es nicht schaffen. Nehmen wir einmal an, Sie haben sich fest vorgenommen, etwas für Ihre Gesundheit zu tun. Sie wollen jetzt jeden Sonntag noch vor dem Frühstück eine Runde Dauerlauf machen. Nun ist es Sonntag, aber Sie finden es im Bett so gemütlich warm. Das Wetter ist auch nicht besonders gut, und Sie drehen sich noch einmal um, dösen etwas und frühstücken dann in aller Ruhe. Der Dauerlauf findet also nicht statt, obwohl Sie es sich doch eigentlich fest vorgenommen hatten. Vielleicht ärgern Sie sich darüber, dass Sie nicht genug Willenskraft hatten, um den guten Vorsatz auch umzusetzen. Mit dem Teile-Modell der Seele ließe sich das Geschehen so erklären: Ihr Erholungs-Teil, der dafür zuständig ist, dass Sie genügend Schlaf bekommen, sich ausspannen und es bequem haben, hat über Ihren inneren Antreiber gesiegt. Ihr guter Vorsatz war nur die Entscheidung eines Teils Ihrer Seele, nämlich die Ihres inneren Antreibers. Mindestens ein anderer Teil war damit nicht einverstanden und hat das sportliche Vorhaben sabotiert. Und Ihr innerer Kritiker hat Sie dann zu guter Letzt noch dafür kritisiert, dass Sie es nicht einmal schaffen, sich aufzuraffen und Sport zu treiben. Unsere verschiedenen Selbste können sich also untereinander durchaus streiten oder sogar unterdrücken.

Für das Thema Selbstbehauptung sind einige dieser Unterpersönlichkeiten oder Selbste besonders interessant. Ob wir uns unsicher oder selbstsicher fühlen, hängt damit zusammen, welches Selbst über unser inneres »Betriebsklima« bestimmt. Und bei den meisten Menschen, Frauen wie auch Männern, beherrschen der innere Kritiker und der innere Antreiber das seelische Betriebsklima. Diese beiden möchte ich Ihnen jetzt vorstellen. Später lernen Sie dann noch andere Selbste kennen, beispielsweise Ihr inneres Kind, den liebevollen, fürsorglichen Teil Ihrer Seele und Ihr sachbezogenes Selbst. Das sind jedoch bei weitem nicht alle Teile der Seele, sondern nur diejenigen, die direkt für Ihr Selbstwertgefühl zuständig sind. Deshalb beschränke ich mich hier auf diese Selbste.

Bevor ich mit dem Kritiker und Antreiber beginne, möchte ich noch auf meine Schreibweise eingehen. Ihr innerer Kritiker kann natürlich auch eine innere Kritikerin sein. Noch genauer wäre es, wenn ich von einem kritisierenden Teil der Seele schreibe, der sowohl eine weibliche als auch eine männliche Seite oder Stimme haben kann. Ich habe mich allerdings entschieden, auf eine doppelte männliche und weibliche Schreibweise der Seelenteile zu verzichten. Ich nenne das kritisierende Selbst den inneren Kritiker, das antreibende Selbst den inneren Antreiber.

Die Tyrannei des inneren Kritikers

Sie können Ihren inneren Kritiker sehr leicht erkennen, wenn Sie darauf achten, was Sie in schwierigen Situationen innerlich zu sich selbst sagen oder was für Gedanken Ihnen durch den Kopf gehen. Zum Beispiel wenn Sie sich einen neuen Bikini oder Badeanzug kaufen wollen. Sie stehen in der Umkleidekabine und betrachten sich in dem großen Spiegel. Mal abgesehen davon, wie der neue Bikini oder Badeanzug an Ihnen aussieht, bei vielen Frauen fällt in solchen Momenten der innere Kritiker über sie her. Er meckert über ihr Aussehen, über die Figur, das Gewicht, die Hüften, die Beine, den Busen und zweifelt überhaupt, ob man sich so noch vor anderen zeigen könnte. Meist springt dann noch der engste Verbündete vom Kritiker, der innere Antreiber an. Er stellt das Programm auf, mit dem dieser Körper noch zu retten wäre. Ein Programm, das meist aus mehr Selbstdisziplin beim Essen, mehr Sport, mehr Kosmetik oder vielleicht sogar einer Schönheitsoperation besteht. Der innere Antreiber ist sozusagen der Vollzugsgehilfe, wenn es darum geht, die Meckereien des Kritikers umzusetzen.

Der innere Kritiker schaltet sich auch fast immer dann ein, wenn wir einen Fehler machen, uns irren oder uns sonstwie ein Missgeschick zustößt. Dann kommen zu der inneren Nörgelei noch Beschimpfungen und Herabsetzungen hinzu. Viele Frauen titulieren sich innerlich mit Worten wie »Ich dumme Nuss!«, »Ich blöde Kuh!«, »Ich bin doch wirklich völlig dumm im Kopf«, »Mal wieder typisch, ich Doofe am Werk.« Dabei gehen sie oft mit sich viel herabsetzender und beleidigender um, als es je ein Außenstehender tun könnte. Es bewahrheitet sich der Spruch: Wer einen guten inneren Kritiker hat, braucht keine äußeren Feinde mehr. Niemand kann uns so fertigmachen, wie wir uns selbst.

Eine weitere Vorliebe des inneren Kritikers ist der Vergleich mit anderen. Natürlich sucht er sich dafür immer solche Menschen aus, die uns etwas voraus haben, denn nur so kommen wir uns unbedeutend und minderwertig vor. Es ist auch der innere Kritiker, der unsere Gefühle abwertet. Wenn wir uns beispielsweise verletzt fühlen, eifersüchtig sind, Angst haben oder wütend sind, dann sagt er oft so etwas wie: »Ach stell dich nicht so an«, »Sei nicht so mimosenhaft«, »Du immer mit deiner blöden Angst«, »Es gehört sich nicht, wütend zu werden.« Der kritisierende Teil unserer Seele ist der Teil, der das Zarte und Empfindsame in uns oft übergeht oder lächerlich macht. Manche Frauen beschimpfen sich selbst als »Heulsuse« oder »Jammerlappen«, wenn sie weinen. Hier lautet die Botschaft des inneren Kritikers: »Was du fühlst, ist albern und dumm. Beherrsch dich endlich.«

Wenn Sie sich über Ihre Erfolge und guten Leistungen nicht wirklich freuen können oder alle Erfolge für einen puren Zufall halten, dann können Sie sicher sein, dass hier Ihr innerer Kritiker am Werk ist. Er nörgelt an Arbeitsergebnissen herum und kann sehr gut in der besten Suppe noch ein Haar finden. Vielleicht vollbringen Sie wirklich gute Leistungen, Ihre Arbeitsergebnisse finden die Anerkennung und den Beifall anderer, aber da ist eine innere Stimme, die Sie verunsichert. Eine Stimme, die Ihnen zuflüstert, dass das alles doch nicht so toll ist und dass es nur eine Frage der Zeit ist, bis die anderen das auch merken. Es ist der innere Kritiker, der Sie glauben lässt, Sie wären nur eine Hochstaplerin.

Er kann sich bis zum Perfektionisten steigern, dem letztlich keine Leistung wirklich optimal und restlos gut erscheint. Statt dass Sie sich an dem erfreuen, was Ihnen gut gelungen ist, vergrößert er jeden noch so kleinen Schnitzer so stark, dass der winzigste Fehler wie ein riesengroßer Patzer erscheint. Und zusammen mit dem Antreiber sorgt er dafür, dass Sie nicht eher zur Ruhe kommen, bis dieser Schnitzer aus der Welt ist.

Wenn wir eigentlich viel Selbstvertrauen brauchen, wie zum Beispiel bei einem Bewerbungsgespräch oder einer Rede vor Publikum, zählt der innere Kritiker mit Vorliebe all das auf, was wir nicht können und was uns bisher danebengegangen ist. Selbst wenn wir so eine Situation nie erlebt haben oder dort nie einen Fehler machten, so kann er uns doch in glühenden Farben vor Augen führen, was alles danebengehen könnte: Wir könnten anfangen zu stottern, dummes Zeug reden, rot werden, den Faden verlieren und somit kläglich versagen. Mithilfe dieser überzeugenden inneren Bilder macht er uns Angst. Und diese Angst führt dann dazu, dass wir uns verkrampfen und unsere Leistung sinkt. Passiert uns daraufhin dann tatsächlich ein Missgeschick, kann der innere Kritiker natürlich triumphieren. Hat er uns nicht gleich gesagt, dass die Sache danebengehen wird?

Er hat ein schier unerschöpfliches Gedächtnis, wenn es darum geht, uns an peinliche Situationen, Misserfolge und andere Blamagen zu erinnern. Wenn wir uns danebenbenommen haben, dann führt er uns das gerne immer wieder vor Augen. Egal, ob es nun die letzte Party war, bei der wir uns mit Salatsoße bekleckert haben, oder ob es unser erstes Rendezvous war, bei dem uns der Reißverschluss von dem viel zu engen Minirock plötzlich geplatzt ist. Der innere Kritiker schafft es, dass uns bei diesen Erinnerungen immer wieder die Schamesröte ins Gesicht steigt.

Außerdem untergräbt der innere Kritiker unser Selbstwertgefühl, indem er uns mit anderen vergleicht. Er reibt uns dabei andere Menschen unter die Nase, die scheinbar besser oder vollkommener sind als wir. Da ist die alte Schulfreundin, die Karriere gemacht hat und so ganz nebenbei vier Kinder großgezogen hat und deren Ehe immer noch prima zu funktionieren scheint. Da ist die Kollegin, die viel schlanker ist als wir, oder die Nachbarin, die auch berufstätig ist, aber deren Fenster immer tipptopp sauber geputzt sind.

Die Hauptarbeit des inneres Kritikers besteht darin, uns Vorschriften zu machen. Solche inneren Vorschriften sind Gedanken, die wie Befehle und Anweisungen klingen: »Ich muss mich mehr anstrengen«, »Ich darf bei diesem Projekt nicht versagen«, »Es muss alles erstklassig werden«. Innere Vorschriften lassen sich meist sehr gut an Worten wie *muss*, *soll* oder *darf nicht* erkennen. Manchmal machen wir uns auch in Kurzform Vorschriften, indem wir uns innerlich maßregeln mit Worten wie: »Aufstehen!!!« oder: »Reiß dich zusammen!« – »Nicht nachgeben!« – »Immer lächeln.«

So machen sich viele Frauen selbst Vorschriften, mit denen sie ihre eigene Selbstbehauptung blockieren. Das drückt sich aus in Sätzen wie:

- Ich muss immer sympathisch wirken. Nur wenn mich andere Menschen nett und sympathisch finden, bin ich in Ordnung.
- Ich darf anderen, besonders mir nahe stehenden Menschen keine Bitte abschlagen. Ich darf nicht nein sagen.
- Ich darf mich nicht selbst loben. Ich muss bescheiden sein.
- Ich muss mich für andere einsetzen. Ich darf den Problemen der anderen gegenüber nicht gleichgültig und uninteressiert sein.
- Ich darf nicht direkt sagen, was ich will. Ich darf nicht fordern.
- Ich muss ständig danach streben, mich zu verbessern und perfekter zu werden.

Das Vertrackte an diesen inneren Vorschriften ist ihre Wirkung im Verborgenen. Die meisten dieser Vorschriften sind uns überhaupt nicht bewusst. Normalerweise versuchen wir Situationen, in denen unsere inneren Vorschriften verletzt werden könnten, aus dem Weg zu gehen. Und deshalb bemerken wir nicht, wie sehr wir uns damit selbst knebeln.

Eine Frau mit der Vorschrift »Ich muss immer nett und sympathisch wirken« wird es vermeiden, bei anderen anzuecken, also sich beispielsweise zu beschweren oder hartnäckig auf dem eigenen Standpunkt zu bestehen. Aber angenommen, sie kommt nicht darum herum, sich doch zu beschweren, was dann? Wenn sie nun gegen ihre Nettigkeits-Vorschrift verstößt, dann wird sie wahrscheinlich Angst bekommen. Die Angst entsteht, weil an die inneren Vorschriften die Vorstellung geknüpft ist, dass etwas Schlimmes oder Schreckliches passieren wird, wenn wir die Vorschrift nicht befolgen. Es gehört zum Prinzip der inneren Vorschriften, dass sich dahinter Fantasien von Katastrophen verbergen. Schreckensbilder davon, wie ausgestoßen, einsam und missachtet wir sein werden, wenn wir uns nicht an die inneren Vorschriften halten. Das Ganze wird verständlicher, wenn wir uns anschauen, wie wir die ersten Vorschriften gelernt haben. Zuerst waren es die Eltern, die uns Vorschriften machten und uns ausschimpften – oft auch, um uns zu beschützen. Sie sagten beispielsweise: »Wenn du über die Straße gehen willst, dann bleib am Randstein stehen und sieh erst nach links und rechts, ob ein Auto kommt.« Nun gehorchen Kinder ja nicht immer, und wenn wir ohne uns umzusehen über die Straße gelaufen sind, haben sie uns vielleicht gepackt und mit ärgerlicher Stimme gedroht: »Halt! Wenn du das noch einmal machst, dann kommt ein Auto und überfährt dich! Das tut ganz furchtbar weh, und du musst ins Krankenhaus. Du musst gefälligst nach links und rechts schauen, wenn du über die Straße läufst!« Die Art, wie die Eltern mit uns sprachen, und die schlimmen Sachen, mit denen sie uns drohten, haben uns Angst gemacht. Wir wollten natürlich, dass die Eltern wieder nett zu uns sind, und außerdem wollten wir nicht überfahren werden. Also fingen wir an, uns selbst diese Vorschrift zu machen. Wir verinnerlichten die elterliche Stimme als inneren Kritiker, der sich am Straßenrand automatisch meldet und sagt: »Ich muss erst nach links und rechts gucken, ob ein Auto kommt!« Von da an konnten wir uns selbst die Vorschriften machen, die uns bisher die Eltern machten. Das Beispiel macht auch deutlich, dass der innere Kritiker eigentlich kein böser oder dämonischer Teil in uns ist. Er ist vielmehr der Seelenteil, der uns die Zügel anlegt, um auf uns aufzupassen und uns zu beschützen.

Nun geben aber Eltern ihren Kindern nicht nur Verkehrsregeln mit auf den Lebensweg, sondern sie erteilen noch andere Verhaltensregeln, wie beispielsweise: »Wenn du weiterhin widersprichst, dann setzt es was!« oder: »Hör auf zu heulen, sonst gebe ich dir wirklich einen Grund zum Weinen«, »Nun reiß dich doch mal zusammen. Was sollen bloß die Leute von uns denken?«, »Sei ein braves Mädchen und tu, was man dir sagt, sonst ist Mami ganz traurig.« Manche dieser Regeln konnten wir im Laufe unseres Lebens wieder abstreifen und aussortieren. Andere Anweisungen haben wir als Vorschriften meist unbewusst übernommen und halten sie bis heute am Leben. Viele davon haben wir nie daraufhin überprüft, ob sie für unser jetziges Leben noch angemessen sind.

Natürlich stammen die Vorschriften, mit denen wir heute durchs Leben gehen, nicht nur von den Eltern. Ein Kind kann von allen Personen, die es erziehen oder betreuen, Vorschriften aufnehmen und verinnerlichen. Das können auch Verwandte wie die Großeltern oder Geschwister sein, Lehrkräfte, Nachbarn oder Freunde. Das Verinnerlichen von Vorschriften endet nicht mit der Kindheit. Die meisten von uns sind heute immer noch dabei, sich neue Vorschriften zu machen. Unser innerer Kritiker hält gerne Ausschau nach Möglichkeiten, wie wir perfekter werden können. Wenn beispielsweise eine Frauenzeitschrift Tabellen über das Idealgewicht veröffentlicht, dann wandelt der Kritiker solche Informationen gerne in Vorschriften um. Aus einem

Idealgewicht macht er ein Mussgewicht, das künftig für uns gelten soll.

Hier noch einmal eine kurze Beschreibung des inneren Kritikers.

STECKBRIEF
Der innere Kritiker

Das kritisierende Selbst

- ... macht uns Vorschriften,
- ... erteilt uns Befehle,
- ... kontrolliert den Eindruck, den wir auf andere machen,
- ... droht uns mit Katastrophen, wenn wir gegen seine Vorschriften verstoßen,
- ... vergleicht uns mit anderen und lässt uns dabei schlechter abschneiden,
- ... reibt uns Fehler, Versagen und Misserfolge unter die Nase,
- ... entwertet unsere Erfolge und guten Ideen,
- ... beschimpft uns, setzt uns herab, gibt uns Schimpfnamen,
- ... kritisiert unser Aussehen, unsere Leistung, unsere Art und Weise mit anderen umzugehen,
- ... verurteilt unsere Gefühle und Bedürfnisse und entmutigt uns.

Der innere Antreiber

Ich möchte Ihnen nun den engsten Verbündeten des inneren Kritikers genauer vorstellen: den inneren Antreiber. Er setzt die Nörgeleien des Kritikers um. Er sagt uns, was wir tun müssen, um unsere Fehler auszumerzen, um besser, tüchtiger, schöner und intelligenter zu werden. Innerlich hört sich der Antreiber etwa so an: »Ich muss unbedingt mehr Sport treiben. Nicht nur einmal im halben Jahr Fahrrad fahren. Also ab sofort wird regelmäßig gejoggt.« – »Ich müsste mal wieder die Fenster putzen.« – »Ich sollte mich mehr um meine Mutter kümmern.« – »Ich muss mich beeilen.« – »Herrje, diese Haare! Ich muss unbedingt mal wieder zum Friseur.«

Der innere Antreiber liebt Zeitmanagementstrategien, bei denen es darum geht, noch mehr in noch weniger Zeit zu schaffen. Etwas langsam machen, in aller Ruhe und Schritt für Schritt vorgehen, das kann den Antreiber schier verrückt machen. Er möchte lieber sofort als später ans Ziel gelangen, und Geduld ist für ihn ein Fremdwort. Wenn er so richtig aufdreht und uns all das vorbetet, was noch zu tun ist, was noch zu verbessern wäre, worum wir uns noch kümmern müssen, dann entsteht ein ungeheurer innerer Druck, ein hausgemachter Stress. Und so haben manche Menschen tatsächlich einen inneren Antreiber, der sie schon morgens, kurz nach dem Aufwachen mit völlig widersprüchlichen Anweisungen unter Druck setzt. Diese Menschen sind, nachdem sie ihrem Antreiber zehn Minuten lang zugehört haben, vollkommen erledigt und schaffen es kaum aus dem Bett herauszukommen.

Als Druckmittel benutzt der innere Antreiber häufig die Zuckerbrot-und-Peitschen-Methode. Zum einen lockt er damit, wie wunderbar das Leben sein wird, wenn wir erst einmal den Haushalt auf Hochglanz gebracht haben, wenn die Steuererklärung fertig ist, wenn die Küche renoviert ist oder wir zehn Pfund abgenommen haben. Falls das nichts nützt, fängt er an, direkt zu drohen. Er sagt uns, was alles Fürchterliches passieren kann, wenn wir diese Vorschriften und Befehle missachten. Wir sehen innerlich Schreckensbilder eines verkommenen Haushalts, über den andere die Nase rümpfen. Wir denken plötzlich an unsere Figur, die in keine Hose und keinen Rock mehr hineinpasst, falls wir je mehr als tausend Kalorien am Tag essen. Ebenso wie der Kritiker macht uns der innere Antreiber mit diesen Katastrophenfantasien eine enorme Angst und schnürt uns in ein enges Verhaltenskorsett ein.

STECKBRIEF
Der innere Antreiber

Das antreibende Selbst

… arbeitet Hand in Hand mit dem inneren Kritiker zusammen,
… verlangt von uns Perfektion und Vollkommenheit,
… sagt uns ständig, was wir noch alles tun müssen,
… duldet keine Halbheiten und mittelmäßigen Leistungen,
… gönnt uns keine Pause,
… sagt uns, dass wir uns zusammenreißen sollen und uns anstrengen müssen.

Es ist wichtig zu verstehen, dass der innere Kritiker und der innere Antreiber keine bösen oder verrückten Teile unserer Persönlichkeit sind. Der Kritiker kann gut Fehler entdecken oder Verbesserungsvorschläge machen. Mein innerer Kritiker hat gerade den vorangegangenen Text gelesen und fand, dass dort zu wenig über seine positiven, nützlichen Funktionen stand. Mein innerer Kritiker versteht sich auch darauf, meine Texte auf Verständlichkeit und Anschaulichkeit hin zu überprüfen. Falls ich allzu abstrakt und zu trocken schreibe, fällt ihm das ins Auge. Der innere Kritiker hilft uns, unsere Leistungen richtig einzuschätzen. Er weiß, dass wir keine Leute operieren können, nur weil wir viele Krankenhausfilme im Fernsehen gesehen haben. Er sagt uns, wo die Grenzen unseres Könnens sind. Der innere Antreiber kann für uns ebenso nützlich sein wie der innere Kritiker. Der antreibende Teil unserer Seele hilft uns, morgens aus dem Bett zu kommen, auch dann, wenn wir absolut keine Lust dazu haben. Er ist zusammen mit dem inneren Kritiker oft der Teil, der meine Teilnehmerinnen ins Selbstbehauptungstraining schickt. Vielleicht hat Ihr innerer Antreiber Sie auch dieses Buch kaufen lassen, nach dem Motto »Du müsstest auch mal etwas für deine Selbstsicherheit tun«. Der Antreiber hilft uns, eine Sache wirklich durchzuziehen und zu Ende zu bringen, auch wenn wir zwischendurch die Lust daran verlieren. Mein innerer Antreiber sorgt zurzeit dafür, dass ich mich regelmäßig an dieses Buch setze, um daran weiterzuschreiben. Er hilft mir wirklich durchzuhalten, auch wenn ich zwischendurch Formulierungsschwierigkeiten habe und deshalb lieber ein ganz anderes Buch schreiben möchte. Mein Antreiber sorgt gemeinsam mit meinem inneren Finanzminister dafür, dass ich arbeite und genügend Geld verdiene, um sicher und bequem leben zu können.

Beide Seelenteile sind in ihrer positiven Funktion durchaus dienlich und produktiv. Sie werden erst zu einer Blockade für die Selbstbehauptung, wenn sie »ins Kraut schießen«, wenn sie übermächtig werden. Diese Teile der Seele können so übermächtig werden, weil sich viele Menschen sehr stark mit ihrem inneren Kritiker und ihrem inneren Antreiber identifizieren. Das heißt, sie geben diesen beiden Teilen in ihrer Seele sehr viel Macht, wobei gleichzeitig andere Teile der Seele unterdrückt werden.

Lassen Sie mich diese Form der Selbstunterdrückung anhand von einem praktischen Beispiel erklären. Maren ist eine zweiunddreißigjährige Hausfrau und Mutter zweier Kinder, im Alter von achtzehn Monaten und fünf Jahren. Sie kam zu mir in die Beratung, weil sie seit längerer Zeit mit ihrer Situation in der Familie unzufrieden war. »Ich komme mir vor wie ein Dienstmädchen, das schlecht bezahlt wird und nie Feierabend hat«, sagte sie zu Beginn des ersten Beratungsgespräches. »Mein Mann ist selbstständig, er hat einen kleinen Handwerksbetrieb. In der Woche ist er meist bis spät abends im Betrieb. Oft kommt er erst nach Hause, wenn die Kinder schon im Bett sind. Deshalb kann er mir im Haushalt auch nichts abnehmen. Was sollte er dort auch tun? Wenn er um acht oder halb neun zu Hause ist, habe ich natürlich schon alles erledigt. Und am Wochenende mache ich oft noch die Buchhaltung für den Betrieb. Ich war vor unserer Heirat Buchhalterin. Im Grunde habe ich dadurch selbst am Wochenende keine Minute für mich.« Maren gönnt sich am Tag kaum eine Ruhepause, und selbst ihr Wochenende ist mit Arbeit belegt. Ihr innerer Antreiber und ihr Kritiker haben sie fest im Griff. Auf meine Frage, ob die Kinder wenigstens vormittags in eine Spiel- bzw. Kleinkindergruppe gehen könnten, reagiert sie empört. »Nein! Eine Mutter gehört zu ihren Kindern! Ich muss nicht arbeiten gehen, und warum sollten dann meine Kinder woanders untergebracht werden? Nur damit ich vormittags die Beine hochlegen kann? Auf keinen Fall! Mein Mann und ich wollten die Kinder, und da muss man dann auch zurückstecken.« Da sprechen der Kritiker und der Antreiber von Maren Klartext! Ihre Vorschriften lauten: »Eine Mutter gehört (immer) zu ihren Kindern!« und: »Wer Kinder will, muss zurückstecken!« Genauer gesagt: »Die Mutter muss zurückstecken!« Während der Beratungsgespräche wird für Maren immer deutlicher, wie sehr ihre Unzufriedenheit und Nervosität damit zusammenhängen, dass sie sich selbst überhaupt keinen Freiraum und keine Erholungspausen gönnt. Ihr innerer Kritiker beschimpft sie mit Worten wie »faul und egoistisch«, wenn sie versucht, sich einen Freiraum zu schaffen und ihre Mutter bittet, auf die Kinder aufzupassen. Maren nutzt diese kinderfreie Zeit, um ein paar notwendige Einkäufe in der Innenstadt zu machen. »Ich habe dann meist ein furchtbar schlechtes Gewissen, wenn ich nur für mich Kleidung einkaufe. Deshalb kaufe ich immer auch ein paar Stücke für die Kinder oder für meinen Mann«, erklärt sie. Maren kann zwar sehr gut für ihre Kinder und ihren Mann sorgen, aber sie hat in ihrer Seele den Teil unterdrückt, der für sie selbst sorgen könnte. Das liebevolle Selbst, der Teil der Seele, der für ihre eigenen Bedürfnisse eintritt und ihr Ruhe, Erholung und Zeit für sich selbst verschafft, war vollkommen zurückgedrängt. Sie hat bei der Bemutterung ihrer Familie den Seelenteil, mit dem sie sich selbst bemuttern könnte, vernachlässigt. Ihr innerer Kritiker hielt das Sich-selbst-Verwöhnen-und-Pflegen für egoistisch und drohte ihr damit, dass sie eine schlechte Mutter und Ehefrau sei, wenn sie sich für sich selbst mehr Zeit nehmen würde. Für Maren war es in der Beratung wichtig, zuerst ihren inneren Kritiker und den Antreiber kennen zu lernen und sich diese inneren Stimmen bewusst zu machen, um dann anschließend den Druck und die harten Verurteilungen der beiden einzudämmen. Sie brauchte dringend ein liebevolles Selbst, das sie den »Ich-verwöhne-mich-Teil« nannte. Allmählich fing sie an, ihre inneren Vorschriften zu entrümpeln. Sie legte diejenigen ab, durch die sie sich automatisch ein schlechtes Gewissen machte oder durch die sie sich unnötig unter Druck setzte. Und dabei setzte sie sich auch mit ihrer Angst, keine gute Mutter und Ehefrau zu sein, auseinander. Sie entwickelte langsam mehr und mehr Selbstwertgefühl und änderte einige Dinge in ihrem Alltag. Sie bat ihren Mann stundenweise eine Buchhalterin einzustellen, damit sie am Wochenende mehr Freizeit hatte. Das war anfangs nicht ganz einfach, weil ihr Mann der Meinung war, dass die Personalkosten für eine Buchhalterin überflüssig seien, schließlich habe er ja eine gelernte Buchhalterin geheiratet. Aber Maren war mittlerweile innerlich davon überzeugt, dass es für sie wichtig sei, wenigstens am Wochenende etwas ausspannen zu können. Sie konnte ihrem Mann klar machen, dass letztlich die ganze Familie mehr davon hatte, wenn sie sich erholen und wieder auftanken konnte. Für ihre beiden Kinder fand sie außerdem an drei Vormittagen in der Woche eine Spielgruppe in der Nachbarschaft. Bei ihrem letzten Beratungsgespräch erklärte sie mir lachend, dass sie jetzt auch ein Kulturprogramm gestartet hätte. Sie und ihr Mann würden wieder regelmäßig ausgehen. Zwar nicht so häufig wie vor der Geburt ihres ersten Kindes, aber immerhin würden sie miteinander Zeit verbringen. »Mal nicht nur als Eltern herumlaufen, sondern sich auch wieder als Liebespaar fühlen«, sagte sie schmunzelnd. Maren traf sich jetzt auch häufiger mit ihren Freundinnen und fing wieder an, Bilder zu malen. Ein Hobby, das sie damals aufgab, als sie das erste Kind bekam. Ich finde, dass Marens Veränderungen ein schönes Beispiel dafür sind, dass der Prozess der Selbstbehauptung zunächst bei uns selbst beginnt. Es gilt zunächst einmal, sich bewusst zu machen, welche Selbste innerlich unterdrückt werden, welche Teile der Persönlichkeit sozusagen in den Untergrund geschickt wurden. Diese unterdrückten Teile der Persönlichkeit hervorzuholen und im Alltag aufleben zu lassen, ist ein Akt von Selbstbehauptung sich selbst gegenüber.

Und wenn wir selbst von der Berechtigung unserer Wünsche und Forderungen überzeugt sind, können wir auch andere davon leichter überzeugen.

Wie der Knacks im Selbstwertgefühl entsteht

Vielleicht haben Sie auch bei sich festgestellt, dass Ihr innerer Kritiker und Ihr innerer Antreiber viel zu Ihrer Verunsicherung beitragen. Lassen Sie uns zunächst bei der Frage bleiben, wodurch diese Teile der Seele so mächtig und einflussreich geworden sind. Wie kommt es, dass der Kritiker zusammen mit dem Antreiber eine solche seelische Alleinherrschaft errichten konnten? Ich habe bereits erwähnt, dass der Kritiker und der Antreiber in uns auch so etwas wie eine Schutz- und Aufpasserfunktion haben. Jetzt möchte ich Ihnen den Teil der Seele vorstellen, auf den die beiden aufpassen. Es ist unser empfindsames, gefühlvolles und zugleich völlig schutzloses Selbst: das innere Kind. Das innere Kind ist der Teil unserer Seele, der unsere ganz ursprünglichen Gefühle, Bedürfnisse und Wünsche in sich trägt. Es ist auch der Teil, in dem unsere Kreativität, Genussfähigkeit und Lebensfreude angesiedelt sind. Wenn Sie sich über Bäume und Blumen freuen können, wenn Sie aus vollem Herzen herumalbern, wenn Sie sich in jemanden verlieben und ganz offenen Herzens sind, dann sind Sie mit Ihrem inneren Kind verbunden. Aber das Kind in Ihnen kann sich nicht nur über die ersten Schneeflocken im Winter freuen oder lachend durch das gefallene Herbstlaub stapfen, es ist auch zugleich völlig schutzlos. Daher reagiert es sehr verletzt auf die Bosheiten anderer Leute, es hat Angst, allein zu sein, und kann sehr wütend werden, wenn es ungerecht behandelt wird. Es bezieht das, was andere Leute sagen, meist sofort auf sich. Wenn uns jemand unfreundlich behandelt, weil er schlechte Laune hat, glaubt das Kind in uns, dass es selbst schuld daran hat und fühlt sich persönlich gekränkt. Ihr inneres Kind ist zugleich dasjenige Selbst, das mögliche seelische Verletzungen aus der Kindheit gespeichert hat. Dieser Teil Ihrer Seele weiß um die Demütigungen und Beschämungen, die Sie als Kind möglicherweise erlitten haben. Es ist wichtig zu verstehen, dass das innere Kind aus einer spielerischen, spontanen und lebenslustigen Seite besteht, zum anderen aber auch hilflos, ängstlich, traurig und bedürftig ist.

STECKBRIEF
Das innere Kind

Der empfindsame Teil der Seele

- ... ist sehr gefühlvoll und verletzlich,
- ... hat ursprüngliche Bedürfnisse und Sehnsüchte,
- ... trägt in sich die Lebensfreude, Genussfähigkeit und Kreativität,
- ... hat die seelischen Verletzungen der Kindheit gespeichert,
- ... kann sehr hilflos und verängstigt sein,
- ... bezieht die Reaktionen anderer Menschen auf sich.

Ihr inneres Kind ist auch der Teil Ihrer Seele, in dem Ihr grundlegendes Selbstwertgefühl verankert ist. Lassen Sie mich deshalb einmal genauer darauf eingehen, wie das Selbstwertgefühl in uns entsteht und wie es angeknackst werden kann.

Das Selbstwertgefühl des Kindes wird durch den Kontakt mit anderen Menschen geprägt. Zuallererst sind das die Menschen, bei denen es aufwächst, meistens die Eltern. Durch die Art, wie die Eltern und andere mit ihm umgehen, mit ihm reden und es versorgen, erfährt das Kind, wer es ist. Erlebt das Kind, dass es grundsätzlich willkommen ist, geliebt und zuverlässig versorgt wird, dann entsteht in ihm ein Selbstwertgefühl, das sich ungefähr so in Worte fassen lässt: »Ich bin willkommen. Ich bin in Ordnung, so wie ich bin. Ich bin jemand, mit dem sich andere gern beschäftigen. Meine Wünsche und Bedürfnisse sind akzeptabel. Ich kann vertrauen.« Später, wenn das Kind älter wird, seine Umgebung erkundet und entdeckt, dass es ein Mädchen oder ein Junge ist, erfährt es im positiven Fall auch so etwas wie: »Es ist vollkommen in Ordnung, dass ich ein Mädchen (ein Junge) bin. Ich kann neugierig sein, etwas schaffen und lernen. Ich bin in Ordnung, wenn ich meine Gefühle ausdrücke und wenn ich nein sage.«

Natürlich denkt das Kind diese Sätze nicht. Es erlebt sich vielmehr so durch die Behandlung, die es von den Erwachsenen, meist seinen Eltern, erfährt. Es fühlt, dass es wertvoll und liebenswert ist. Das ist der Kern eines gesunden, unverletzten Selbstwertgefühls. Im Laufe seiner Entwicklung erobert das Kind immer mehr von seiner Umwelt. Im positiven Fall wächst gleichzeitig sein Selbstwertgefühl. Das Kind kann sein Können nach und nach immer besser und genauer einschätzen. Es erlebt seine Stärken und Schwächen sowie seine Fähigkeit, zu lernen und sich weiterzuentwickeln.

Durch Erfahrungen aber, die das Kind seelisch oder körperlich verletzen, entsteht beim Kind ein Knacks oder ein Loch im Selbstwertgefühl. Zu den selbstwertschädigenden Erfahrungen gehören vor allem:

Körperliche Misshandlungen
Darunter fällt der körperliche Schmerz, der dem Kind absichtlich zugefügt wird, zum Beispiel durch Schlagen, Treten, Kneifen, an den Haaren oder Ohren ziehen, das Hungern lassen, Prellungen, Verbrühungen, Platzwunden, Knochenbrüche und andere schwere körperliche Verletzungen.

Seelische Misshandlungen
Dazu gehören beispielsweise Spott- oder Schimpfnamen, mit denen das Kind angeredet wird, sowie das Hänseln, Auslachen und Beschämen. Zu den seelischen Verletzungen gehört auch das häufige Alleinlassen, das Angstmachen und Drohen mit dem »schwarzen Mann«, der das Kind holt, oder das Heim, in das das Kind gesteckt werden soll.

Seelisch verletzt wird ein Kind auch, indem ihm gesagt wird, dass es lästig ist und besser nicht zur Welt gekommen wäre. Oder dass es schuld am schlechten Leben der Eltern oder eines Elternteils ist (»Ohne dich wäre alles viel einfacher«).

Tyrannische, kontrollierende Erziehungsmaßnahmen
Das Kind erhält nicht den entwicklungsgemäßen Freiraum. Es wird streng überwacht, von ihm wird absoluter Gehorsam oder eiserne Disziplin gefordert. Rigide Familienregeln verhindern den altersgemäßen körperlichen, seelischen Ausdruck des Kindes.

Sexueller Missbrauch
Dazu gehören nicht nur der Inzest mit einem Familienangehörigen, sondern auch sexuelle Misshandlungen oder Belästigungen durch ältere Kinder und Jugendliche sowie durch Freunde der Eltern, Lehrkräfte und andere Erziehungspersonen.

Liebe nur gegen Leistung
Das Kind erhält nur Zuneigung und Bestätigung, wenn es sich nützlich macht, gute Leistungen erbringt, lieb und brav ist und den Eltern keine Umstände oder Scherereien macht. Für das einfache Dasein erfährt das Kind keine Bestätigung, bzw. es wird dafür kritisiert.

Kaltes, liebloses Verhalten
Eltern oder Erziehungspersonen sind dem Kind gegenüber gleichgültig und nehmen von ihm wenig bis keine Notiz. Das Kind wird vernachlässigt, erhält zu wenig positiven Kontakt und Zärtlichkeit. Es wird nur wenig oder überhaupt nicht in den Arm genommen, gestreichelt oder liebevoll berührt.

Hohe Leistungsanforderungen an das Kind
Dem Kind wird vermittelt, es wäre nicht gut genug, es mache zu viele Fehler, es erfülle die Erwartungen der Erwachsenen oder eines Elternteils nicht. Es wird schlicht überfordert. Die zu hohen Leistungsanforderungen führen zu Misserfolgs- und Versagenserlebnissen beim Kind.

Ein Elternteil oder beide Eltern haben Suchtprobleme
Wenn ein Elternteil oder beide Eltern süchtig nach legalen Drogen (Alkohol, Medikamente), illegalen Drogen, arbeits- oder spielsüchtig sind, wird das Kind oft mehreren selbstwertschädigenden Erziehungsmaßnahmen ausgesetzt. Hinzu kommt noch die Unberechenbarkeit der Erziehungspersonen, vor allem des süchtigen Elternteils. Das Kind kann sich kaum auf eine Regelmäßigkeit im Alltag verlassen. Es wird entweder früh zu einem kleinen Erwachsenen, der viel Verantwortung für die Familie und den süchtigen Elternteil übernimmt, oder es wird ein »unsichtbares« Kind, das möglichst wenig Ansprüche stellt und kaum bemerkt wird.

Durch solche negativen Erfahrungen entsteht bei Kindern ein angeknackstes Selbstwertgefühl, das ungefähr so in Worte gefasst werden kann: »Ich bin, so wie ich bin, nicht in Ordnung. Ich bin nicht willkommen. Ich falle anderen (meiner Mutter oder meinen Eltern) zur Last. Einige meiner Bedürfnisse sind inakzeptabel. Ich darf bestimmte Gefühle nicht haben. Ich bekomme nicht, was ich brauche. Ich genüge nicht. Es ist falsch, dass ich ein Mädchen (ein Junge) bin.«

Es kann auch vorkommen, dass ein Kind von seinen Eltern liebevoll behandelt wird, bis auf einen bestimmten Bereich. Das kann zum Beispiel der Leistungsbereich sein. Dort sind die Eltern vielleicht besonders anspruchsvoll und verlangen zu früh zu viel vom Kind, und sie beschämen es, wenn es etwas nicht kann. Oder sie trauen dem Kind nichts zu, nennen es ständig einen Dummkopf oder Nichtsnutz und vermitteln ihm so Minderwertigkeitsgefühle. Es gibt auch Eltern, die überfordert sind durch die Bedürftigkeit und Abhängigkeit des Kindes. Sie reagieren genervt auf die Bedürfnisse des Kindes, weisen es häufig zurück.

Aber nicht nur das Elternhaus, sondern auch die Schule kann dazu beitragen, dass sich das Selbstwertgefühl bei Kindern nicht richtig entwickelt. Viele Erwachsene können sich daran erinnern, wie sie in ihrer Schulzeit von Mitschülern gehänselt oder ausgelacht wurden. Und auch Lehrkräfte können mit Demütigungen und Beschämungen das Selbstwertgefühl der Kinder schädigen. Die Zeit der frühen Kindheit ist zwar die prägungsempfindlichste Zeit für das Selbstbewusstsein, aber auch in der Pubertät und in der Jugendzeit können seelische und körperliche Verletzungen das Selbstwertgefühl angreifen.

Die Psychotherapeutin Susan Forward nennt das Aufwachsen unter solchen selbstwertschädigenden Bedingungen eine *vergiftete Kindheit*. Und vergiftete Kindheiten sind nicht selten. Noch bis in die sechziger Jahre hinein galt der strenge, gehorsam-fordernde Erziehungsstil als richtig und notwendig für Kinder. Ganze Generationen sind mit harter Disziplin und Schlägen groß geworden. Und es hat ihnen entgegen aller Volksmeinung doch geschadet. Wer als Kind missachtet und vielleicht sogar misshandelt wurde, neigt als Erwachsener dazu, sich selbst zu missachten oder sogar zu misshandeln. Nicht selten werden die Beschämungen und erlebten Grausamkeiten später auch an Schwächeren ausgelassen. So ist es auch zu verstehen, weshalb Eltern ihre Kinder demütigen, vernachlässigen oder gar misshandeln. Diese Eltern geben, meist unbewusst, ihre eigenen erlittenen Verletzungen weiter.

Je größer das Loch oder der Knacks im Selbstwertgefühl ist, desto mehr Einfluss und Macht bekommen der innere Kritiker und der innere Antreiber innerhalb der Seele. Sie sollen die Minderwertigkeitsgefühle wieder ausgleichen, indem sie – grob gesagt – für ein tüchtiges, wohlgefälliges Benehmen sorgen. Ein Kind, das beispielsweise oft erleben musste, wie es für seine eigene Meinung und sein Nein hart bestraft wurde, wird wahrscheinlich einen inneren Kritiker entwickeln, der sehr genau darauf achtet, dass im Umgang mit Autoritäten keine Konflikte entstehen. Als Erwachsener wird sich dieser Mensch möglicherweise mit der Vorschrift »Du musst den Mund halten und nachgeben, sonst ziehst du den Kürzeren« selbst einengen. Aber damit behandelt sich der oder die Betreffende innerlich genauso, wie er oder sie als Kind behandelt wurde. Sie oder er verbietet sich nun selbst, was früher die Eltern nicht erlaubt haben.

Mir ist es wichtig, an dieser Stelle sehr präzise zu sein. Eine vergiftete Kindheit und selbstwertschädigende Erfahrungen sind nicht allein für unser heutiges Loch im Selbstwertgefühl verantwortlich. Wenn wir als Erwachsene heute unter Minderwertigkeitsgefühlen und einem schwachen Selbstwertgefühl leiden, so deshalb, weil wir selbst die schlechte Behandlung aus unseren Kindertagen an uns fortsetzen. Das geschieht, indem wir unsere Gefühle verdrängen und Bedürfnisse vernachlässigen, indem wir uns innerlich beschimpfen, herabsetzen und uns mit Vorschriften unter Druck setzen. Ich betone das hier so, um klarzustellen, wer für was zuständig ist. Vielleicht haben damals unsere Eltern, Lehrer, Verwandte oder andere mit ihren Erziehungsmaßnahmen unser kindliches Selbstwertgefühl beschädigt. Und es ist sicherlich für viele von uns wichtig und befreiend, sich mit den Vorschriften und Lebensregeln, die wir in der Kindheit verinnerlicht haben, genauer auseinander zu setzen. Aber für unser *heutiges* Selbstbewusstsein trägt jede(r) von uns selbst die Verantwortung. Heute, da wir erwachsen geworden sind, kann uns niemand mehr herabsetzen, verunsichern oder demütigen – es sei denn, wir lassen es zu oder tun es sogar selbst mit uns.

Im Folgenden möchte ich noch etwas genauer auf die Probleme eingehen, die typischerweise bei Frauen mit einem angeknacksten Selbstwertgefühl vorkommen. Da ist zunächst vor allem der Selbsthass, der sich auf verschiedene Weise zeigen kann. Daneben haben diese Frauen oft die Neigung, sich übermäßig für andere Menschen verantwortlich zu fühlen und sich zu wenig von anderen abgrenzen zu können. Nicht selten kommt noch der Drang, andere zu beeindrucken, dazu. Lassen Sie mich diese vier Problembereiche etwas genauer umschreiben:

Selbsthass
Frauen mit Minderwertigkeitsgefühlen gehen oft unbewusst davon aus, dass sie im Kern ihres Wesens nicht gut genug sind. Deshalb glauben Sie, sich anstrengen zu müssen, um in dieser Welt Bestätigung, Zuneigung und Respekt von anderen zu bekommen. Sie vermuten, dass sie abgelehnt werden, wenn sie sich so zeigen, wie sie wirklich sind. Viele selbstwertschwache Frauen können aufrichtiges Lob und Komplimente von anderen meist nicht annehmen. Sie

meinen, sie würden das Gute wie zum Beispiel die Liebe anderer, die pure Freude, Spaß und Genuss nicht verdienen und fühlen sich schnell schuldig, wenn sie es sich gut gehen lassen.

Einige dieser Frauen verbeißen sich sehr schnell am Negativen. Sie sehen in fast jeder Situation nur das Fehlerhafte, die Mängel und die Defizite. Sie neigen dazu, übermäßig tadelnd und nörgelnd zu sein oder auch sehr an der Umwelt und an anderen Menschen zu leiden. Hinzu kommt, dass viele Frauen, die sich selbst ablehnen, Beziehungen zu Menschen eingehen, von denen sie auch nicht sonderlich geachtet und respektiert werden. Tief in ihrem Inneren glauben sie, dass sie keine liebevolle Behandlung verdienen. Und so geraten sie mit einer traumwandlerischen Sicherheit immer wieder an den Falschen: an den falschen Freund, an den falschen Chef, an den falschen Geschäftspartner. Das sind in der Regel solche Menschen, die sich nach einiger Zeit als emotionale Blutsauger oder autoritäre Fieslinge entpuppen. Bei denen fühlen sich diese Frauen dann quasi »wie zu Hause«.

Sich übermäßig für andere verantwortlich fühlen
Frauen mit einem Knacks im Selbstwertgefühl neigen häufig dazu, sich enorm anzustrengen, um von anderen gemocht zu werden. Wenn sie sich um andere kümmern können, fühlen sie sich oft am sichersten. Nicht selten nehmen sie dabei anderen Erwachsenen die Verantwortung für sich ab und sind dann für deren Wohlergehen zuständig. Sie springen sofort auf, wenn andere etwas brauchen oder Probleme haben. Diese Frauen meinen oft, sie wüssten, was für andere gut ist und was andere brauchen. Daher sind sie auch schnell mit Ratschlägen und Hilfsangeboten bei der Hand. Meist engagieren sie sich viel zu stark und vernachlässigen dabei ihr eigenes Wohlbefinden.

Mangelhafte Abgrenzung
Das schwache Selbstwertgefühl führt bei Frauen dazu, dass sie Schwierigkeiten haben, ihre eigenen Rechte zu verteidigen. Diese Frauen können nur schwer Nein sagen und andere zurückweisen. Sie scheuen den Konflikt und lassen es zu, dass andere ihre Zeit, ihre Energie, ihre Liebe, ihren Raum, ihren Körper, ihre Finanzen ausnutzen. Wenn ihre Grenzen dann übermäßig verletzt wurden, neigen viele dieser Frauen dazu, sich ganz zurückzuziehen und sich total von anderen abzuschotten.

Der Drang, andere beeindrucken zu wollen
Frauen (aber auch Männer) mit einem angeknacksten Selbstwertgefühl sorgen sich besonders darum, was andere über sie denken. Sie versuchen einen möglichst guten Eindruck zu machen, um von anderen die Bestätigung und Anerkennung zu bekommen, die sie für sich selbst nicht empfinden können. Da wird es dann besonders wichtig, »was die Leute denken«, »wie das auf die anderen wirkt« oder »welchen Eindruck man damit macht«. Diese Bestätigungssuche geht häufig mit dem Versuch einher, die gängigen Normen zu erfüllen und es allen recht zu machen. Gerade Frauen bringen oft enorme Opfer, um bei anderen gut anzukommen. Ein bevorzugter Tummelplatz dafür ist das eigene Aussehen.

Die Haut wird mithilfe von Cremes, Lotionen und Packungen behandelt, der Körper durch Diäten und Sport auf Linie gebracht. Was sie nicht an sich selbst liebhaben können, lassen sich einige Frauen sogar vom Schönheitschirurgen wegschneiden. Dahinter steckt eine fast verzweifelte Sehnsucht, endlich jemand zu sein, der von anderen geliebt und angenommen wird.

Die Alleinherrschaft des inneren Kritikers und des Antreibers haben meist verheerende Folgen für das gesamte Lebensgefühl. Menschen, die fast alles schaffen, was ihr innerer Kritiker und ihr Antreiber von ihnen verlangen, sind selten wirklich glücklich. Unter der Tyrannei dieser Selbste fühlen sich die meisten innerlich oft leer und deprimiert. Das können nach außen hin sehr erfolgreiche Menschen sein, die womöglich eine glänzende Karriere gemacht haben, viel Geld verdienen, eine tolle Familie haben. Wenn sie aber ihr inneres Kind auf dem Altar des Erfolges geopfert haben und nur noch nach der Pfeife des inneren Kritikers und Antreibers tanzen, dann fehlen ihnen Lebensfreude, Genuss und Spaß. Und bei diesen Menschen stellt sich früher oder später das schmerzhafte Gefühl ein, am Leben vorbeizuleben.

Ein mangelndes Selbstwertgefühl lässt sich bildlich so darstellen: Der innere Kritiker und der innere Antreiber unterdrücken das Kind in uns. Und dieser empfindsame Teil der Seele wird dadurch verängstigt und traurig.

Wenn wir in der Lage sind, die quälenden Machenschaften des inneren Kritikers und des inneren Antreibers bewusst wahrzunehmen und sie zu bremsen, kann nicht nur unser Selbstwertgefühl wachsen, sondern auch unsere Lebensfreude zunehmen. Doch bevor ich genauer darauf eingehe, wie Sie Ihr Selbstvertrauen stärken können, möchte ich vorher noch über eine weitere Quelle von Verunsicherungen sprechen. Diese Art der Verunsicherung liegt auf einer anderen Ebene. Es handelt sich dabei um männliche und weibliche Verhaltensmuster.

Die Spielregeln der weiblichen und der männlichen Kultur

Wir haben die Schwierigkeiten der Selbstbehauptung zunächst von der psychologischen Seite her betrachtet. Eine nur persönlich-psychologische Erklärung wäre aber einseitig und damit unvollständig. Damit könnte zum Beispiel nicht erklärt werden, warum Frauen, die innerlich eine gesunde Portion Selbstachtung und Selbstbehauptung mitbringen, gerade im beruflichen oder geschäftlichen Bereichen eingeschüchtert werden und oft das Gefühl haben, dort gegen eine Wand zu laufen. Gerade in männlich-beherrschten Machtgefilden treffen sie auf Rituale und Verhaltensweisen, die bei ihnen Enttäuschung, Zorn oder auch Stress auslösen. Um die gesamte Verunsicherung von Frauen zu verstehen, ist es wichtig, auch einen soziologischen Blick auf Frauen und Männer zu werfen. Dabei möchte ich auch die Werte und Verhaltensmuster, nach denen Frauen und Männer sich richten, genauer unter die Lupe nehmen. Lassen Sie es mich gleich vorweg sagen: Frauen und Männer orientieren sich meist an zwei verschiedenen Werte- und Verhaltenssystemen – meistens ohne sich dessen bewusst zu sein. Diese beiden Systeme möchte ich Ihnen im Folgenden vorstellen.

Die Werte, Verhaltensmuster und Gesprächsstile, nach denen sich die Mehrzahl der Frauen richten, nenne ich die beziehungsorientierte, eher weibliche Kultur. Die Werte, Verhaltensmuster und Gesprächsstile, nach denen sich die Mehrzahl der Männer richten, nenne ich die dominanzorientierte, eher männliche Kultur. Ich habe versucht, mich bei der Bezeichnung dieser beiden Kulturen vorsichtig auszudrücken. Ich habe sie *eher* weiblich bzw. *eher* männlich genannt. Damit will ich deutlich machen, dass wir nicht sagen können, jeweils alle Männer und alle Frauen gehören dazu. Denn, um es gleich vorwegzunehmen: Frauen und Männer können die Verhaltensweisen jeweils beider Kulturen übernehmen. Aber lassen Sie mich zunächst diese beiden Kulturen näher beleuchten:

Die beziehungsorientierte, eher weibliche Kultur

Diese Kultur hat ihren Schwerpunkt in der Beziehung zu anderen Menschen. An erster Stelle steht der Wert *Bindung* und die Verbindung mit anderen. Die Mehrzahl von Frauen folgt in ihrer Lebensplanung und ihrem Verhalten diesem Wert, sie definiert sich selbst, also ihre Identität, zum größten Teil über die Beziehungen zu anderen Menschen. Die Beziehungen zu anderen haben einen sehr hohen, wenn nicht sogar den höchsten Stellenwert in ihrem Leben, deshalb sprechen wir auch von Beziehungsorientierung.

Diese Beziehungsorientierung zieht sich wie ein roter Faden durch den weiblichen Alltag. Es sind überwiegend Frauen, die sich Tag für Tag um das Wohlbefinden der Familienmitglieder kümmern, die die Elternabende in den Schulen und Kindergärten besuchen, die den Kontakt zu Verwandten und Freunden aufrechterhalten. Es sind vorwiegend Frauen, die als Beziehungsexpertinnen Konflikte schlichten und zu Hause wie im Beruf als eine Art »emotionale Klimaanlage« für Behaglichkeit und gute Atmosphäre sorgen.

Dabei entwickeln Frauen besondere psychologische Fähigkeiten: Sie können gut auf die Probleme und Gefühle anderer Menschen eingehen und hören oft zwischen den Zeilen heraus, was dem anderen fehlt. Diese Beziehungsorientierung fällt den meisten Frauen selbst überhaupt nicht auf. Wenn wir aber Frauen fragen, was ihnen wichtig ist, dann steht im Kontakt mit anderen oft das Nett-und-sympathisch-Sein an erster Stelle. Deshalb vermeiden es Frauen auch oft, autoritär oder dominant zu wirken. Natürlich können auch Männer diese Beziehungsorientierung verwirklichen. Und sie tun es auch. Das sind dann sehr häufig Männer, die in pflegerischen oder erzieherischen Berufen arbeiten. Auch viele Psychotherapeuten, Pastoren, Lehrer und Berater verwirklichen die Werte und Verhaltensweisen der beziehungsorientierten, eher weiblichen Kultur.

Die dominanzorientierte, eher männliche Kultur
In dieser Kultur steht ein anderer Wert an erster Stelle, und zwar die Macht. Es geht vor allem um den eigenen Status, die eigene Über- oder Unterordnung. Die Bindungen zu anderen Menschen spielen auch eine wichtige Rolle, aber sehr häufig dienen sie dazu, die eigene Überlegenheit zu untermauern oder um etwas durchzusetzen (zum Beispiel das Golfspielen mit den richtigen Geschäftspartnern und Vorstandsmitgliedern). Bei den dominanzorientierten Verhaltensweisen finden sich sehr häufig Signale, die darauf abzielen, die eigene Statusüberlegenheit zu demonstrieren oder die Autorität und die Kompetenz des Gesprächspartners herauszufordern. Die amerikanische Linguistin Deborah Tannen hat in ihrem Buch *Du kannst mich einfach nicht verstehen* viele Beispiele für diese Statusorientierung von Männern beschrieben. So nutzen Männer Gespräche sehr viel häufiger als Frauen, um sich selbst darzustellen und um herauszufinden, inwieweit der Gesprächspart-

ner überlegen bzw. unterlegen ist. Dazu bieten sie ihrem Gegenüber häufig kleinere Statusrangeleien an, indem sie dem anderen einfach widersprechen, lange und ausführliche Monologe halten, mit kleineren oder größeren Sticheleien provozieren.

Während in der beziehungsorientierten, eher weiblichen Kultur der Kontakt zu anderen sehr stark von Sympathie abhängt, sind die Statusrangeleien in der männlichen Kultur wichtig, um Kontakt aufzubauen und zu festigen. Solche Statusrangeleien bieten Männer häufig anderen Männern und auch Frauen an. Frauen wollen aufgrund ihrer Beziehungsorientierung meist, dass alles in einer harmonischen Atmosphäre konfliktfrei vonstatten geht. Sie erleben diese Machtkämpfe als Beziehungsverschlechterung und wehren sich deshalb dagegen. Natürlich gibt es auch Frauen, die voll und ganz oder zumindest teilweise die Werte und Verhaltensmuster der dominanzorientierten, eher männlichen Kultur verwirklichen. Ich habe diese Frauen meist in Führungspositionen oder auf dem Weg dorthin angetroffen. Es sind Frauen, die sich entschieden haben, Karriere in der Wirtschaft oder in der Politik zu machen, und die sich damit mehr oder minder bewusst auf die »Spielregeln der Jungs« eingelassen haben.

Die Werte und Verhaltensweisen der dominanzorientierten Kultur gelten in fast allen gesellschaftlichen Bereichen, in denen hauptsächlich Männer den Ton angeben, zum Beispiel in der Wirtschaft, der Politik, in Behörden und Ämtern, in den höheren Rängen der Amtskirchen, in den Medien wie Fernsehen, Zeitungen, Rundfunk und in großen Bereichen der Kultur, von Museen über Theater bis hin zu verschiedenen Festivals.

Das Ganze klingt vielleicht so, als gebe es zwei Kulturen, die nebeneinander existieren. Aber das stimmt nicht. Beide Kulturen existieren *nicht gleichrangig* nebeneinander. Die dominanzorientierte, eher männliche Kultur ist die herrschende Kultur. Die beziehungsorientierte, eher weibliche Kultur kommt gesamtgesellschaftlich schlechter weg. Sie existiert in unterbezahlten Berufsfeldern wie den sozialen Berufen oder in Bereichen, die überhaupt nicht entlohnt werden, zum Beispiel der Familienarbeit. Wo es um Macht, Geld, Recht und Gesetz im großen Stil geht, finden wir immer noch hauptsächlich die dominanzorientierte, eher männliche Kultur.

Gerade für Frauen ist es wichtig, sich bewusst zu machen, dass ihre persönlichen Wertvorstellungen und ihre Art, mit anderen zu sprechen, auch Ausdruck der beziehungsorientierten, eher weiblichen Kultur sein kann. Und dass sie möglicherweise bei ihren männlichen Gesprächspartnern auf Werte und Verhaltensweisen treffen, die aus der dominanzorientierten, eher männlichen Kultur stammen. Wenn Frauen diese beiden Kulturen nicht kennen oder sie nicht wahrhaben wollen, dann kann es zu Missverständnissen kommen, bei denen nicht selten die Frauen den Kürzeren ziehen. Sehen wir uns einmal zwei dieser typischen Missverständnisse genauer an:

Die meisten Frauen zeigen in Gesprächen sehr viel mehr Signale der Zuwendung und des Verstehens, als Männer es vergleichsweise tun: Frauen lächeln mehr und häufiger, zeigen mehr Kopfnicken und äußern mehr Bestätigungslaute wie »hm« oder »ja« im Gespräch. In der Sprache der bindungsorientierten, weiblichen Kultur sind Kopfnicken und »hm« oder »ja«, während der andere redet, lediglich Zuhörsignale. Sie bedeuten bei Frauen oft »Ich bin ganz Ohr. Ich höre zu« und sind damit ein Ausdruck für Verbundenheit. Vertreter der eher statusorientierten, männlich geprägten Kultur, sind nicht auf diese Verbundenheitssignale geeicht, und so mancher männliche Gesprächspartner interpretiert diese Verbundenheitssignale als Zustimmung und als Aufforderung, noch weitere interessante Sachen zu erzählen. Typischer Kommentar von einem Mann, den eine Frau als Vielredner bezeichnet hat: »Wieso rede ich viel? Sie hat mich doch die ganze Zeit freundlich angesehen, genickt und ›ja‹ gesagt. Weshalb beschwert sie sich jetzt? Das, was ich gesagt habe, fand sie doch wichtig und interessant.«

Umgekehrt beschweren sich Frauen oft, ihr Partner würde ihnen nicht zuhören, wenn sie etwas erzählen. Das mag durchaus stimmen, aber manchmal entsteht bei Frauen der Eindruck, dass der Mann nicht zuhört, nur weil er nicht die typischen Verbundenheitssignale wie Blickkontakt, Kopfnicken oder Bestätigungslaute aussendet, auf die Frauen nun einmal geeicht sind. Männer hören oft zu, indem sie einfach woanders hingucken und schweigen. Frauen, die aufgrund ihrer beziehungsorientierten Kultur auf Bestätigung angewiesen sind, finden dieses Verhalten von Männern oft unhöflich und haben das Gefühl, gegen eine Wand zu reden.

Ein anderes, fast tragisches Missverständnis zwischen den beiden Kulturen ist der Umgang mit Kompetenz und Fachkenntnissen. Frauen neigen dazu, ihre eigenen Fachkenntnisse im Gespräch herunterzuspielen. Sie verschweigen oft ihren Status, und manchen ist es sogar peinlich, ihren akademischen Titel zu nennen oder zu sagen, dass sie Geschäftsführerin oder Expertin auf einem Fachgebiet sind. Sie machen oft ein partnerschaftliches Beziehungsangebot, bei dem niemand über- oder untergeordnet ist. Sie versuchen, ein Gespräch nicht zu dominieren, sondern passen sich dem Gesprächsverlauf an. Und sie stellen im Gegensatz zu vielen männlichen Gesprächspartnern mehr Fragen, einfach, um das Gespräch in Gang zu halten. Das alles dient dazu, eine nette Atmosphäre zu schaffen und Sympathie aufzubauen. Aber genau dieses Gesprächsverhalten von Frauen wirkt innerhalb der statusorientierten, eher männlichen Kultur wie ein Eingeständnis der

Unterlegenheit. Wenn also eine Frau nicht versucht, ihre Überlegenheit zu demonstrieren, dann geht sie, aus der Sicht der statusorientierten Gesprächspartner, damit freiwillig in die Unterlegenheit. Und dann nimmt der andere, männliche Gesprächspartner automatisch die übergeordnete Position ein. Er nutzt die nette, konkurrenzfreie Gesprächssituation für seine überlegene Selbstdarstellung. So entsteht in vielen Gesprächen, ob nun im privaten Kreis oder im Beruf, der Eindruck, Frauen sind nett, höflich, halten das Gespräch in Gang und sorgen für Atmosphäre. Aber sie sind nicht so kompetent, tüchtig und erfolgreich wie die Männer.

Im beruflichen Bereich kann das für Frauen verhängnisvoll sein. In vielen Firmen wird bei der Karriere nicht nach der tatsächlichen Leistung des/der Mitarbeiters/in gefragt. Die Beförderung geschieht aufgrund des Image, das jemand von sich und seinem Können aufgebaut hat. Mit anderen Worten: Leute werden oft für den Eindruck, den sie machen, befördert statt für ihre tatsächlichen Leistungen. Und meist sind es Frauen, die mit ihrem bindungsorientierten Gesprächsverhalten für die nette Gesprächsplattform sorgen, auf der andere sich dann mit ihrem Können profilieren.

In beiden Kulturen drücken sich unterschiedliche Stärken und Eigenschaften aus. Und beide Kulturen haben auch typische Probleme, die immer wieder auftauchen. Fangen wir mit den Problemen der eher weiblichen Kultur an. Da die bindungsorientierte, weibliche Kultur die Beziehung zu anderen Menschen an erste Stelle setzt, passiert es häufig, dass die Frau selbst weit hintenan steht. Das Zurückstellen der eigenen Person zugunsten der Bindung an andere Menschen bringt viele Frauen im Alltag in Teufels Küche. Denn so sehr wie sich Frauen um gute, liebevolle Beziehungen sorgen, so sehr sind sie auch auf diese Beziehungen angewiesen. Die weibliche Identität beruht zu einem großen Teil auf den positiven Beziehungen zu anderen Menschen. Frauen fühlen sich wertvoller und vollständiger, wenn sie einen Partner haben und wenn sie insgesamt zu Menschen eine positive und enge Bindung haben.

Wenn diese Beziehungen sich verschlechtern oder auseinander brechen, dann entsteht bei vielen Frauen Angst. Zum Beispiel die Angst, ohne Partner wertlos zu sein und niemanden zu haben, der dem eigenen Leben Rückhalt und Sinn gibt. Das ist auch ein Grund dafür, warum Frauen an unbefriedigenden Beziehungen festhalten oder sogar bei Männern bleiben, von denen sie ausgenutzt oder sogar misshandelt werden. Die Angst vor Liebesverlust macht Frauen erpressbar.

Wenn eine Frau die eigenen Wünsche und Bedürfnisse gegen andere Menschen durchsetzt, vor allem wenn sie sich gegenüber geliebten Menschen durchsetzt, dann genügen die leisesten Anzeichen einer Beziehungsverschlechterung, um ihr ein schlechtes Gewissen zu machen. Ein wenig dicke Luft, eine abfällige Bemerkung, wie »Ganz schön egoistisch von dir« oder ein eisiges Schweigen genügen, um der Frau den freien Abend außer Haus und ohne Familie zu verderben.

Die eigenen Interessen zu verfolgen, das heißt für viele Frauen oft auch eine Beziehungsverschlechterung zu riskieren. Es zu riskieren, dass jemand anderes, vielleicht sogar ein geliebter Mensch, enttäuscht oder ärgerlich sein wird. Die großen Stärken der weiblichen Kultur, die Fähigkeit, Bindungen mit anderen herzustellen, sich in andere hineinzuversetzen, Interessen auszugleichen, Konflikte zu vermeiden oder schnell zu schlichten – diese Stärken können auch zu einem Fluch werden. Besonders dann, wenn sie zu einem Muss werden. Wenn die betreffende Frau also keine Wahl hat, sondern die Beziehungen zu anderen generell wichtiger als sich selbst nimmt.

Die Probleme der statusorientierten, eher männlichen

Kultur offenbaren sich überall dort, wo es eigentlich darum gehen würde, das eigene Ego und die persönliche Überlegenheit zurückzustellen. Dort, wo es um ein partnerschaftliches Miteinander, um eine gleichberechtigte Zusammenarbeit geht, zum Beispiel bei der Teamarbeit am Arbeitsplatz. Viele Betriebe haben erkannt, dass kleine, selbstständige Teams oft viel produktiver und kostensparender arbeiten, als dies in den alten arbeitsteiligen, hierarchischen Strukturen bisher möglich war. Aber genau diese Betriebe klagen darüber, dass ein Großteil ihrer Mitarbeiter nicht teamfähig ist. Tatsächlich ist der in den meisten Firmen vorherrschende männliche, dominanzorientierte Verhaltens- und Gesprächsstil eher dazu angetan, die eigene Überlegenheit zu sichern, sich persönlich zu profilieren und lästige Konkurrenten unten zu halten. Aber mit solchen Umgangsformen lässt sich keine Teamarbeit gestalten. Wer mit anderen gemeinsam in Arbeitsgruppen und Teams etwas leisten will, braucht dazu die bindungsorientierten, eher weiblichen Umgangsformen. Dazu gehören:

- anderen zuhören können, statt nur selbst reden zu wollen,
- den anderen ernst nehmen, statt sich selbst zu profilieren,
- Probleme und Aufgaben gemeinsam lösen, statt nur allein Recht haben zu wollen,
- das Schaffen einer offenen, konkurrenzfreien Atmosphäre statt bissiger Machtspiele.

Besonders schmerzlich wird es, wenn in Organisationen der dominanzorientierte, eher männliche Verhaltens- und Gesprächsstil ganz aus dem Ruder läuft und sozusagen überschnappt. Wenn das passiert, investiert die Mehrheit der Mitarbeiter/innen ihre Energie und Zeit in Intrigen und unproduktive Machtkämpfe. Wer dabei mitmacht, ist darauf bedacht, sein persönliches Image aufzupolieren,

Fehler weiterzureichen oder zu vertuschen. Die eigentliche Arbeit und das Betriebsergebnis verkommen zur Nebensache. Über kurz oder lang sind die meisten frustriert und demotiviert. Sie absolvieren dann meist nur noch »Dienst nach Vorschrift«, wenn sie nicht gerade krank geschrieben sind. Die Leitung oder das Management greift aus Hilflosigkeit oft zu den falschen Mitteln: Es macht Druck, gibt neue Befehle, Richtlinien, Weisungen und Erlasse heraus. Damit schlägt es meist erfolglos ebenfalls in die Kerbe der status- und dominanzorientierten Umgangsformen. Um Abhilfe zu schaffen, werden dann Berater- und Kommunikationstrainer/innen (wie ich zum Beispiel) in die Firma geholt. Unsere Aufgabe ist es dann, den übergeschnappten dominanzorientierten Verhaltens- und Gesprächsstil zu bändigen. Wir untersuchen die Störung und sorgen dafür, dass die Leute wieder miteinander reden und ehrlich sagen, was los ist; dass sie einander zuhören und über ihre Gefühle, Ärgernisse und Wünsche sprechen können. Kurzum: Die Berater/innen und Trainer/innen bringen die verloren gegangene Beziehungsorientierung wieder in die Firma hinein.

Der genauere und schärfere Blick auf die Gepflogenheiten beider Kulturen hilft Frauen, ihre Selbstbehauptungsprobleme nicht nur als ihre persönliche Schwäche anzusehen. Im Selbstbehauptungstraining nehmen wir wie Touristinnen, die ein fremdes Land besuchen, die Umgangsformen und Spielregeln der dominanzorientierten, eher männlichen Kultur neugierig unter die Lupe, ohne dabei in vorschnelle Was-man-da-tun-muss-Rezepte zu verfallen. Ich selbst bin nicht für die nahtlose Anpassung an einen der beiden Gesprächs- und Verhaltensstile. Ich bin mehr für den bewussten und kreativen Umgang mit beiden Kulturen. Ich kann verstehen, dass Frauen, die in der männlich-dominierten Geschäftswelt Fuß fassen wollen, dazu neigen, die männlichen Verhaltensweisen übernehmen zu wollen.

Schade ist dabei, dass sie oft glauben, das wäre das einzig richtige Verhalten. Damit verschenken sie alle Vorzüge des beziehungsorientierten, eher weiblichen Gesprächsstils. Und der ist in der Wirtschaft groß im Kommen. Viele Institutionen und Firmen erkennen, dass sich der technologische und gesellschaftliche Wandel immer schneller vollzieht. Um auf diesen Wandel angemessen und schnell zu reagieren, ist firmenintern eine gut funktionierende, zwischenmenschliche Kommunikation notwendig. Frauen bringen aufgrund ihrer Beziehungsorientierung das zwischenmenschliche, intuitive Potenzial mit, das in den Führungsetagen vieler Organisationen und Betriebe heute fehlt. Deswegen bin ich sehr dafür, dass Frauen diese »weiblichen«, beziehungsorientierten Qualitäten bei sich selbst anerkennen und wertschätzen.

Generell ist es für viele Frauen erleichternd, wenn sie beim Thema weibliche und männliche Verhaltensweisen nicht in eine starre Entweder-oder-Haltung gehen, also sich nicht entscheiden *müssen* zwischen der weiblichen Kultur oder der eher männlichen Kultur, sondern wenn sie für sich eine kreative Sowohl-als-auch-Haltung einnehmen können. Diese Sowohl-als-auch-Haltung gibt Frauen den nötigen Spielraum, ihren eigenen Weg zu finden – ohne sich dabei in gesellschaftliche Schablonen hineinzuzwängen.

Nach diesem Ausflug in die gesellschaftlichen Ursachen der Verunsicherung komme ich jetzt zu der Frage, wie Sie für sich mehr Gelassenheit entwickeln können.

Die Bausteine der Gelassenheit

Lange Zeit war der Begriff der Gelassenheit etwas, womit wirklich tüchtige Menschen in unseren westlichen Industrienationen nichts anfangen konnten. Gelassenheit schien etwas zu sein, was sich nur Gammler/innen, Tagträumer/innen und erleuchtete Gurus leisten konnten. Es gehörte zu dem emsigen Klima der protestantischen Arbeitsethik, dass, wer es zu etwas bringen wollte, immer »auf Zack« sein musste. Man musste emsig tätig sein, nicht rasten und nicht ruhen, denn schließlich war der Müßiggang aller Laster Anfang.

Diese Arbeitsmoral herrscht heute noch in manchen Köpfen und beruflichen Gefilden vor. Dort gilt eine Person als ehrgeizig und engagiert, wenn er oder sie sich verbissen in die Arbeit stürzt, ständig in Eile ist, sich kaum Pausen gönnt und mit einem bis zum Bersten gefüllten Terminkalender herumläuft. Leider ist es zurzeit noch so, dass einige Betriebe und sogar ganze Branchen diese Form der selbst ruinierenden Aufopferung tolerieren oder sogar ausdrücklich erwarten.

Dennoch: Langsam, aber sicher zeigt sich am Horizont eine neue Einstellung zum Leben und zum Arbeiten. Immer mehr Menschen wollen sich engagieren, ohne sich dabei aufzureiben. Sie sind nicht bereit, ihre Kreativität und Lebenslust zugunsten unersättlicher Profitgier oder halsbrecherischer Hetze aufzugeben. So wird Gelassenheit zu einem hohen Gut, ein neuer Luxus. Umgekehrt sind Menschen, die nie abschalten können und ihre Mahlzeiten mit dem Funktelefon in der Hand einnehmen, hochgradig burn-outgefährdet.

Wer einen solchen Raubbau an sich selbst betreibt, wird in Zukunft kaum noch mit Bewunderung rechnen können. Denn ständig gestresst zu sein, ist kein Anzeichen für Fleiß, sondern eher ein Zeichen für einen durchgedrehten inneren Antreiber.

Der Zustand der Gelassenheit wurde früher oft missverstanden. Eine gelassene Grundhaltung hat nichts mit Gleichgültigkeit oder Passivität zu tun. Wir fühlen uns gelassen, wenn wir in uns ruhen und zentriert sind. Das ist in unserer Seele eine Art Balance, bei der wir keinen Teil unserer Seele unterdrücken oder weg haben wollen. Dieses Zulassen von dem, was gerade in uns ist, steckt auch in dem Wort Gelassenheit – das Lassen-Können. Der innere Kritiker und sein Verbündeter haben nicht mehr die Alleinherrschaft. Andere Teile der Seele werden gehört und dürfen sein.

Diese innere Gelassenheit erleben viele Menschen nur selten im Alltag. Manche kennen diesen Zustand, wenn überhaupt, dann nur aus dem Urlaub. Dann nämlich, wenn das Zwangskorsett des gewohnten Soll und Muss gelockert wird. Menschen, die in sich ruhen, machen häufig die Erfahrung, dass sie mit anderen besser reden und umgehen können. Gelassene Menschen reagieren insgesamt toleranter und humorvoller auf die Seltsamkeiten anderer Leute. Interessanterweise gehen in diesem Zustand auch schwierige Arbeiten leichter von der Hand.

Bleibt die Frage, wie wir gelassener werden können. Wir brauchen dafür ein Gegengewicht zum Kritiker und Antreiber in uns, einen Seelenteil, der uns einen liebevollen Umgang mit uns selbst ermöglicht. Und auf diesen liebevollen Umgang mit sich selbst möchte ich nun näher eingehen.

Die wichtigste Liebesbeziehung

Ich kann mich noch sehr gut daran erinnern, wie ich zum ersten Mal in meinem Leben etwas über den »liebevollen Umgang mit sich selbst« erfuhr. Das geschah vor über zehn Jahren, und ich saß damals in einem großen Hörsaal an der Universität. Ich war Studentin und besuchte eine Psychologievorlesung. Der Professor sprach über verschiedene Methoden der Psychotherapie. Er sagte zu Beginn der Vorlesung, dass es für Menschen, die anderen helfen wollen, wichtig wäre, zuerst einmal liebevoll und fürsorglich mit sich selbst umzugehen. Er sagte nur diesen einen Satz dazu, und ich verstand damals nicht, was er mit diesem »liebevollen, fürsorglichen Umgang mit sich selbst« meinte. Immerhin putzte ich mir bereits damals regelmäßig die Zähne, ich hatte ausreichenden Schlaf, aß genügend und kleidete mich entsprechend der Witterung und den Jahreszeiten.

War das der liebevolle Umgang mit sich selbst, von dem der Professor sprach? Ich traute mich damals in der Vorlesung nicht, näher nachzufragen. Ich dachte, ich wäre die Einzige, die nicht wusste, was es mit diesem liebevollen Umgang mit sich selbst auf sich hatte.

Heute, über ein Jahrzehnt später, weiß ich, dass viele Menschen, Frauen wie auch Männer, wenig Ahnung vom liebevollen Umgang mit sich selbst haben. Und heute weiß ich auch, dass Zähne putzen und genügend Schlaf zwar auch dazugehören, dass aber die Liebe für sich selbst weit darüber hinausgeht. Ich weiß heute, dass der liebevolle Umgang mit sich selbst das Fundament für eine echte innere Gelassenheit ist. Es ist aber auch das Fundament für eine effektive Selbstbehauptung, für liebende und freundschaftliche Beziehungen und eine echte Zusammenarbeit mit anderen Menschen.

Frauen können meist sehr liebevoll und fürsorglich mit anderen Menschen umgehen, aber ihnen fehlt häufig ein Teil in ihrer Seele, der liebevoll und fürsorglich für sie selbst eintritt. Ich möchte Sie dazu anregen, bei sich jenen Seelenteil zu stärken oder zu entwickeln, den ich das liebevolle, fürsorgliche Selbst nenne.

STECKBRIEF
Der liebevolle, fürsorgliche Seelenteil

Das liebevolle Selbst

- … hört dem empfindsamen Teil, unserem inneren Kind aufmerksam zu,
- … sagt uns, dass es in Ordnung ist, Gefühle zu haben, kann alle Gefühle akzeptieren,
- … sorgt dafür, dass wir unsere Bedürfnisse wahrnehmen und so weit es geht auch erfüllen,
- … setzt den Vorschriften des inneren Kritikers Erlaubnisse entgegen,
- … spricht in positiver, unterstützender Weise zu uns,
- … sagt uns nette Sachen, macht uns Komplimente, lobt und tröstet uns,
- … zeigt uns liebevoll, wofür wir verantwortlich sind und wofür wir nicht verantwortlich sind,
- … hat Geduld mit uns und kann warten.

Woher kommt nun so ein liebevolles Selbst? Wenn Sie – wie viele andere Menschen auch – nur wenig Erfahrung im sanften Umgang mit sich selbst haben, ist es sinnvoll, solch ein liebevolles Selbst schrittweise zu entwickeln. Die wichtigsten Schritte möchte ich Ihnen hier vorstellen. Die ersten beiden Schritte bestehen darin, die innere Selbstbeschimpfung zu stoppen und dann einen liebevollen Kontakt zu Ihrem inneren Kind aufzubauen. Anschließend geht es um das Heilen der seelischen Wunden und das Übernehmen der Verantwortung für sich selbst.

Die innere Selbstbeschimpfung stoppen

Der erste Schritt, um sich selbst gegenüber liebevoller und fürsorglicher zu sein, besteht darin, mit der schlechten Behandlung aufzuhören. Das heißt, dass Sie aufpassen, wann Sie sich selbst fertigmachen, wann Sie sich herabsetzen und sich mit anderen vergleichen. Beginnen Sie festzustellen, in welchen Situationen Sie sich innerlich beschimpfen oder mit Vorschriften unter Druck setzen.

Um die Attacken des Kritikers und des Antreibers zu stoppen, ist es wichtig, dass Sie sie zunächst überhaupt bemerken. Wenden Sie sich hin und wieder sich selbst zu und horchen Sie sozusagen mit einem Ohr in sich hinein. Achten Sie auf das, was Sie denken, was Sie innerlich zu sich selbst sagen. Was geht Ihnen durch den Kopf? Was denken Sie? Dieses In-sich-hinein-Horchen ist besonders dann wichtig, wenn es im Strom des Alltags etwas turbulenter wird, wenn Sie aufgeregt sind oder sich Sorgen machen, wenn Sie unzufrieden oder mürrisch sind. Immer dann, wenn Ihnen ein Missgeschick passiert ist oder Sie Angst bekommen, können Sie sicher sein, dass Ihr innerer Kritiker sich meldet und zwar in Form von Gedanken, die dann auftauchen.

Manche Seminarteilnehmerinnen fingen schon während des Selbstbehauptungstrainings an, auf ihre Gedanken zu achten. Sie bemerkten, dass ihr innerer Kritiker sich sehr häufig einschaltete, nachdem sie sich im Seminar zu Wort gemeldet und etwas gesagt hatten. Der innere Kritiker dieser Teilnehmerinnen überprüfte, welchen Eindruck sie gerade auf die anderen gemacht hatten, ob das, was sie gesagt hatten, in Ordnung war oder ob sie dummes Zeug geredet hatten. Eine Frau stellte dabei fest, dass ihr innerer Kritiker jeden ihrer Wortbeiträge im Nachhinein aufs schärfste verurteilte. Sie verstand jetzt, warum sie sich oft schlecht fühlte, *nachdem* sie in einer Gruppe etwas gesagt hatte.

Erst wenn Sie bewusst wahrnehmen können, was Ihr innerer Kritiker oder Ihr innerer Antreiber zu Ihnen sagt, können Sie diese beiden Seelenteile auch stoppen. Sie können das innere Gerede einfach abstellen, indem Sie sich etwas Liebenswürdiges und Aufbauendes sagen. Lassen Sie mich das an einem Beispiel erklären. Nehmen wir einmal an, Sie stehen in Ihrer Küche und lassen beim Aufräumen eine Tasse fallen. Die Tasse ist kaputt. Was denken Sie in einem solchen Moment? Fluchen Sie oder schimpfen Sie mit sich, nach dem Motto »Was bin ich doch nur für ein Trampeltier!« Sind Sie ärgerlich auf sich selbst? Denken Sie daran, egal wie böse Sie mit sich sind, es ändert nichts daran, dass diese Tasse kaputt ist. Eigentlich reicht es doch, dass Sie einen materiellen Schaden haben. Sie müssen sich darüber hinaus nicht auch noch seelisch demütigen. Oder verfahren Sie mit sich nach dem Prinzip »Strafe muss sein« – wer etwas zerbricht, muss mindestens ausgeschimpft werden? Stellen Sie sich vor, jemand anders wäre bei Ihnen und hätte gesehen, wie Sie diese Tasse zerbrechen. Welche Worte möchten Sie von dem anderen dann gerne hören? Was könnte eine Freundin oder ein Freund liebevoll zu Ihnen sagen? Vielleicht etwas in der Art wie: »Oh, macht nichts, ist doch nur eine Tasse«, oder etwas Lustiges, damit Sie nach dem Schreck wieder lachen können: »Ja, ja – da war mal wieder die Schwerkraft am Werk.« Oder würde es Ihnen gut tun, wenn der oder die andere ohne jede Wertung einfach nur bestätigt, was passiert ist, etwa so: »Die Tasse ist hinüber.« Wenn Sie wissen, welche wohlwollenden Worte Sie von jemand anderem gerne hören würden, dann können Sie solche liebenswürdigen Sätze zu sich selbst sagen.

Dieser liebevolle Umgang mit sich selbst ist besonders wichtig, wenn Sie einen Fehler gemacht haben, wenn Sie mit anderen Menschen Streit haben, wenn Sie vor schwierigen Aufgaben stehen, wie zum Beispiel einer Prüfung. In all diesen Situationen neigt unser innerer Kritiker dazu, besonders streng und unbarmherzig zu sein. Sie können Ihre innere Ausgeglichenheit zurückgewinnen, indem Sie sich ganz bewusst Ihre positiven Seiten vor Augen führen und indem Sie sich selbst Komplimente machen.

Wenn Sie diese Form der freundlichen inneren Ansprache nicht gewohnt sind, dann mag Ihnen das Ganze zu Anfang etwas ungewöhnlich vorkommen. Experimentieren Sie ruhig ein wenig damit herum. Finden Sie heraus, was für Sie ein überzeugendes, freundliches Selbstgespräch ist. Welche liebevollen Gedanken tun Ihnen gut? Was können Sie zu sich selbst sagen, damit Ihr Selbstwertgefühl zunimmt? Ihren inneren Kritiker lassen Sie bei diesen Überlegungen am besten außen vor. Für den sind eine liebevolle Ansprache und Komplimente meist nur albernes Süßholzgeraspel. Er kennt sich besser mit Herabsetzungen aus. Wenn es um den sanften Umgang mit sich selbst geht, wird er leicht zynisch.

Einige Frauen finden es befremdlich, so nett und freundlich mit sich zu sprechen. Manche glauben, dass innere Selbstgespräche blöde oder verrückt wären. Das stimmt nicht. Wir führen im Wachzustand permanent eine innere Dauerrede, einen ständigen gedanklichen Kommentar zu allem, was passiert. Dieser Strom der Gedanken ist uns oft nicht bewusst. Erst wenn wir durch Sorgen oder Angstfantasien krank werden, merken wir, dass das, was sich im Kopf abspielt, über unser Wohlbefinden entscheiden kann. Besteht das innere Selbstgespräch zum großen Teil aus Verurteilungen, Beschimpfungen und Nörgeleien, kann sich kein Selbstwertgefühl entfalten. Wenn wir uns dort nicht aktiv einmischen und anfangen, zu uns selbst freundliche Sachen zu sagen, dann laufen die alten, selbstverachtenden Tonbänder einfach ungestört weiter. Mit anderen Worten: Sie reden sowieso mit sich selbst, ob sie es nun bewusst wahrnehmen oder nicht. Also warum nicht anfangen und für ein angenehmes, inneres Betriebsklima sorgen?

Der liebevolle Kontakt zum inneren Kind

Der zweite Schritt zu einem fürsorglichen Umgang mit sich selbst besteht darin, dass Sie Kontakt zu Ihrem inneren Kind aufnehmen. Das innere Kind meldet sich meist in Form von Gefühlen, Impulsen und inneren Bildern. Es ist der jüngste Teil der Seele. Das Selbst, das entstand, bevor wir richtig denken und sprechen konnten. Deshalb benötigt dieser empfindsame Teil der Seele auch eine besondere Aufmerksamkeit, damit wir uns ihm nähern und ihn verstehen können. Immer wenn ich erkläre, wie so ein liebevoller Kontakt mit dem empfindsamen Teil der Seele aussehen kann, merke ich, wie sehr mir der Begriff des »inneren Kindes« gefällt. Dieser liebevolle Kontakt lässt sich nämlich sehr leicht nachvollziehen, wenn wir uns einfach vorstellen, wir hätten es mit einem wirklichen Kind, einem kleinen Mädchen zu tun. Wenn es noch jung ist, dann können wir nicht erwarten, dass es sich sprachlich gut ausdrücken kann. Deshalb brauchen wir eine besondere Achtsamkeit, um das Kind in uns verstehen zu können. Das ist eine freundliche, geduldige Art, mit der Sie auf Ihre Gefühle, Impulse und inneren Bilder achten, ohne diese gleich mit dem Geplapper des inneren Kritikers zu bewerten oder zu verdrängen. Wie andere Fähigkeiten auch, lässt sich diese Achtsamkeit erlernen und üben. Sie können sie entwickeln und stärken, indem Sie sich Zeit nehmen und bewusst Kontakt mit dem kleinen Mädchen in sich aufnehmen. Sprechen Sie es mit Ihrem Vornamen an. Fragen Sie es beispielsweise, wie es ihm geht, was es gern tun würde oder was es braucht. Und warten Sie geduldig. Innere Kinder brauchen, wie äußere Kinder auch, Zeit und Behutsamkeit. Das gilt besonders dann, wenn Sie sich lange nicht um diesen empfindsamen Teil der Seele gekümmert haben, weil Sie ständig auf Ihren Kritiker und Ihren Antreiber gehört haben. In einem solchen Fall hat sich Ihr inneres Kind möglicherweise zurückgezogen und sitzt nun sozusagen im Keller Ihrer Seele. Es braucht ein wenig

Zeit, bis es merkt, dass Sie die Kellertür aufgemacht haben und es ans Licht holen wollen. Es kann vorkommen, dass Sie zunächst nur den Kummer der Verlassenheit spüren, die Traurigkeit darüber, dass Sie sich so lange selbst verleugnet haben und dabei zu kurz gekommen sind.

Falls Sie zunächst nichts Besonderes fühlen, dann seien Sie nicht ungeduldig mit sich. Schenken Sie Ihren leisen und kaum wahrnehmbaren Gefühlen besondere Aufmerksamkeit. Der empfindsame Teil der Seele macht manchmal auch nur zarte Andeutungen. Bleiben Sie einfach abwartend und ohne Beurteilung bei diesen kaum spürbaren Empfindungen, so wie Sie vielleicht einfach ein Kind bei sich auf den Schoß setzen würden, um geduldig abzuwarten, was es Ihnen zu sagen hat. Es ist auch in Ordnung, wenn es nichts sagt und einfach nur bei Ihnen sein kann. Ich habe die Erfahrung gemacht, dass viele Frauen, die sagen, sie würden nichts fühlen, dennoch Gefühle haben, nur dass sie diese Gefühle nicht weiter ernst nehmen. Sehr häufig gibt es eine Art Hintergrundgefühl, eine bestimmte Stimmung, die schon den ganzen Tag da ist. Fast so, wie ein Kind, das Ihnen andauernd mit leiser Stimme etwas Wichtiges zuruft. Hören Sie einmal genauer hin. Lassen Sie das, was Sie als Stimmung fühlen, in den Vordergrund treten und sich entfalten.

All diese Gefühle und Stimmungen, Impulse und inneren Bilder aus dem empfindsamen Teil Ihrer Seele sind Botschaften für Sie. Sie sind das Gegenstück zu den Nörgeleien und Vorschriften des inneren Kritikers und Antreibers. Ihr inneres Kind sagt Ihnen, was Sie brauchen, wo Sie in Ihrem Leben zu kurz kommen und was sie nicht mehr brauchen und loslassen können. Ihr inneres Kind teilt Ihnen mit, was Ihnen wehtut, was Ihnen Freude macht, wovor Sie Angst haben, was Sie lieben und wonach Sie sich sehnen. Jedes Gefühl, auch das unangenehmste, hält eine Botschaft für Sie bereit. An diese Botschaft kommen Sie nicht durch bloßes

Nachdenken oder Analysieren heran, sondern nur dadurch, dass Sie dem Gefühl erlauben, sich ganz zu entfalten, ohne dass Ihr innerer Kritiker dazwischenfunkt.

Hier ein kleines Beispiel: Eine ehemalige Teilnehmerin aus einem Selbstbehauptungstraining kam zu einem Beratungsgespräch. Für sie war der liebevolle Umgang mit sich selbst ein wichtiges Thema. Sie erzählte von Ihren Erfahrungen damit: »Ich dachte nach dem Selbstbehauptungstraining, ich müsste mir mehr Gutes gönnen. Also bin ich nach der Arbeit ins Kino gegangen, und anschließend habe ich mir ein Eis gekauft. Aber das war es irgendwie nicht. Das hat mich nicht zufriedener gemacht.« Während sie sprach, saß sie sehr unruhig und angespannt auf dem Sessel in meinem Büro. Ich fragte sie, ob sie es sich etwas bequemer machen wollte. Sie setzte sich daraufhin aufs Sofa, lehnte sich zurück und atmete tief durch. Ich fragte sie, was ihr gut tun würde, was sie jetzt bräuchte. Sie schwieg eine Weile. Dann sagte sie mit einem großen Seufzer: »Wissen Sie, was ich wirklich möchte? Ich möchte nichts tun! Ich möchte mich in mein Bett verkriechen und zwei Tage lang drin bleiben. Ich will nur schlafen und endlich zur Ruhe kommen!« Während sie das sagte, füllten sich ihre Augen mit Tränen. Jetzt kam ihr tiefes Bedürfnis nach Ruhe, Wärme und Entspannung ans Licht. Diese Frau hatte sich lange Zeit völlig überlastet und gegen ihre Bedürfnisse nach Rückzug und Erholung angekämpft. Dabei hatte sie sich nur nach dem gerichtet, was ihr innerer Antreiber wollte. Aber ihr inneres Kind wusste, was ihr fehlte. Es war nicht der Kinobesuch oder das Eisessen. Das hatte sie sich ausgedacht, ohne den empfindsamen Teil ihrer Seele gefragt zu haben. Das kleine Mädchen in ihr wollte nicht ins Kino. Es wollte sich endlich ausruhen können. Aber kaum hatte sie in dem Beratungsgespräch ihr tatsächliches Bedürfnis ausgesprochen, schon funkte ihr innerer Antreiber dazwischen. Sie sagte sofort: »Nein, das geht natürlich nicht. Ich kann mich doch nicht einfach ins Bett legen! Ich hab doch Aufgaben und Pflichten.« Und so ging es im Laufe des Beratungsgespräches darum, wie sie lernen konnte, den empfindsamen Teil ihrer Seele ebenso ernst zu nehmen wie den inneren Antreiber. Und wie sie ihrem Bedürfnis nach Ruhe und Entspannung ebenso nachkommen kann wie ihren Aufgaben und Verpflichtungen.

Wenn Ihr Kritiker und Ihr Antreiber dafür sorgen, dass Sie ein Bedürfnis oder ein Gefühl beiseite drängen, dann ist es vielleicht zunächst aus dem Sinn, aber es ist nicht wirklich verschwunden. Oft taucht es mit aller Macht wieder auf, meistens sogar stärker als zuvor, ungefähr so wie ein Kind, das noch lauter brüllt, damit es endlich bemerkt wird. Angst ist beispielsweise ein Gefühl, das sich verstärkt, wenn Sie es nicht wahrhaben wollen. Viele Menschen wollen ihre Angst einfach beseitigen, weil ihr innerer Kritiker diese Angst für ein unnützes und schwächliches Gefühl hält. Angst ist aber ein wichtiger Prozess in der Ökologie unserer Seele. Angst hat einen Sinn. Wir können uns die Gefühle nicht einfach abschneiden, wie wir uns die Fingernägel schneiden. Der Weg aus der Angst heraus führt mitten durch sie hindurch. Nur wenn wir Angst als sinnvolle Botschaft aus dem empfindsamen Teil unserer Seele würdigen und ihr nachspüren, kann sie sich verändern und langsam weniger werden. Wie beispielsweise die Angst, vor einer Gruppe zu reden, abgebaut werden kann, haben zwei Kolleginnen und ich in dem Buch *Schreck lass nach! Was Frauen gegen Redeangst und Lampenfieber tun können* genauer beschrieben.

Seelische Wunden heilen
Wenn Sie in dieser Weise einen wohlmeinenden und liebevollen Kontakt mit sich selbst pflegen, kann es gut sein, dass Ihre Seele versucht, sich selbst zu heilen und dass alte, unverarbeitete Verletzungen aus Ihrer Vergangenheit auf-

tauchen. Damit kommen manchmal auch schmerzhafte Erinnerungen zutage, und zwar genau in dem Maße, wie Sie es verkraften können. Oft sind das Erfahrungen wie zum Beispiel das Erlebnis, zu kurz gekommen zu sein, verlassen worden zu sein, beschämt worden zu sein, oder die Erfahrung, nicht genügend Liebe, Anerkennung und Unterstützung von den Personen bekommen zu haben, die wir liebten und von denen wir früher abhängig waren. Diese und andere seelische Verletzungen sind unsere wunden Punkte. Es sind die empfindlichen oder schmerzenden Stellen unserer Seele. Genau dort sind wir auch heute noch besonders verletzbar und leicht zu treffen. Das Thema »wunde Punkte« taucht später, im letzten Kapitel, noch einmal auf. Dort geht es um Konflikte mit anderen Menschen und wie leicht wir hochgehen können, wenn andere unsere wunden Punkte treffen. Es ist vollkommen in Ordnung, wenn Sie sich bei diesen seelischen Aufräumarbeiten Unterstützung und Hilfe holen. Vielleicht suchen Sie sich jemanden, der Ihnen gut zuhören kann. Oder Sie wenden sich an eine passende Selbsthilfegruppe. Möglicherweise suchen Sie sich eine Psychotherapeutin bzw. einen -therapeuten.

Verantwortung für sich selbst übernehmen
Bei der Heilung seelischer Wunden geht es darum, dass wir uns selbst allmählich liebevoll akzeptieren können und unseren Gefühlen und Bedürfnissen einen angemessenen Raum im Leben geben. Dabei ist es wichtig, dass unser liebevoller Umgang mit dem inneren Kind zu einer alltäglichen Handlung wird. Wir stellen dem kleinen Mädchen in uns ein erwachsenes, liebevolles Selbst zur Seite. Einen Seelenteil, der stark ist und durch den wir verantwortlich für uns selbst sorgen können. Aber leider haben die meisten von uns bestimmte Bereiche oder Probleme, bei denen wir nicht bereit sind, voll verantwortlich für uns einzustehen. Lassen Sie mich das anhand von einem Beispiel erklären.

Eine Frau, die bei mir in der Beratung war, erzählte mir, dass sie sehr gerne tanzte. Sie schwärmte davon, sich im Rhythmus der Musik zu bewegen und sich richtig auszutoben. Ich konnte an ihrem glühenden Gesichtsausdruck sehen, dass Tanzen für sie wirklich eine Kraftquelle darstellte. Nur leider wollte ihr Mann nicht mit ihr tanzen gehen. Deshalb ging sie auch nicht zum Tanzen. Sie blieb zu Hause bei ihrem Mann und versuchte ihn dazu zu bewegen, mit ihr wenigstens einmal in der Woche das Tanzbein zu schwingen. Er hing nicht so am Tanzen wie sie und antwortete ihr oft: »Geh doch ohne mich.« Doch das tat sie nicht. Sie wollte, dass ihr Mann mitkam. Statt für sich zu sorgen, forderte sie von ihrem Mann, dass er ihren Tanzwunsch erfüllte. Und so bearbeitete sie ihn fast täglich. Sie fing an, ihren Mann zu manipulieren; es gab Streit und Auseinandersetzungen, weil er sich weiterhin weigerte, mitzukommen.

Sicher wäre es für sie schöner gewesen, mit dem eigenen Ehemann tanzen zu gehen als alleine. Vielleicht aber auch nicht. Gut denkbar, dass es für sie kein Vergnügen gewesen wäre, wenn er keine rechte Freude daran gehabt hätte. Wie dem auch sei, es geht hier vor allem darum, für die Erfüllung der eigenen Bedürfnisse selbst einzustehen, statt andere so zurechtzubiegen, dass sie es für uns tun. Wenn wir selbst für uns sorgen, heißt das nicht, dass wir alles allein machen müssen. Wir können in diesem Zustand der Eigenverantwortlichkeit auch andere um Hilfe bitten oder fragen, ob sie dabei mitmachen wollen. Verantwortung für sich übernehmen heißt so viel wie: »Ich bin erwachsen, ich bin für meine Bedürfnisse zuständig, und ich sorge dafür, dass es mir gut geht.« Das kann Ihnen niemand abnehmen. Sie können dabei mit anderen zusammen den Weg gehen, aber letztlich sind Sie und nur Sie für sich verantwortlich. Ein liebevoller Umgang mit sich selbst heißt deshalb auch, darauf zu achten, wo Sie nicht verantwortlich für sich einstehen, wo Sie sich das versagen, was Sie gerne möchten.

Die Frau, die so gerne tanzte, erkannte schnell, dass sie nie zum Tanzen kommen würde, wenn sie weiterhin versuchte, ihren Mann zu verändern. Sie übernahm die Verantwortung für ihren Tanzwunsch und fragte ein paar Freundinnen, ob sie auch Lust dazu hätten. Mittlerweile geht diese Frau regelmäßig zum Tanzen, anfangs war ihre Freundin dabei, später ging sie auch allein. Sie hat sich in die lateinamerikanischen Standardtänze vertieft und tanzt mittlerweile in einem Amateur-Tanzclub. Bei gelegentlichen Auftritten des Tanzclubs ist ihr Mann unter den Zuschauern. Heute ist sie nicht nur sehr glücklich darüber, dass sie diese Bewegungsart für sich gefunden hat, sondern sie ist auch froh darüber, dass das Verhältnis zu ihrem Mann sich an diesem Punkt deutlich verbessert und entspannt hat. »Ich musste einsehen, dass mein Mann kein so tanzfreudiger Typ ist, wie ich ihn gerne hätte«, sagte sie. »Aber am schwersten fiel es mir, einfach hinzugehen und das zu tun, was ich gern tun wollte – egal ob nun jemand mitkommt oder ob andere das richtig und toll finden.«

Verantwortlich für sich selbst zu sorgen heißt zunächst, dass Sie die Botschaften, Gefühle und Gedanken, die der empfindsamste Teil Ihrer Seele Ihnen schickt, auch wirklich hören und fühlen. Mit Ihrem liebevollen, fürsorglichen Selbst können Sie am besten auf die Wünsche und Bedürfnisse Ihres inneren Kindes reagieren.

Dieses liebevolle Selbst ist erwachsen und weiß deshalb auch, dass Sie möglicherweise nicht alles sofort haben können. Wenn Sie zum Beispiel ganz dringend am liebsten sofort Ihren Arbeitsplatz kündigen möchten, dann kann der liebevolle Teil der Seele diese Botschaft hören und sich verantwortlich dafür einsetzen, dass Sie einen neuen Arbeitsplatz bekommen. Aber dieses liebevolle, erwachsene Selbst wird auch darauf achten, dass Sie nicht allzu unüberlegt und spontan handeln, indem Sie zum Beispiel einfach von der Arbeit weglaufen und vielleicht nachher ohne Einkommen dastehen. Mit anderen Worten: Der liebevolle, fürsorgliche Teil Ihrer Seele lässt Ihr inneres Kind nicht einfach alleine so wichtige Entscheidungen treffen. Damit Sie sich verantwortlich um sich selbst kümmern können, braucht Ihr inneres Kind eine erwachsene, einfühlsame Unterstützung. Es braucht einen fürsorglichen Seelenteil, der Geduld hat, der sich auch um die Sicherheit kümmert und auch nach außen hin mit anderen Menschen respektvoll umgehen kann. Es bedeutet, dass Sie Ihre Gefühle und Bedürfnisse (Ihr inneres Kind) mit Ihrer erwachsenen Stärke (liebevolles Selbst) kombinieren können.

Wenn Sie einen liebevollen, fürsorglichen Teil in Ihrer Seele herausbilden, dann gehen Sie eine Liebesbeziehung mit sich selbst ein. Und diese Liebesbeziehung besteht im Wesentlichen darin, dass Sie mit sich selbst so einfühlsam, engagiert und zärtlich umgehen, wie Sie es sich von einem liebenden Menschen wünschen würden. Diese Form der Selbstliebe kann so aussehen:

- Sie behandeln sich gut, pflegen und verwöhnen sich.
- Sie hören auf, sich selbst Vorschriften zu machen, und fangen an, sich selbst mehr zu erlauben.
- Sie fangen an, die Menschen und Situationen loszulassen, die Ihnen nicht gut tun, und suchen stattdessen Wohlbefinden, Spaß und Vergnügen bei allem, was Sie tun.
- Sie machen sich weniger Sorgen über andere und hören auf, sich ungefragt in deren Probleme einzumischen. Stattdessen lösen Sie Ihre eigenen Probleme.
- Sie übernehmen die Verantwortung für Ihre Finanzen und dulden nicht, dass andere Menschen Sie finanziell ausbeuten.
- Sie hören auf, überwiegend das Negative zu sehen, und fangen an, sich für das Schöne, Positive und Leichte zu entscheiden.
- Sie hören auf, zu glauben, Sie müssten mit allem allein fertig werden. Sie beginnen damit, auch Hilfe und Unterstützung in Anspruch zu nehmen.
- Sie hören auf, sich selbst für falsch oder nicht liebenswert zu halten. Sie akzeptieren sich so, wie Sie sind. Und Sie können es mehr und mehr zulassen, dass andere Sie lieben.

Für viele von uns ist es wahrscheinlich ein lebenslanger Prozess, diesen liebevollen Umgang mit sich selbst zu üben. Das gilt besonders für diejenigen, die als Kind mit giftigen Erziehungsmethoden groß wurden oder in einer suchtkranken Familie aufgewachsen sind. Bei diesen Menschen ist die Neigung relativ groß, sich weiterhin so schlecht zu behandeln, wie sie dies als Kind erfahren haben. Umso wichtiger ist es, sich selbst mitfühlend und fürsorglich zu behandeln. Aber es ist ein Lernprozess, der mit Achtsamkeit verbunden ist, eine Form der Aufmerksamkeit, mit der Sie bemerken können, wann Sie sich selbst verleugnen, übergehen oder innerlich herabsetzen. Langsam werden Sie dann neue liebevolle Verhaltensweisen im Umgang mit sich aufbauen und einüben.

Innere Vorschriften abbauen

Zu den Hauptaktivitäten des inneren Kritikers und des Antreibers gehört es, uns Vorschriften zu machen und Befehle zu erteilen. Es gibt drei große seelische Störfelder, die durch dieses Sich-selbst-Vorschriften-Machen entstehen. Das sind Stress und Druck, starres und unflexibles Denken sowie die Handlungslähmung.

Stress und Druck
Der Kritiker und der Antreiber in uns schaffen es, auch scheinbar banale und ganz einfache Tätigkeiten zu einer Vorschrift zu machen. Ich schreibe zum Beispiel gerne Briefe oder Postkarten an Freunde und Verwandte. Wenn aber mein innerer Antreiber die Regie übernimmt, wird aus Spaß Zwang, und das klingt dann etwa so: »Du musst dem und dem noch schreiben. Und nicht nur was Läppisches, sondern richtig gehaltvoll muss es sein. Überhaupt solltest du mit deinen Freundschaften nicht so schlampig umgehen.« Das, was ich ohne die Einmischung des Antreibers gerne getan hätte, wird nun dank der Vorschrift zur Last. Eine Last, die ich schnell hinter mich bringen will oder die ich auf die lange Bank schiebe. Und das Unerledigte addiert sich schnell zu einer Überlastung. Sich Vorschriften zu machen, ist tatsächlich eines der besten Mittel, um sich frühzeitig zu erschöpfen. Wenn Sie es schaffen, sich wirklich alles und jedes vorzuschreiben und dabei möglichst hohe Perfektionsansprüche entwickeln, sind Sie in kürzester Zeit erledigt.

Starres, unflexibles Denken
Menschen, die von ihren inneren Vorschriften beherrscht werden, neigen zu einer speziellen Denkstörung: Sie sind

gefangen im dualen Denken, im Schwarz-weiß-Denken. Sie gehen oft ganz selbstverständlich davon aus, dass es nur zwei entgegengesetzte Möglichkeiten gibt: Zum Beispiel ist etwas entweder richtig oder falsch, und wenn eine Sache richtig ist, dann sind alle anderen Sachen automatisch falsch. Wenn jemand in so einem starren Denken gefangen ist, dann merken Sie das sehr schnell. Der Betreffende neigt dazu, alles zu polarisieren. Was nicht in sein Schema passt, ist automatisch falsch und wird runtergeputzt. Wenn es eine richtige Methode gibt, die Kartoffeln zu schälen, dann sind alle anderen Kartoffelschälmethoden zwangsläufig falsch. Wenn es ein Medikament, eine Therapieform, eine Kur gibt, die geholfen hat, dann müssen notwendigerweise alle anderen Medikamente, Therapien oder Kuren untauglich sein. Durch dieses starre Richtig-falsch-Muster wird ausgeblendet, dass es ein Sowohl-als-Auch gibt. Oft funktionieren verschiedene Sachen.

Ein weiteres Beispiel für dieses unflexible, duale Denken ist auch die Entweder-oder-Haltung. Die klingt dann häufig so: »Entweder ich stürz mich voll in die Arbeit und bin total engagiert oder ich lass es ganz bleiben.« – »Also wenn ich die Hausarbeit anfange, dann muss es aber auch tipptopp sauber und ordentlich werden, sonst hat das doch keinen Sinn.« – »Im Beruf gibt es nur zwei Möglichkeiten: Entweder man reißt sich zusammen und arbeitet diszipliniert oder man lässt sich gehen und bringt es zu nichts.« So ein starres Schwarz-weiß-Denken blockiert unsere Kreativität und trennt uns von den zahllosen Möglichkeiten, die das Leben auch noch bietet. Wer in der engen Schublade des dualen Denkens steckt, wer nicht über das Schwarz oder Weiß hinaussieht, dem entgeht die Vielfalt des Buntgemusterten.

Handlungslähmung
Die wohl entscheidendste Störung, die durch innere Vorschriften verursacht wird, ist die Blockierung der eigenen

Handlungsfähigkeit. Durch Vorschriften befehlen wir uns selbst, wie wir zu sein haben und wie wir auf keinen Fall sein dürfen. Wer sich selbst unter den Druck setzt, immer tüchtig sein zu müssen, der kann nur schwer abschalten und das süße Nichtstun genießen. Wer sich selbst nicht erlaubt, über Geld zu reden und zu verhandeln, wird kaum von sich aus eine Gehaltsverhandlung anstreben. Wer sich selbst vorschreibt, immer einen klugen Eindruck machen zu müssen, wird es kaum zugeben können, etwas nicht verstanden zu haben. Innere Vorschriften sind wie eine Zwangsjacke, die unsere Arme fest zusammenschnürt. Aber wenn uns die Hände derart gebunden sind – wie können wir im Leben aus dem Vollen schöpfen, wie können wir uns das holen, was wir brauchen?

Wie kommen Sie aus der Zwangsjacke der inneren Vorschriften heraus? Sie können Ihre inneren Vorschriften abbauen, indem Sie sich keine mehr machen. Sie hören auf, sich durch »sollen«, »müssen« oder »nicht dürfen« unter Druck zu setzen. Was aber kann passieren, wenn Sie aufhören, sich Vorschriften zu machen? Menschen mit einem verletzten Selbstwertgefühl glauben oft, dass etwas Schlechtes zutage kommt, wenn sie sich nicht mehr durch Vorschriften unter Druck setzen. Manche glauben, sie würden dann faul, asozial, schlampig, verwahrlost oder kriminell werden. »Ohne meine Vorschriften wäre ich ein lächerliches Etwas, das überall anecken würde und sich ständig vor anderen blamiert«, sagte mir einmal eine Teilnehmerin im Seminar. Das ist der Knacks im Selbstwertgefühl. Diese tiefe Überzeugung, im Kern ein minderwertiger, schlechter Mensch zu sein, der nur mithilfe von Druck, Strenge und Härte ein einigermaßen »anständiges« oder erfolgreiches Leben führen kann.

Tatsächlich sitzen unter unseren Vorschriften oft unsere persönlichen Wahrheiten. Oft sind das Gefühle, Sehnsüchte oder Bedürfnisse, die wir in uns tragen, die aber durch unsere Vorschriften blockiert wurden. Ich erinnere mich an eine Frau, die sich in einem meiner Seminare mit ihrer »Ich muss nett und zuvorkommend sein«-Vorschrift auseinander setzte. Sie merkte, dass unter ihrer Nett-sein-müssen-Vorschrift ihre Angst steckte. Die Angst, dass andere sie ablehnen könnten und dass sie dann verlassen und einsam wäre. Sie merkte aber auch, wie sie mit ihrer Vorschrift verdrängte, dass sie sich bereits jetzt oft einsam und verlassen fühlte. Ihre Nettigkeitsvorschrift verhinderte, dass sie ihre jetzige Einsamkeit deutlich fühlen konnte. Wann immer ihr Einsamkeitsgefühl auftauchte, begann sie sich »nett und zuvorkommend« um andere zu kümmern, oder sie fing an, sich abzulenken. Ihre Vorschrift verhinderte, dass ihre persönliche, innere Wahrheit ans Licht kam. Der erste Schritt zur Veränderung von Einsamkeitsgefühlen, Angst, Ärger oder was auch immer wir nicht so gerne fühlen, besteht darin, dies vor uns selbst zuzugeben. Das heißt, der eigenen Wahrheit ins Gesicht zu sehen und diese Gefühle zu erleben. Erst wenn wir diese Gefühle zulassen, können sie sich verändern. Wenn Sie aufhören, sich Vorschriften zu machen, dann kann es durchaus passieren, dass Sie merken, dass Sie in Ihrem Leben etwas anderes brauchen. Ohne den Druck der inneren Vorschriften stellen manche Menschen fest, wie sehr ihre Arbeit sie belastet oder dass die Partnerschaft für sie nicht mehr stimmt. Anderen fällt auf, wie sehr sie sich selbst verleugnen oder verbiegen, nur um den Mitmenschen zu gefallen.

Es kommt vor, dass Frauen glauben, sie könnten ihre derzeitige innere Wahrheit über sich und über ihr Leben nicht ertragen. Tatsächlich leben Menschen oft über lange Zeiträume kilometerweit an sich vorbei. Diese Menschen orientieren sich sehr oft nach außen, nach dem, »was die Leute sagen« und was so üblich ist, statt auf sich selbst zu hören. Sie richten sich nach den Erwartungen ihrer Umgebung und haben sich selbst dabei aus den Augen verloren. Wenn diese Menschen dann mit ihrer persönlichen inneren Wahrheit in Kontakt kommen, kann es sein, dass sie bei sich Trauer, Wut oder Angst erleben. Ich habe die Erfahrung gemacht, dass Menschen das gut bewältigen können. Die Seele ist ein sich selbst regulierendes System. Wenn wir von anderen nicht gestört, getrieben oder manipuliert werden, dann erleben wir so viel Gefühl, wie wir verkraften können. Menschen zerbrechen nicht an ihren starken Gefühlen, wenn sie mit ihrer inneren Wahrheit in Kontakt kommen. Menschen zerbrechen an ihren inneren Vorschriften, an der dauernden Zwangsjacke aus Muss und Soll, mit der sie sich die Lebensfreude, den Genuss und die Gelassenheit nehmen.

Beim Lesen dieses Buches werden Sie wahrscheinlich auf ein paar Vorschriften stoßen, die Sie sich auch machen. Eine Vorschrift können Sie daran erkennen, dass sie wie ein emotionaler Druck auf Ihnen lastet. Sie fühlen sich gezwungen, angetrieben und haben Angst, wenn Sie sich vorstellen, dass sie gegen diese Vorschrift verstoßen könnten. Ein weiteres Erkennungsmerkmal Ihrer Vorschriften sind Gedanken, bei denen Sie sich selbst sagen: »Ich muss ...«, »Ich sollte ...«, »Ich darf nicht ...« Achten Sie auch auf das, was Sie laut sagen. Wie oft sagen Sie: »Ich muss das tun«, »Ich sollte ...« oder: »Ich darf das nicht«? Wenn Sie anfangen, sich selbst zu belauschen, dann fällt Ihnen wahrscheinlich auch auf, wie oft Sie sich selbst (und möglicherweise auch anderen) Vorschriften machen.

Mit den Vorschriften aufzuhören gelingt leichter, wenn Sie sich zunächst anstelle der alten Vorschrift eine neue Erlaubnis geben. Eine Erlaubnis heißt, sich selbst etwas zu gewähren, sich eine neue Freiheit zuzugestehen. Wie könnten nun solche neuen Erlaubnisse aussehen? Ich habe Ihnen einmal die Erlaubnisse zusammengestellt, die für viele Teilnehmerinnen aus den Selbstbehauptungstrainings wichtig waren.

- Es ist völlig in Ordnung, Gefühle zu haben. Ein Gefühl ist nicht richtig oder falsch, es ist einfach da. Ich darf meine Gefühle anderen gegenüber zum Ausdruck bringen.

- Es ist in Ordnung, sich etwas zu wünschen oder etwas zu wollen. Ich kann mich für die Befriedigung meiner Wünsche und Bedürfnisse einsetzen. Ich darf dabei auch andere um das bitten, was ich brauche.

- Ich darf nein sagen und anderen eine Bitte abschlagen. Es ist vollkommen in Ordnung, wenn ich mich für die Probleme der anderen nicht zuständig fühle.

- Es ist in Ordnung, Fehler zu machen und sich zu irren. Ich kann aus meinen Fehlern und Irrtümern lernen und mich daran weiterentwickeln.

- Es ist in Ordnung, wenn ich mich freue und Spaß habe. Ich kann lachen, albern sein und Späße machen. Ich darf auch Spaß haben, wenn ich arbeite oder mich selbst behaupte.

- Ich habe das Recht, mir Zeit zu lassen und langsam zu sein. Ich nehme mir so viel Zeit, wie ich brauche. Ich habe mein eigenes Tempo. Es ist in Ordnung und notwendig, dass ich ausreichende Pausen mache und mir Zeit zur Erholung gönne. Ich darf ausspannen und nichts tun.

- Es ist in Ordnung, wenn ich neugierig bin und etwas hinzulernen möchte. Ich kann Fragen stellen und deutlich sagen, wenn ich etwas nicht verstanden habe. Ich darf darauf bestehen, dass andere mir verständlich erklären, was ich wissen möchte.

- Ich kann Neues ausprobieren und meine eigenen Erfahrungen machen. Es ist in Ordnung, wenn ich mich schrittweise in ein unbekanntes Gebiet vortaste.

- Ich habe das Recht, meine Meinung zu vertreten und zu sagen, was ich denke. Es ist auch vollkommen in Ordnung, wenn ich meine Meinung ändere. Ich kann mich weiterentwickeln und mir dabei auch selbst widersprechen.

- Es ist in Ordnung, wenn ich mich behaupte. Und es ist auch in Ordnung, wenn ich auf meine Selbstbehauptung verzichte. Ich darf schwierigen Situationen aus dem Weg gehen oder einen einfacheren Weg wählen.

Vielleicht merken Sie schon beim Lesen, dass die eine oder andere Erlaubnis Ihnen zu Herzen geht oder für Sie eine Erleichterung wäre. Solche Erlaubnisse sind für Sie besonders wichtig. Nehmen Sie die für Sie wichtigen Erlaubnisse an, und wenn Sie möchten, dann schreiben Sie sie für sich so um, dass sie noch besser zu Ihnen und Ihrem Leben passen. Ich habe in den Selbstbehauptungstrainings und Beratungen die Erfahrung gemacht, dass eine alte Vorschrift dann besonders gut abgebaut werden kann, wenn die neue Erlaubnis möglichst genau und präzise den Kern der alten Vorschrift trifft. Wenn Sie sich beispielsweise mit der Vorschrift unter Druck setzen »Ich muss alles allein schaffen«, dann brauchen Sie eine genaue Erlaubnis, um diesen Druck abzubauen. Eine ungenaue und damit auch eher unwirksame Erlaubnis wäre in diesem Fall etwa: »Ich darf machen, was ich will«. Wirkungslos wäre aber auch: »Es ist in Ordnung, wenn ich nur nach mir gehe.« Beide Erlaubnisse wären viel zu allgemein. Besser könnten diese Sätze passen: »Ich darf andere um Hilfe bitten« oder noch genauer: »Ich darf zu Hause meinen Mann und meine ältesten Kinder um Hilfe bitten. Es ist in Ordnung, wenn ich im Beruf bestimmte Arbeiten an andere Kollegen weiterreiche.« Je präziser Ihre persönliche Erlaubnis ist, desto eher werden Sie danach auch handeln können.

Wenn Sie sich selbst eine Erlaubnis geben, dann achten Sie auch darauf, dass es sich wirklich um eine Erlaubnis handelt und nicht um eine neue, entgegengesetzte Vorschrift. Viele Menschen, die sehr mit ihren Vorschriften verhaftet sind, haben die Neigung, in die neue Erlaubnis eine Vorschrift einzubauen. Da heißt es dann plötzlich: »Ich *muss* in Zukunft meinen Mann und meine Kinder dazu bringen, dass sie mehr mit anpacken« oder: »Ich *muss* mich durchsetzen. Ich *sollte* mir mehr Vergnügen gönnen und langsamer arbeiten.« Das sind wohlgemerkt keine Freiheiten, die Sie sich gewähren, sondern nur neue Zwänge – diesmal in die andere Richtung. Vorschriften abbauen heißt tatsächlich, sich selbst in die Freiheit zu entlassen. Die Erlaubnis »Ich darf ...« bedeutet: »Ich darf das tun, wenn ich es möchte oder wenn es mir passend erscheint«, aber nicht: »Ich *muss* es unbedingt so tun.« Es ist ja gerade das Erleichternde an Erlaubnissen, dass sie nichts erzwingen, sondern dass etwas möglich sein kann. Diese Freiheit macht das Leben in gewisser Weise auch schwierig. Wer nur den Käfig der inneren Vorschriften gewohnt war, tut sich möglicherweise anfangs schwer mit dem vielen Platz und den vielen Möglichkeiten, die entstehen, wenn die Gitterstäbe des Muss und Soll fallen. Ohne Vorschriften sind wir auf unser eigenes inneres Gefühl von Stimmigkeit angewiesen. Es ist so, als würden die Krücken und Zwangsjacken, mit denen wir bisher herumgelaufen sind, wegfallen, und wir stehen nun vor der Aufgabe, bei jedem Schritt selbst innerlich die Balance zu halten. Klar, das geht anfangs nur langsam und wirkt vielleicht zunächst auch ein bisschen unsicher. Aber es lohnt sich. Ohne die Krücken und Zwangsjacken der inneren Vorschriften können wir bald nicht nur sicher gehen, wohin wir wollen, sondern wir können auch tanzen – wenn nötig, sogar aus der Reihe.

Nehmen Sie's nicht persönlich: Ihr sachbezogenes Selbst

Jetzt geht es um ein Selbst, das für Sie im Kontakt mit anderen Menschen sehr nützlich sein kann. Manche Frauen neigen dazu, in der Auseinandersetzung um eine Sache viel zu fürsorglich auf andere zu reagieren. Ihnen tut der andere dann Leid, und sie wollen ihn schonen. Oder sie fühlen sich verantwortlich für die Gefühle des anderen und versuchen im Gespräch für »gutes Wetter« zu sorgen. Andere Frauen gehen gewissermaßen ungeschützt in schwierige Situationen. Sie lassen den empfindsamen Teil ihrer Seele, ihr inneres Kind schutzlos und sind daher leicht verletzbar oder reagieren schnell hilflos.

Ebenso problematisch ist es, wenn der Kontakt mit anderen überwiegend aus dem inneren Kritiker heraus gestaltet wird. Frauen, die das tun, gehen oft tadelnd und ablehnend auf den/die Gesprächspartner/in ein. Sie kämpfen dann viel zu sehr ums Rechthaben und verbeißen sich an den negativen Eigenschaften des Gesprächspartners. Es ist nicht grundsätzlich verkehrt, durch diese drei Selbste den Kontakt zu anderen aufzunehmen. Aber oft kosten uns diese Selbste viel Energie, weil sie allesamt dazu neigen, sich mit anderen auf eine persönlichen Ebene zu verstricken. Und diese Verstrickungen führen dann häufig dazu, dass Frauen das aus den Augen verlieren, was sie eigentlich wollten. Ihre eigenen Ziele bleiben auf der Strecke. Daher ist es sinnvoll, im Kontakt mit anderen Menschen sachbezogen vorzugehen und die eigenen Kräfte zu sparen. Das gilt besonders für berufliche, geschäftliche Gespräche und Verhandlungen. Hier fehlt vielen Frauen ein Selbst, das es ihnen erlaubt, distanziert-freundlich mit anderen umzugehen und dabei die eigenen Ziele zu verfolgen. Ich schlage Ihnen deshalb vor, dass Sie sich ein sachbezogenes Selbst zulegen. Ein Selbst, das es Ihnen erlaubt, in Gesprächen, Diskussionen und Verhandlungen in erster Linie Ihre eigenen Ziele zu verfolgen.

Viele meiner Teilnehmerinnen fanden den Gedanken, sich ein sachbezogenes, unpersönliches Selbst zuzulegen, sehr attraktiv. Und manche Frau stellte fest, dass sie bereits selbst auf diese Idee gekommen war, das Ganze für sich nur anders genannt hatte. Eine Teilnehmerin sprach von einem »dicken Fell«, an dem vieles abprallte. Eine andere Frau sagte, sie habe gelernt, in bestimmten Situationen die Ohren zuzuklappen und nicht alles persönlich zu nehmen. Aber es gibt auch Frauen, die sich gegen die Idee eines sachbezogenen Selbst wehren. Sie glauben, das sachbezogene Selbst wäre so etwas wie eine »coole Maske«. Lassen Sie mich das hier klarstellen: Ein sachbezogenes Selbst verhindert keinesfalls den freundlichen Umgang mit anderen Menschen. Es ist sogar gut möglich, dass Sie mit Ihrem sachbezogenen Selbst ohne Anstrengung viel freundlicher und toleranter mit anderen umgehen können. Wenn Sie mit Ihrem sachbezogenen Selbst in Gespräche oder Verhandlungen gehen, dann stehen Ihr innerer Kritiker und Ihr empfindsames inneres Kind quasi im Hintergrund. Sie neigen dann weniger dazu, andere kritisch zu verurteilen oder verletzt zu reagieren. Ein sachbezogenes Selbst ermöglicht es Ihnen, Ihre eigene Befindlichkeit zu bewahren, egal wie andere »drauf sind«. Sie können sich damit besser von der schlechten Laune anderer Menschen distanzieren.

Ein unpersönliches Selbst bedeutet nicht, dass Sie Ihr fürsorgliches Selbst, Ihren inneren Kritiker und Ihr empfindsames, inneres Kind verdrängen oder unterdrücken sollen. Ihr sachbezogenes Selbst kann Ihnen vielmehr helfen, in Gesprächen und Verhandlungen die Informationen, die aus Ihren kritischen, fürsorglichen und empfindsamen Teilen kommen, angemessen in das jeweilige Gespräch mit einfließen zu lassen. Es wirkt dabei wie ein Filter und ein Umwandler. Dazu ein praktisches Beispiel: Eine Frau möchte sich einen Computer kaufen. Ihr inneres Kind fühlt sich gegenüber diesen technischen Apparaten hilflos und überfordert. Ihr sachbezogenes Selbst kann diese Information aus dem empfindsamen Seelenteil nutzen und mit in die Verkaufsverhandlungen einbringen. Die Frau kann beispielsweise dem Verkäufer gegenüber darauf bestehen, dass der neue Computer einfach zu bedienen ist und dass sie dazu Anwenderprogramme bekommt, in die sie sich als Anfängerin schnell einarbeiten kann. Ihr sachbezogenes Selbst kann außerdem dafür sorgen, dass ihr der Computer mitsamt den Programmen vom Geschäft geliefert wird und ein/e Mitarbeiter/in ihn aufbaut und einrichtet. Sie kann die ängstliche Botschaft ihres inneren Kindes so nutzen, dass sie ihr Ziel noch präziser erfassen kann.

STECKBRIEF
Das sachbezogene Selbst

Der sachbezogene Teil der Seele

… sorgt dafür, dass wir unsere Ziele und Wünsche während des Gespräches nicht aus den Augen verlieren,
… ist deshalb besonders gut geeignet, um berufliche, geschäftliche Gespräche und Verhandlungen zu führen,
… sorgt dafür, dass wir uns nicht mit anderen verstricken,
… hört auf die anderen inneren Selbste und nutzt deren Botschaften für das angestrebte Gesprächs- oder Verhandlungsziel,
… schützt uns vor den Seltsamkeiten anderer Leute,
… ermöglicht uns einen energiesparenden Umgang mit anderen Menschen.

Das sachbezogene Selbst ist nicht nur bei geschäftlichen Transaktionen hilfreich, es ist auch sehr nützlich, wenn es darum geht, Kritik an anderen zu üben. Wenn wir nämlich allein aus unserem inneren Kritiker heraus ein Kritikgespräch gestalten, kann es schnell passieren, dass wir in einem vorwurfsvollen oder jammernden Tonfall sprechen. Vielleicht versuchen wir sogar noch kleine stichelnde Bemerkungen anzubringen, um den anderen zu bestrafen. Klar, bei einem jammernden oder vorwurfsvollen Tonfall, bei stichelnden Bemerkungen bleibt unserem Gegenüber nichts anders übrig, als dichtzumachen, wenn er oder sie das Gesicht wahren will. Wenn unser Gesprächspartner sich aber verschließt, kommt die Kritik nicht an. Die Sache, um die es eigentlich geht, wie zum Beispiel eine notwendige Veränderung oder Verbesserung eines Zustandes, gerät ins Hintertreffen. Hier ist unser sachbezogenes Selbst der bessere Gesprächsführer. Der innere Kritiker sagt gerne vorwurfsvolle Sätze wie: »Um Gottes Willen! Der Brief wimmelt ja von Rechtschreibfehlern. Sagen Sie mal, seit wann können Sie eigentlich lesen und schreiben?« Unser sachbezogenes Selbst kann die Kritik so anbringen, dass der oder die andere sich als Person nicht so angegriffen fühlt. Damit besteht die Chance, dass das Gespräch für beide Seiten positiver und weniger angespannt abläuft. (Mehr zum Thema Kritik finden Sie im dritten Kapitel mit dem Titel »Grenzen ziehen«.) Diese Art, die Dinge nüchtern und sachbezogen zu behandeln, ist auch in Konflikten und bei Streitereien sehr hilfreich. Wenn der zwischenmenschliche Sturm tobt und die Gefühlswellen hochschlagen, kann unser sachbezogenes Selbst dafür sorgen, dass wir nicht kopfüber untergehen. Es verschafft uns eine gewisse Distanz, aus der heraus wir den Konflikt betrachten können.

Darüber hinaus kann das sachbezogene Selbst die Unterschiede zwischen der weiblichen, bindungsorientierten Kultur und der männlichen, statusorientierten Kultur erfassen und nutzen. Bei vielen Frauen fühlt sich das innere Kind durch die Gepflogenheiten der männlichen Kultur leicht angegriffen und reagiert verletzt. Und der innere Kritiker dieser Frauen neigt dazu, die eher männlichen Umgangsformen als Unhöflichkeit zu verurteilen. Das sachbezogene Selbst hingegen kann mit diesen kulturellen Unterschieden akzeptierender umgehen. Es fühlt sich davon weder verletzt noch bedroht. Es muss auch andere nicht umerziehen. Ein starkes sachbezogenes Selbst ist ein guter innerer Schutz für den empfindsamen Teil der Seele.

Natürlich ist das sachbezogene Selbst nicht überall und allen Menschen gegenüber angemessen. Um ehrlich zu sein, ich lasse mein sachbezogenes Selbst zu Hause, wenn ich mit jemandem verabredet bin, in den ich mich verliebt habe. Bei Herzensangelegenheiten ist der empfindsame Teil meiner Seele einfach kompetenter. Geht es allerdings um einen gemeinsamen Urlaub oder sogar um einen gemeinsamen Haushalt, dann darf das sachbezogene Selbst wieder die Verhandlung führen.

Lassen Sie mich zum Abschluss dieses Kapitels zusammenfassen, wodurch innere Selbstsicherheit und Gelassenheit gestärkt werden können. Unsere Selbstsicherheit und Gelassenheit nehmen zu, wenn wir die Herabsetzungen, Nörgeleien und Vorschriften des inneren Kritikers und des Antreibers bemerken und stoppen können. Und wenn wir innerlich einen fürsorglichen, liebevollen Teil der Seele aufbauen, der es uns ermöglicht, sanft, freundlich und akzeptierend mit uns selbst umzugehen. Wir fühlen uns innerlich gefestigt und zentriert, wenn wir einen fließenden Kontakt zu dem empfindsamen Teil unserer Seele, dem inneren Kind aufrechterhalten. Dazu gehört, dass wir die Botschaften, die uns dieser empfindsame Seelenteil schickt, ernst nehmen und ihnen auch so weit es geht nachkommen. So können wir unsere erwachsene Stärke mit unserer Empfindsamkeit kombinieren. Selbstsicherheit und Gelassenheit im Umgang mit anderen Menschen nehmen zu, wenn wir in der Lage sind, nicht alles persönlich zu nehmen. Dazu brauchen wir hin und wieder ein sachbezogenes Selbst. Mit dessen Hilfe können wir unsere eigenen Ziele und Anliegen verfolgen, ohne uns dabei in die Seltsamkeiten anderer Leute zu verstricken.

Sie werden zunehmend selbstsicherer und gelassener, wenn Sie all das, was ich hier gerade beschrieben habe, nicht zu einem neuen Muss und Soll erheben, wenn Sie daraus keine neue Vorschrift für sich machen. Gerade dann, wenn etwas schiefgegangen ist und Ihre innere Gelassenheit und Selbstsicherheit auf dem Nullpunkt gelandet sind (oder sogar unter Null gesunken sind), gerade dann brauchen Sie nicht die Vorwürfe Ihres inneren Kritikers, sondern eine große Portion Selbstliebe.

Selbstsicher auftreten

»Wie kann ich mehr Selbstsicherheit ausstrahlen?«, so lautet eine Frage, die mir in den Selbstbehauptungstrainings oft gestellt wird. Hinter dieser Frage steckt eine wichtige Erfahrung: Der Erfolg unserer Verhandlungen und Gespräche hängt zu einem großen Teil davon ab, inwieweit wir Selbstsicherheit ausstrahlen. An der Art und Weise, wie wir auftreten, erkennt unser Gegenüber, wie mit uns Kirschen essen ist. Zu Beginn des Gespräches schätzt er oder sie uns (meist unbewusst) ein und prüft, welchen Eindruck wir machen und was daher von uns zu erwarten ist.

Wenn wir selbstsicher auftreten, signalisieren wir anderen Menschen, dass wir von uns überzeugt sind und uns nicht so leicht abwimmeln lassen. Woran genau können wir Selbstsicherheit bei anderen erkennen? Die meisten Menschen haben ein feines Gespür dafür, ob ihr Gegenüber selbstsicher ist oder nicht. Wir nehmen oft unbewusst wahr, ob sich jemand nur aufbläst und Selbstsicherheit vortäuscht, oder ob jemand tatsächlich sicher ist. Wirklich selbstsichere Menschen strahlen beim Reden und Handeln eine gewisse Selbstverständlichkeit oder auch Authentizität aus. Sie machen nicht viel Wind, obwohl sie das jederzeit auch tun könnten. Sie entschuldigen sich nicht andauernd dafür, dass sie überhaupt da sind, und sie reden auch nicht lange um den heißen Brei herum. Sie sind auf eine natürliche Art präsent und scheinen in sich zu ruhen. Sie sagen klipp und klar, was sie wollen, ohne unterwürfig oder aggressiv zu sein. Um diese ruhige, klare Selbstverständlichkeit im Auftreten geht es in diesem Kapitel. Am Anfang steht das Thema Körpersprache, also das, was wir ohne Worte sagen. Anschließend geht es dann ums Reden, besonders darum, was Sie über sich und Ihre Leistungen sagen und wie Sie Ihre Wünsche und Bitten direkt äußern und beharrlich vertreten können.

Die selbstsichere Körpersprache

In unserer Körpersprache kommen verschiedene Seiten unseres Daseins zum Ausdruck. Da ist zunächst der Kulturkreis, dem wir angehören. Dass unsere Gestik und Mimik nicht allgemein gültig sind, merken wir meist erst, wenn wir andere Kulturen besuchen. Dazu reicht schon eine Reise ins südlichere Europa. Dort machen die Menschen beim Reden miteinander sehr viel mehr und intensivere Gesten als wir Mitteleuropäer. Wenn wir die Landessprache nicht verstehen, entsteht bei uns leicht der Eindruck, dass beispielsweise das italienische Paar, das eine lebhafte Unterhaltung führt, sich gleich prügeln wird. In Wirklichkeit reden die beiden nur lebhaft über die tolle Hochzeitsfeier am letzten Wochenende. Was in dem einen Land als zudringliche, hektische oder gar aggressive Gebärde gedeutet wird, ist in einem anderen Land womöglich nur ein Zeichen dafür, dass es sich um einen netten Plausch handelt.

Aber bleiben wir in unseren Breitengraden. Zunächst ist die Körpersprache ein Ausdruck von Status und Macht. In der Art und Weise, wie wir uns bewegen und wie viel Raum wir einnehmen, drückt sich auch unsere (scheinbare) Macht aus. Höher gestellte, einflussreiche Menschen haben meistens mehr Platz um sich herum. Ihre Autos, Büros und Vorgärten sind größer als die der Durchschnittsbürger. Menschen, die nach außen hin ihre mächtige Position zeigen wollen, achten darauf, dass sie sich gegen andere Menschen gut abschirmen. Das geschieht beispielsweise am Arbeitsplatz durch eine Vorzimmerdame, die unliebsame Besucher abwimmelt. Im Alltag erkennen wir Personen, die zumindest dominant wirken wollen, daran, dass sie sich regelrecht »breit machen«. Sie sitzen mit breiten oder ausgestreckten Beinen und angewinkelten, weit abstehenden Ellenbogen in Bussen und Bahnen. Dort wo eigentlich zwei Leute bequem Platz hätten, macht sich ein einziger Mensch breit. Dieses Beispiel bringt uns zum nächsten Punkt: Die Körpersprache bringt auch die Geschlechterdifferenz zum Vorschein, das heißt, sie ist bei Frauen und Männern unterschiedlich. Es gibt weibliche und männliche Arten zu sitzen, zu stehen und zu gehen. Von der Tatsache, dass Frauen und Männer eine unterschiedliche Körpersprache haben, lebt die Komik in den Spielfilmen, in denen Männer in Frauenrollen schlüpfen. Zielscheibe des Spotts ist dabei meistens die weibliche Art, sich zu bewegen. Sie wird von den Männern in Frauenkleidern stark übertrieben dargestellt. Aber auch ganz ohne Übertreiben lassen sich eindeutige Unterschiede in der Art, wie Frauen und Männer sich bewegen, feststellen: Frauen neigen dazu, sich insgesamt schmaler zu machen als Männer. Fast klassisch, aber immer noch oft anzutreffen, ist die »damenhafte« Sitzhaltung, bei der die Beine übereinander geschlagen und schräg gestellt sind, die Hände auf dem Schoß liegen, der Kopf leicht zur Seite geneigt ist. Dabei wird häufig nicht die ganze Sitzfläche des Stuhls eingenommen, sondern es wird nur auf der Vorderkante gesessen und die Füße schlingen sich vielleicht sogar noch um ein Stuhlbein. Mit dieser Sitzhaltung machen sich Frauen schmaler als sie sind. Wie bereits gesagt, drückt sich der Machtanspruch in der Körpersprache dadurch aus, wie viel Raum wir in Anspruch nehmen. Die eleganten, damenhaften Sitz- und Stehhaltungen sind vor allem sehr platzsparend und somit ein Ausdruck für den Verzicht auf Dominanz – oder krasser gesagt: ein Zeichen der Unterlegenheit. Wobei diese damenhafte Sitzhaltung nicht falsch ist. Sie widerspricht nur in bestimmten Gesprächs- und Verhandlungssituationen der Selbstsicherheit, die wir ausstrahlen wollen.

Unsere Körpersprache ist auch eine persönliche Angewohnheit. Neben all diesen gesellschaftlichen Einflüssen gibt es auch die Körpersprache, die wir uns im Laufe unseres Lebens ganz individuell angewöhnt haben. Viele dieser Gewohnheitsgesten haben eine ganz konkrete Entstehungsgeschichte, an die wir uns häufig aber nicht mehr erinnern. Da wird vielleicht immer noch der Pony aus der Stirn gestrichen, obwohl die Haare schon lange ganz kurz geschnitten sind. Diese Gesten führen oft ein Eigenleben in der Körpersprache. Uns ist es häufig nicht bewusst, dass wir schon wieder viel zu viel mit dem Kopf nicken, nervös auf der Unterlippe herumkauen oder am Fingerring spielen.

Obwohl die Körpersprache so verschiedene Hintergründe und Aspekte hat, können die meisten von uns sagen, ob jemand sicher oder eher unsicher wirkt. Wir empfinden jemanden als unsicher, bei dem oder bei der ein Widerspruch besteht zwischen den gesprochenen Worten und dem, wie es gesagt wird, wenn also die Bedeutung der Worte und die begleitende Körpersprache nicht übereinstimmen. Ein solcher Widerspruch wird in der Psychologie *Inkongruenz* genannt, was so viel heißt wie Nichtübereinstimmung. Und die meisten Menschen sind sensibel für diese Nichtübereinstimmung zwischen den Worten und der begleitenden Körpersprache. Stellen Sie sich eine Bewerberin vor, die ein Vorstellungsgespräch mit einem Personalchef führt. Er fragt, ob sie es sich zutraut, eine Abteilung mit zwanzig Mitarbeitern zu leiten. Sie antwortet: »Ja, das kann ich mir sehr gut vorstellen. Ich hatte ähnliche Leitungsaufgaben bereits bei meiner letzten Arbeitsstelle vertretungsweise übernommen, und das lief sehr gut.« Ihre Worte sind selbstsicher. Aber stellen Sie sich nun vor, dass diese Bewerberin mit leiser Stimme und mit gesenktem Kopf spricht, während sie mit leicht gebeugtem Rücken auf der äußersten Stuhlkante sitzt. Dabei dreht sie mit einer Hand an einer Haarsträhne. Diese Bewerberin spricht zwar von ihrer Qualifikation, aber mit ihrer Haltung und in ihrer Gestik signalisiert sie das Gegenteil. Dadurch wirkt sie wenig überzeugend auf den Personalchef. Sie strahlt nicht die Selbstsicherheit aus, die er von einer Abteilungsleiterin erwartet. Dabei kann es sehr gut sein, dass diese Frau dachte, sie hätte sich in diesem Bewerbungsgespräch ganz selbstsicher präsentiert. Möglicherweise ist ihr die eigene Körperhaltung, der gesenkte Blick, die leise Stimme und das Drehen einer Haarsträhne gar nicht bewusst geworden.

Signale der Unsicherheit

Solche Signale der Unsicherheit entschlüpfen uns manchmal, ohne dass wir sie richtig wahrnehmen. Kleinere und größere Einschüchterungen rufen eine unsichere Gestik hervor. Das innere Kind ist in solchen Situationen ängstlich und hilflos. Und obwohl wir erwachsen sind, drückt sich dieser Seelenteil oft unbewusst in der Körpersprache aus. Wir sinken in uns zusammen, wenn wir auf dem Flur länger warten müssen. Wenn wir zu Herrn oder Frau Wichtig ins Büro gerufen werden, dann gehen wir nicht selten mit eingefallenen Schultern. Wir nesteln nervös am Fingerring oder an der Halskette, wenn uns eine kritische Frage gestellt wird. Und wenn wir eigentlich selbstsicher unsere Wünsche oder Forderungen zum Ausdruck bringen wollen, lächeln wir verlegen oder schauen nach unten.

Betrachten wir hier einmal die körpersprachlichen Signale genauer, mit denen Frauen Unsicherheit ausstrahlen:

Die Verlegenheitsgesten
Zu den Verlegenheitsgesten, die ich bei Frauen am häufigsten beobachtet habe, gehört das Kauen auf den Lippen, das Spielen mit Schmuck, Knöpfen, Tüchern und das Herumzupfen an den Fingern oder Fingernägeln, an Haarsträhnen und Kleidungsteilen (Ärmel herunter- und hinaufschieben).

Das unsichere Lächeln
Lächeln ist ein doppeldeutiges Signal, mit dem zweierlei zum Ausdruck gebracht wird: Freude und Zustimmung, aber auch Besänftigung und Unterwerfung. Frauen lächeln insgesamt mehr als Männer, wobei das lächelnde Gesicht immer noch als die »weibliche Standardmimik« gilt. Ich meine dabei nicht nur das Lächeln, das in typischen Frauenberufen (zum Beispiel von Kellnerinnen, Stewardessen und Verkäuferinnen) erwartet wird. Ich denke vor allem an das Verlegenheitslächeln, das viele Frauen dann zeigen, wenn sie wichtige ernst zu nehmende Aussagen machen. Zum Beispiel, wenn sie etwas ablehnen oder fordern, wenn sie andere kritisieren oder deutlich Nein sagen wollen. Sie sprechen dann zwar eindeutige Worte, aber ihr Lächeln drückt so etwas aus wie: »Nimm das Gesagte nicht so ernst« oder: »Nimm mich nicht so ernst.« Dadurch entschärfen viele Frauen ihre Ansichten und Forderungen. Sie wollen mit dem Lächeln zugleich auch um »gutes Wetter« bitten. Die Beziehung zum anderen soll sich nicht verschlechtern. Dieser Widerspruch zwischen den Worten und dem Gesichtsausdruck irritiert viele, vor allem männliche Gesprächspartner, und sie verstehen häufig nur eine Botschaft: Diese Frau weiß nicht genau, was sie will.

Das Kopfnicken
Viele Frauen neigen dazu, automatisch mit dem Kopf zu nicken, wenn sie jemandem zuhören. Sie nicken selbst dann, wenn sie eine völlig andere Meinung haben als ihr Gegenüber. Die betreffende Frau will meist nur höflich sein und zeigen, dass sie zuhört. Und hierbei kommt es nicht selten zu einem Missverständnis – vor allem mit männlichen Gesprächspartnern. Das Kopfnicken und »Hmmm« der zuhörenden Frau wird oft verstanden als nonverbale Zustimmung im Sinne von: »Ja genau, ich bin derselben Meinung« oder: »Ja, sehr interessant. Reden Sie nur weiter.« Durch die-

se (scheinbare) Zustimmung fühlt sich der männliche Gesprächspartner häufig so angespornt, dass er seinen Redebeitrag noch länger auswalzt. Und die Frau wundert sich, warum sie wieder einmal »vollgequatscht« wurde, ohne selbst zu Wort zu kommen.

Die raumsparende Körperhaltung
Raumsparend sind Körperhaltungen, mit denen sich Frauen verkleinern oder schmaler machen. Das ist zum Beispiel der gebeugte Rücken, durch den die Körperlänge im Sitzen oder Stehen verkürzt wird, oder die zusammengezogenen Schultern. Durch Arme, die eng am Körper gehalten werden, wird die natürliche Körperbreite zusammengedrückt. Damit wird auch die Atmung blockiert, was wiederum die Stimme beeinträchtigt.

Der erste Schritt zu einer selbstsicheren Körpersprache besteht darin, diese Unsicherheitsgesten erst einmal bei sich zu bemerken. Das geht am leichtesten, wenn Sie anfangen, sich selbst aufmerksam wahrzunehmen. Was tun Sie mit den Händen, wenn ein Gespräch für Sie schwierig wird oder wenn Sie sich durchsetzen wollen? Welche Körperhaltung haben Sie in diesen Situationen? Machen Sie sich kleiner oder schmaler? Fangen Sie an, an Ihrer Kleidung zu nesteln? Spielen Sie mit Ihrer Halskette oder mit dem Fingerring? Lassen Sie bei dieser Selbstwahrnehmung Ihren inneren Kritiker außen vor. Dieser innere Perfektionist würde Sie sehr wahrscheinlich ausschimpfen, wenn er so eine Unsicherheitsgestik bei Ihnen registriert. Gerade in schwierigen Gesprächen oder Verhandlungen würde seine Meckerei Sie erst recht verunsichern. Deshalb lassen Sie Ihr liebevolles Selbst diese Beobachtungen zur Körpersprache anstellen. Ihr liebevoller Seelenteil kann bemerken, was Sie mit Händen, Füßen, Gesicht und Ihrer gesamten Körperhaltung tun, ohne Sie dafür zu verurteilen.

Um zu einer selbstsicheren Ausstrahlung zu kommen, ist es nicht nötig, dass Sie eine selbstsichere Gestik und Mimik einstudieren. Denn es besteht die Gefahr, dass die einstudierten Gesten nur ein oberflächliches Blendwerk sind, durch das Ihre Unsicherheit leicht hindurchschimmert. Für Ihre Gesprächspartner sieht das dann so aus, als würden Sie angestrengt Selbstsicherheit mimen.

Ich schlage Ihnen hier einen wesentlich bequemeren und auch zuverlässigeren Weg vor. Sie betonen einfach die Selbstsicherheit in Ihrer Körpersprache, die Sie bereits in sich tragen. Sie sind im Laufe Ihres Lebens bereits souverän und sicher aufgetreten. Da gab es Gelegenheiten, bei denen Sie mutig und zuversichtlich waren, in denen Sie sich selbstbewusst und energiegeladen fühlten. Genau solche Momente meine ich. Vielleicht fühlten Sie sich kraftvoll und einfach wunderbar, nachdem Sie eine schwierige Prüfung gut bestanden hatten oder als Sie sich verliebten und merkten, dass Ihre Liebe auch erwidert wurde. Möglicherweise fällt es Ihnen leicht, mit energischen Worten einen aufdringlichen Vertreter an der Haustür abzuwimmeln. In solchen Situationen entwickeln Sie ganz automatisch und ohne langes Nachdenken eine passende, selbstsichere Körpersprache. Es ist daher überflüssig, etwas einzustudieren, was Sie bereits beherrschen. Was Ihnen möglicherweise fehlt, ist ein freier Zugang zu Ihren selbstsicheren Erfahrungen. Wenn Sie jederzeit einen Zugang zu Ihren selbstsicheren Erfahrungen hätten, dann könnten Sie in schwierigen Situationen Ihre eigene selbstsichere Körpersprache und die dazugehörige innere Stärke aktivieren und für sich nutzbar machen. Aber gerade in schwierigen Situationen kommt es häufig vor, dass unser innerer Kritiker aufdreht und uns an unsere früheren Misserfolge erinnert oder uns eine beängstigende Katastrophe vor Augen führt. Damit sind wir an unsere Erfahrungen von vergangenen Niederlagen und künftige Horrorvorstellungen angeschlossen. Das macht uns natürlich Angst. Und das führt zu einer eingeschüchterten, sich selbst verkleinernden Körpersprache.

Zeigen Sie Haltung

Um frühere selbstbewusste, positive Erfahrungen in schwierigen Situationen nutzbar zu machen, brauchen Sie einen gut funktionierenden Zugangsweg zu Ihrer persönlichen Stärke und Zuversicht. Diesen Zugang können Sie für sich entdecken und erlernen. Ich habe ihn die »Muthaltung« genannt.

Die nachfolgende Übung hilft Ihnen den Weg zu Ihrem »Schatz« an selbstsicheren Erfahrungen zu finden. Sie entwickeln damit eine innere und zugleich auch äußerliche Haltung, in der Sie ein Maximum an Energie und Zuversicht spüren. Damit gelingt es Ihnen leichter, Verhandlungen oder Reden vor einem Publikum zu bewältigen. Da diese Haltung von innen kommt, ist Ihre Körpersprache glaubwürdig und keine aufgesetzte oder einstudierte Maske. Ihre Muthaltung – das sind Sie in Ihrer Bestform.

Falls Sie sich den Begriff »Mut« nur in Verbindung mit Verkrampfung und zusammengebissenen Zähnen vorstellen können, dann nehmen Sie dafür einfach das Wort, das etwas ähnlich kraftvolles ausdrückt, wie etwa »Energie«, »Zuversicht« oder »Stärke«. Taufen Sie Ihre Muthaltung um in eine »Zuversichtshaltung« oder in eine »Haltung der Stärke«.

ÜBUNG: Anleitung zur Muthaltung

1. Erinnern Sie sich bitte daran, dass Sie im Laufe der Zeit bereits viele schwierige Situationen erfolgreich bewältigt haben. Mit diesen positiven Erfahrungen haben Sie einen inneren Vorrat an Stärke, Zuversicht und Mut angesammelt. Wählen Sie ein oder zwei Erlebnisse aus, bei denen Sie erfolgreich waren und viel Selbstvertrauen hatten. Vertiefen Sie sich einige Minuten in diese Erinnerungen an Ihre Bestform.
2. Stellen Sie sich vor, das Sie sich an diesen inneren Schatz von Selbstsicherheit anschließen. Schöpfen Sie Kraft aus den Situationen, die Sie in Ihrer Vergangenheit kompetent und selbstsicher bewältigt haben. Nehmen Sie sich Zeit und lassen Sie Ihre innere Selbstsicherheit wachsen und dichter werden. Ihr ganzer Körper wird erfasst von einem Gefühl der inneren Stärke, Energie und Zuversicht.
3. Gehen Sie dabei in eine Körperhaltung über (zuerst im Stehen, dann im Sitzen), die für Sie Stärke, Mut und Zuversicht ausdrückt. Während Sie ein Gefühl der Zuversicht und der Stärke durch Ihren Körper strömen lassen, wird Ihre Haltung fast automatisch aufrechter. Vielleicht werden Sie innerlich ein Stückchen größer, und Ihre Wirbelsäule richtet sich auf. Lassen Sie Ihre Schultern locker und zugleich breiter werden.
4. Versuchen Sie sich dabei etwas mehr zu entspannen. Bringen Sie Ihre Arme in eine bequeme Haltung, und entspannen Sie Ihre Hände. Nehmen Sie auch die Spannung aus Ihrem Gesicht. Lassen Sie Ihren Mund- und Kieferbereich locker werden, ebenso die Stirn- und Augenpartie. Sie stehen oder sitzen gerade und sind dabei zugleich beweglich und unverkrampft. Ihr Atem kann ungehindert ein- und ausströmen. Sie wirken so äußerlich gefestigt – ohne starr und verspannt zu sein.
5. Bevor Sie die Übung beenden, prägen Sie sich bitte Ihre Muthaltung ein. Machen Sie eine Art »innerliches Foto« oder einen »innerlichen Abdruck« von diesem zuversichtlichen, mutigen Körpergefühl. Durch diese Speicherung finden Sie vor oder in einer schwierigen Situation schneller in Ihre Muthaltung zurück.

Ich empfehle den Teilnehmerinnen des Selbstbehauptungstrainings Ihre Muthaltung im Alltag immer wieder zu üben. Sie eignet sich beispielsweise hervorragend, um damit Restaurants zu betreten und Kellner auf sich aufmerksam zu machen. Vielleicht geht es Ihnen wie mir, und Sie fühlen sich in wirklich teuren Nobelboutiquen etwas gehemmt und verunsichert. Gehen Sie ruhig einmal in Muthaltung in so eine Nobelboutique. Sehen Sie sich in Ruhe um, probieren Sie etwas, und gehen Sie wieder hinaus, ohne etwas gekauft zu haben. Durch Ihre Muthaltung werden Ihnen solche oder ähnliche Auftritte an Orten, an denen Sie sich unsicher fühlen, leichter fallen. Ihre Muthaltung bringt auf einfache und entspannte Art Ihre Würde als Frau zum Ausdruck. Damit signalisieren Sie Ihrer Umwelt, dass Sie sich selbst ernst nehmen und sich wertschätzen.

Von der Kunst, Zeit, Raum und Aufmerksamkeit einzunehmen

Ihre Muthaltung ist die Basis dafür, dass Sie präsent vor und mit anderen reden können. Aber um präsent zu sein, brauchen Sie über die Muthaltung hinaus noch drei weitere Fähigkeiten:

- die Fähigkeit, Zeit zu beanspruchen,
- die Fähigkeit, Raum einzunehmen und
- die Fähigkeit, die Aufmerksamkeit von anderen einzunehmen.

Lassen Sie mich diese drei Fähigkeiten hier genauer erläutern.

Zeit beanspruchen
Wenn wir versuchen, selbstsicher aufzutreten, dann ist es wichtig, dass wir unserem Gegenüber Zeit lassen, uns wirklich zu sehen. Viele Frauen neigen dazu, wenn sie einen

Raum betreten, sehr schnell zu sein. Sie kommen schnell rein, gehen schnell und setzen sich schnell hin. Das spart zwar Zeit, aber die betreffende Frau wirkt dabei nicht besonders präsent. Sie gönnt ihrer Umgebung eigentlich keinen Blick auf sich selbst. Sie versteckt sich hinter ihrer Schnelligkeit. Das Sich-Beeilen wirkt bei manchen Frauen sogar sehr »verhuscht«. Sie huschen herein, und kaum waren sie da, schon huschen sie wieder hinaus, so als wollten sie ihrer Umwelt sagen: »Ich bin nicht wichtig, seht mich nicht an. Ich beeile mich.« Ich übe deshalb mit Frauen, einen Raum sehr langsam zu betreten und sich langsam hinzusetzen. Einigen Frauen ist das Schnellsein so in Fleisch und Blut übergegangen, dass Ihnen eine ruhige Bewegung fast fremd vorkommt.

Ich erinnere mich an eine Teilnehmerin, die empört auf diese »Entdeckung der Langsamkeit« reagierte: »Wenn ich so langsam bin, dann stehle ich doch allen die Zeit!«, entgegnete sie mir aufgebracht. Sie hat damit das Problem auf den Punkt gebracht. Wenn wir uns im Kontakt mit anderen Zeit nehmen und langsam sind, dann verstoßen wir gegen die innere Vorschrift, dass »man anderen nicht die Zeit stehlen darf, dass man sich gefälligst beeilen muss und dass man andere nicht warten lassen darf.« Manchmal steckt hinter der »Mach schnell!«-Vorschrift auch die Angst, dass andere einen für träge oder dumm halten könnten.

Entdecken Sie für sich ruhig einmal die bewusste und präsente Langsamkeit. Begrüßen Sie beim Eintreten in einen Raum die Anwesenden, und gehen Sie dann langsam zu ihrem Sitzplatz, legen Sie Ihren Mantel oder Ihre Jacke in Ruhe ab, setzen Sie sich gemächlich hin. Und versuchen Sie diese Zeitspanne der Langsamkeit nicht mit Geplauder zu überdecken. Beginnen Sie das Gespräch erst, wenn Sie bereits Ihren Platz eingenommen haben. Sie werden diese Langsamkeit wahrscheinlich im Laufe der Zeit sehr zu schätzen wissen. Es ist die Zeit, in der Sie sich innerlich sammeln können, in der Sie die Atmosphäre im Raum wahrnehmen, in der Sie den anderen einen selbstsicheren Eindruck von sich vermitteln können. Dieselbe Langsamkeit empfehle ich Ihnen auch, wenn Sie eine Gesprächssituation beenden. Flüchten Sie nicht, selbst dann, wenn alle es eilig haben. Stehen Sie in Ruhe auf, und verlassen Sie ruhig und präsent den Raum. Schließen Sie eine Situation ebenso bewusst und gelassen ab, wie Sie sie begonnen haben.

Den Raum einnehmen
Sie sind so groß und breit, wie Sie nun mal sind. Machen Sie sich deshalb in schwierigen Situationen nicht kleiner oder schmaler. Sie brauchen auf dem Fußboden einen gewissen Platz für einen sicheren Stand, Ihre Füße brauchen Raum. Sie brauchen auch einen gewissen Raum für Ihre Körpergröße. Ich habe bei manchen Frauen, die groß sind, beobachtet, dass sie beim Zusammentreffen mit etwas kleineren Menschen automatisch etwas krummer werden. Sie beugen sich zu den anderen herunter. Eine größere Frau sagte mir einmal dazu: »Ich hasse es, von oben auf die Leute herabzusehen. Ich komme mir dann so überheblich vor.« An der Körpergröße lässt sich nichts ändern, aber für große Frauen ist es oft hilfreich, wenn sie nicht allzu dicht vor ihrem Gesprächspartner stehen, sondern ein paar Schritte Distanz halten. Bei einiger Entfernung brauchen sie den Kopf nicht mehr zu senken, um dem Gesprächspartner in die Augen zu sehen. Zusätzlich ist es auch wichtig, dass große Frauen ihre Körpergröße akzeptieren und das Herabsehen auf andere nicht als persönlichen Arroganzausdruck bewerten, sondern als bloße biologische Tatsache. Sie sind eben größer, andere sind kleiner. Das gleiche gilt für kleinere Frauen. Einige kleine Frauen fühlen sich leicht von anderen übersehen und weniger ernst genommen. Eine Teilnehmerin berichtete: »Mit meinen 1,55 Metern komme ich mir manchmal wie ein Kind unter lauter Erwachsenen vor. Dabei bin

ich schon zweiundvierzig Jahre alt.« Beeindruckend war für mich, dass dieselbe Frau in ihrer Muthaltung eine unglaubliche Präsenz entwickelte. Sie konnte sehr langsam und aufrecht einen Raum betreten und wirkte dabei auf Ihre Art »riesig«. Wenn Sie zu den etwas kleineren Frauen gehören, dann ist die Muthaltung für Sie besonders wichtig. Mit ihr können Sie Ihre Ausstrahlung enorm verstärken.

Zum Einnehmen des Raumes gehört es auch, dass Sie sich von Ihrem Gegenüber keinen Platz zuweisen lassen, der Ihre Muthaltung beeinträchtigt. Manche Gespräche werden in Büros in scheinbar bequemen Sofas und Sesseln durchgeführt. Dagegen lässt sich nichts sagen, bis auf eine Ausnahme: Wenn Sie merken, dass Sie in einem gemütlichen Sessel oder auf einem Sofa nicht aufrecht sitzen können, wenn es Sie Mühe kostet, den Rücken gerade zu halten, dann werden Sie nicht besonders präsent wirken. Bitten Sie um einen anderen Platz. Ich selbst bevorzuge Stühle. Auf Sesseln verhandle ich nur, wenn ich in ihnen nicht versacke, sondern ohne Anstrengung aufrecht sitzen kann. Es ist schon vorgekommen, dass ich in Firmen Gespräche geführt habe, bei denen mein Gesprächspartner auf dem Sofa in der Sitzecke saß und ich um seinen Schreibtischstuhl gebeten habe. Ich saß dann etwas höher als mein Gegenüber, was mich nicht gestört hat. Aber umgekehrt achte ich darauf, dass ich nicht niedriger sitze als mein/e Gesprächspartner/in. Wenn unser Gegenüber höher sitzt, dann kann es leicht passieren, dass wir den anderen unbewusst für mächtiger halten. Es besteht die Gefahr, dass wir eingeschüchtert reagieren. Sie haben das Recht, sich bei einem Gespräch einen günstigen Sitzplatz auszusuchen. Wenn Sie doch einmal niedriger sitzen sollten, dann achten Sie besonders darauf, sich gerade hochzustrecken beim Sitzen. Fühlen Sie sich selbst nicht klein, nur weil Sie weiter unten sitzen.

Zu der Kunst, Raum einzunehmen, gehört auch Ihre persönliche Distanzzone. Das ist ein Bereich um uns herum von ungefähr achtzig Zentimetern bis einem Meter Abstand. In diese persönliche Distanzzone dürfen andere Leute, vor allem Fremde, nicht ungefragt eindringen. Und falls sie es doch tun, merken wir es. Es entsteht eine Stressreaktion bei uns. Es setzt ein automatischer Revierverteidigungsreflex ein. Wir liegen innerlich auf der Lauer, ob der Eindringling ein Feind oder Freund ist, ob wir kämpfen oder flüchten sollen. Mit diesem automatischen Revierverteidigungsreflex steigt die Muskelspannung, die Atmung wird schneller, das Herz schlägt schneller, wir sind innerlich auf dem Sprung.

Nun gehen wir nicht hin und kämpfen oder laufen schnell weg, wenn jemand in unsere Distanzzone eindringt. Wir halten es meistens einfach aus, wie beispielsweise in überfüllten Bussen und Bahnen, am verkaufsoffenen Sonnabend in der Innenstadt oder wenn wir eng mit anderen im

Fahrstuhl eingepfercht sind. Dort schauen wir den anderen möglichst nicht in die Augen, sondern verfolgen interessiert die blinkende Stockwerksanzeige. Unser Atmen ist dann flacher, und wir sind angespannt. Geht die Fahrstuhltür dann endlich auf, laufen alle schnell heraus, meist mit einem tiefen Atemzug. Es gibt auch Menschen, die von uns die Erlaubnis haben, in unsere Distanzzone einzudringen. Das sind geliebte Menschen wie Freunde, Kinder, Verwandte. Auch Ärzte und anderes medizinisches Fachpersonal, Friseure und Kosmetikerinnen lassen wir dichter an uns heran. Aber es gibt auch Menschen, die uns ohne Erlaubnis »auf die Pelle rücken«. Das ist beispielsweise der Vorgesetzte, der mal sehen will, was seine Sekretärin da so tippt. Statt sie zu fragen, stellt er sich dicht hinter sie und beugt sich über sie rüber. Damit dringt er ungefragt in ihre Distanzzone ein, und falls sie ihren Chef nicht heiß und innig liebt, führt das zu einer Stressreaktion bei ihr.

Viele Frauen kennen solche Distanzzonen-Übergriffe. Da ist der Kollege aus dem Zimmer nebenan, der sich bei seiner Kollegin gern ganz lässig auf ihren Schreibtisch setzt und dabei die Akten, die dort liegen, beiseite schiebt. Oder der Mensch hinter uns im Supermarkt. Der, der immer zu dicht aufrückt und einem fast schon seinen Atem in den Nacken pustet. Wenn Sie dabei sind, Raum einzunehmen, dann haben Sie auch das Recht, über Ihre Distanzzone zu bestimmen. Wenn andere Ihnen in Gesprächen oder bei Verhandlungen zu nahe kommen und Sie sich dabei unwohl fühlen, dann verschaffen Sie sich Platz oder bitten Sie Ihr Gegenüber Abstand zu halten. Sie müssen es sich auch nicht gefallen lassen, dass jemand Sie ungefragt umarmt oder am Arm packt, um Sie irgendwohin zu führen. Meist können Sie Ihre Distanzzone schützen, wenn Sie sich aus der Umarmung herausdrehen oder einen Schritt zur Seite gehen. Falls Sie sitzen und jemand beugt sich über Sie oder kommt Ihnen sonstwie zu nahe, dann drehen Sie sich frontal von

Angesicht zu Angesicht zu ihm hin oder stehen Sie auf. So eine direkte körperliche Konfrontation erschreckt meist den Distanzzonen-Eindringling. Achten Sie darauf, dass sich andere nicht ohne Ihre Zustimmung in Ihrer Distanzzone tummeln. In unserer Kultur werden Geschöpfe mit einem niedrigen Status einfach angefasst, zum Beispiel kleine Hunde und kleine Kinder. Ihnen wird keine eigene Distanzzone zugestanden, und deshalb wird ihnen ungefragt über den Kopf getätschelt. Das brauchen Sie sich aber nicht gefallen zu lassen.

Aufmerksamkeit einnehmen
Wenn Sie in dieser Weise Zeit und Raum einnehmen, wächst meist die Aufmerksamkeit, die Ihnen Ihr/e Gesprächspartner/in entgegenbringt. Der Mensch oder die Gruppe von Menschen werden Sie beachten, ansehen, sich Ihnen mehr zuwenden. Aber genau das bringt manche Frauen in Verlegenheit. Sie mögen die Aufmerksamkeit der anderen nicht. Sie fürchten dabei, dass die anderen an ihnen etwas Unangenehmes oder Fehlerhaftes entdecken. Diese Angst, im Mittelpunkt zu stehen, trifft zuweilen genau den Kern der Minderwertigkeitsgefühle. Es ist der alte Glaube, nicht gut genug zu sein und sich deshalb verstecken zu müssen, damit niemand merkt, was an einem falsch ist. Frauen, die es schwer aushalten können, wenn andere sie aufmerksam ansehen, haben oft das Gefühl, die anderen würden jetzt etwas Besonderes von ihnen erwarten. Die erhöhte Aufmerksamkeit des Gegenübers wird als Druck und Anforderung erlebt.

Oft ist es eine Erleichterung, zu wissen, dass wir uns diese hohen Erwartungen der anderen nur einbilden. Wenn Sie langsam in einer aufrechten Muthaltung den Raum betreten und merken, wie die Aufmerksamkeit aller auf Ihnen ruht, reicht es zunächst vollkommen aus, wenn Sie einfach nur »Guten Tag« oder eine andere Begrüßung sagen. Und anschließend atmen Sie aus und versuchen sich ein wenig mehr zu entspannen. Nehmen Sie Blickkontakt mit den Anwesenden auf, um deren Aufmerksamkeit auf sich zu ziehen. Wenn mehrere Personen da sind, schauen Sie den Leuten reihum in die Augen und lassen Sie sich Zeit dabei. Menschen, die aufgeregt oder ängstlich sind, neigen zu einem Scheuklappenblick. Sie beachten meist nur denjenigen, der mit Ihnen spricht. Wenn Sie ein Gespräch mit mehreren Personen haben, dann sehen Sie auch diejenigen an, die am Rand sitzen oder die nichts sagen. Andere zu beachten, ihnen zuzunicken oder sie zu begrüßen, ist eine gute Möglichkeit, um sich selbstsicher zu präsentieren.

Nachdem Sie jetzt in Ihrer Muthaltung Zeit, Raum und Aufmerksamkeit eingenommen haben, stellt sich die Frage, was Sie sagen, nachdem Sie »Guten Tag« gesagt haben. Genauer gefragt: Wie stellen Sie sich selbst dar?

Stellen Sie Ihr Licht nicht unter den Scheffel

Für Karen, eine vierzigjährige EDV-Fachfrau, war die Sache klar: Die Installation der neuen Computeranlage war für sie *das* Projekt, auf das sie schon lange gewartet hatte. Sie wollte damit beweisen, dass sie das Zeug hatte, in der Firma die Leiterin der EDV-Abteilung zu werden. Ihr wurde von der Geschäftsführung ein junger Mitarbeiter zugeteilt, der sie bei der Einrichtung der Computeranlage unterstützen sollte.

Karen saß bis tief in die Nacht in der Firma und tüftelte an Verbesserungen herum. Der jüngere Kollege profitierte viel von ihrem Fachwissen, und er unterstützte sie, so gut er konnte. Nach außen hin allerdings übernahm er es mehr und mehr, die Vorgesetzten über das Projekt auf dem Laufenden zu halten. Für Karen war diese Berichterstattung nicht so wichtig. »Mein Kollege konnte so begeistert reden.

Er schilderte den Chefs immer in allen Einzelheiten, wie wir die Probleme gelöst hatten«, erzählte sie mir in einem Beratungsgespräch. »Ich fand seine ausführlichen Berichte an die Geschäftsleitung ein bisschen übertrieben. Er machte ziemlich viel Wind um unsere Arbeit. Ich selbst war da etwas zurückhaltender. Ich dachte, das ist doch ganz normal, was wir da tun. Schließlich wurden wir genau dafür bezahlt. Und dass ich gute Arbeit leistete, konnten die Geschäftsführer doch deutlich merken. Schließlich arbeitete die neue EDV-Anlage zum Schluss ganz reibungslos. Für mich war damals völlig klar, dass ich die Leitungsstelle bekommen würde.«

Karen wurde nicht Abteilungsleiterin. Der junge Mann bekam diesen Posten. Er wurde von den Geschäftsführern als fähig, dynamisch und erfolgreich eingeschätzt. Von Karen wussten die leitenden Herren nur, dass sie fleißig und unauffällig war.

In dem Beratungsgespräch mit mir war sie immer noch empört darüber und konnte sich nicht erklären, was sie falsch gemacht hatte. Schließlich hatte sie vorbildliche Arbeit geleistet. Sie war sogar fachlich eindeutig besser als ihr männlicher Kollege. Warum ist sie nicht Abteilungsleiterin geworden?

Karens Fall ist ein typisches Beispiel für das »Drama der begabten Frau«. So wie Karen leisten viele Frauen Hervorragendes, ohne »viel Wind« darum zu machen. Sie bleiben im Hintergrund und warten auf Anerkennung. Währenddessen ernten andere die Lorbeeren – in Form von Lob, mehr Gehalt oder einer besseren Position. Und das sind meist diejenigen, die sich selbst besser darstellen können.

Wie schwer es Frauen fällt, sich selbst mit dem eigenen Können wirkungsvoll zu präsentieren, erlebe ich immer wieder in den Selbstbehauptungstrainings. Die Teilnehmerinnen berichten am Anfang des Trainings über ihre Schwierigkeiten und Selbstbehauptungsprobleme. Anschließend bitte ich die Einzelnen, sich jeweils drei bis fünf Minuten lang nur positiv darzustellen. Also nur über das zu reden, was sie gut können, was sie bisher erfolgreich angepackt haben und worauf sie stolz sind. Bei dieser Übungsanleitung geht jedes Mal ein entsetzter Stoßseufzer der Teilnehmerinnen durch den Raum.

Es dauert in der Regel lange, bis die Erste sich traut, über sich etwas Gutes zu sagen. Die Betreffende spricht dann häufig mit leiser Stimme und gesenktem Blick. Dabei sind drei bis fünf Minuten positive Selbstdarstellung für viele Teilnehmerinnen eine zu lange Zeit. Schon nach dreißig Sekunden fällt vielen sehr kompetenten und qualifizierten Frauen nichts mehr ein!

Eine typische Selbstdarstellung klingt dann meist so wie die von Monika, einer siebenunddreißigjährigen Werbefachfrau. »Was soll ich da groß erzählen? Nach der Handelsschule kam die Lehre als Werbekaufmann. Das hat mir Spaß gebracht. Ich hatte anschließend ziemliches Glück, ich kam in eine gute Firma. Wahrscheinlich, weil meine Abschlusszeugnisse nicht schlecht waren. Und nach der Einarbeitungszeit bekam ich dort ein eigenes Aufgabenfeld. Das hat dann eigentlich auch geklappt. Und das war's. Mehr gibt es von mir nicht zu berichten.«

Nach nicht einmal einer halben Minute fällt Monika nichts Positives mehr ein. Aber über ihre Missgeschicke, Schwächen und Probleme kann sie, wie viele andere Frauen auch, in allen Einzelheiten ausführlich und lange berichten. Da wird dann kein Detail ausgelassen, jedes Gefühl genau beschrieben, und vor den Zuhörenden entsteht ein plastisches Bild von ihren persönlichen Schwierigkeiten und Schwächen. Die Darstellung ihrer Leistungen und Erfolge fällt dagegen farblos, distanziert und vor allem kurz aus.

Wie schaffen es Frauen nur, so tiefzustapeln? Frauen neigen dazu, ihre Leistungen und Kompetenzen sprachlich abzuschwächen und zu verkleinern. Die häufigsten Formen dieses Tiefstapelns habe ich hier zusammengetragen:

Die eigenen Fähigkeiten und Stärken werden neutral, ohne positive Wertung geschildert
Da heißt es dann nüchtern: »Ich habe seit zehn Jahren in diesem Sachgebiet gearbeitet.« Oder: »Ich habe da einen Computerkurs gemacht.« Kein Wort davon, ob sie die Arbeit auch gut gemacht hat oder ob sie den Kurs auch erfolgreich abgeschlossen hat. Es fehlt die eigene positive Bewertung wie: »Das kann ich gut« oder: »Meine Stärke ist ...«

Die Leistungen, die Frauen durch Sorgfalt, Umsicht und Kompetenz erbringen, werden von ihnen selbst als zufälliges Glück dargestellt
»Da hatte ich dann Glück, dass ich das doch noch hinbekommen habe« oder: »Zufällig hatte ich den richtigen Riecher, und da habe ich gleich einen Vertrag gemacht.«

Gute Ergebnisse durch eine Verneinung ausgedrückt
Statt: »Ich habe gute Zeugnisse« heißt es lediglich nur: »Meine Zeugnisse sind nicht schlecht.« Oder statt der Kompetenz anzeigenden Formulierung: »Ich habe sehr viel für das Projekt getan« heißt es dann: »Ich habe bei diesem Projekt nicht auf der faulen Haut gelegen.«

Frauen benutzen häufig Formulierungen, mit denen sie ihr Können abschwächen und relativieren
Das sind Worte wie »eigentlich«, »irgendwie«, »ein bisschen«, »manchmal«. Statt: »Ich habe eine gute Prüfung gemacht« wird dann abgeschwächt gesagt: »Ich habe irgendwie eigentlich keine schlechte Prüfung abgelegt.«

Oder statt: »Ich kann gut organisieren« heißt es: »Ich glaube, ich kann manchmal gut organisieren.«

Oft widerspricht auch die Körpersprache der positiven Selbstdarstellung

Bei den entscheidenden Sätzen über die eigenen guten Leistungen schauen Frauen ihren Gesprächspartner häufig nicht an. Oder sie zucken fragend mit den Schultern und setzen ein verlegenes Lächeln auf.

Im Gegensatz zu vielen Frauen sind es die meisten Männer gewohnter, die eigenen Leistungen ins rechte Licht zu rücken. In der männlich-dominierten Geschäftswelt gehört eine gewisse positive Selbstdarstellung durchaus zum guten Ton. Männer berichten gern und genau, was sie wann und wo gesagt und geleistet haben.

Wenn ich in einem Kommunikationsseminar mit Männern und Frauen auf dieses Thema zu sprechen komme, sind die männlichen Teilnehmer meist sehr an den Detailfragen der Selbstdarstellung interessiert. Wie soll man sich darstellen? Wie lässt sich ein Erfolg versprechendes Image aufbauen? Und wem gegenüber sollte diese Eigenwerbung eingesetzt werden?

Nicht selten reagieren die Teilnehmerinnen ablehnend oder empört auf die Fragen der Männer. Für diese Frauen ist die positive Selbstdarstellung sehr dicht am Bluff und an der Angeberei. Sie fragen meist ganz grundsätzlich, ob eine solche »Eigenwerbung« nicht eine unehrliche Verstellung sei. Dieser Unmut wird verständlicher, wenn wir einen Blick darauf werfen, wie Frauen mit anderen Menschen Kontakt aufnehmen und Vertrautheit herstellen. Indem sie sich zu ihren Mängeln und Schwächen bekennen, versuchen sie sich oft als eine vertrauenswürdige und sympathische Person darzustellen. Sie erzählen ihrem Gegenüber, womit sie Schwierigkeiten haben und was ihnen zu schaffen macht. Dabei hoffen sie, dass ihr/e Gesprächspartner/in auf dieses Kontakt- und Näheangebot einsteigt und auch etwas von sich erzählt.

Wenn aber Frauen Nähe und Vertrauen dadurch aufbauen, dass sie ihre schwachen Seiten zeigen, befürchten sie natürlich umgekehrt, dass sie die Nähe zu anderen verlieren, wenn sie sich mit ihren Erfolgen präsentieren. Sie haben Angst, damit bei anderen Neid- und Konkurrenzgefühle zu wecken.

Im Vergleich dazu fällt es vielen Männern noch immer sehr viel schwerer, ihre Schwächen und Fehler einzugestehen. Sie präsentieren sich häufig ganz automatisch von ihrer starken Seite. Hierzu ein kurzes Beispiel:

Eine Frau und ein Mann nehmen an einem Kommunikationsseminar teil. In der Pause stehen sie beisammen und trinken Kaffee. Die Frau fängt mit dem Mann ein Gespräch an. Sie sagt zu ihm: »Mein Gott, war das schwer, hier einen Parkplatz zu bekommen. Ich bin fast zwanzig Minuten umhergefahren, um eine Parklücke zu finden, in die ich gut einparken kann. Wissen Sie, wenn die Lücke so eng ist, dauert es ewig, bis ich da drin bin.«

Er antwortet: »Ja, das war mir gleich klar, dass hier um diese Zeit alles voll ist. Aber ich habe gerade vor der Tür noch einen Parkplatz erwischt.«

Sie: »Wie haben Sie das gemacht?«

Er lächelt: »Für Parkplätze habe ich einen sechsten Sinn. Ganz im Ernst – ich finde fast überall einen freien Platz.«

Sie: »Toll. Also so einen sechsten Sinn könnte ich auch gebrauchen. Mich macht diese Parkplatzsucherei ganz krank. Das ist für mich das Schlimmste am Autofahren.«

So harmlos und nebensächlich diese Unterhaltung auch erscheinen mag, sie enthält dennoch die unterschiedlichen Strategien, mit denen Frauen und Männer ihre Fähigkeiten im Gespräch darstellen. Die Frau beginnt das Gespräch, in dem sie von einem eigenen Problem erzählt und ihr Nicht-Können präsentiert. Er verweist auf seine Fähigkeiten und wird prompt mit einem anerkennenden »Toll« von ihr bestätigt. Ihre Art, sich sprachlich zu verkleinern, passt hervorragend zu seiner Kompetenz anzeigenden Selbstdarstellung.

Beide werden sich wahrscheinlich keine großen Gedanken darüber gemacht haben, wie sie sich jetzt selbst darstellen und über welche Leistungen sie miteinander reden wollen. Das Gespräch lief so nebenbei, eher automatisch und gewohnheitsmäßig ab. Aber gerade dieser unbewusste Ablauf führt dazu, dass Frauen ganz automatisch dazu neigen, sehr schnell ihre Schwächen und Fehler in den Vordergrund zu stellen, während sie umgekehrt ihre guten Leistungen abschwächen oder ganz verschweigen.

In der Pause eines Seminars, wo es um nichts weiter geht, als um eine Tasse Kaffee und ein nettes Gespräch, mag das vielleicht nicht weiter wichtig sein. Aber in anderen Lebensbereichen tragen Frauen mit dieser automatischen Selbstverkleinerung dazu bei, dass sie wenig oder gar nicht anerkannt werden. Das gilt besonders für den Bereich der Kindererziehung und der Hausarbeit. Gerade dort arbeiten viele Frauen in einer Art »Anerkennungsloch«. Sie leisten viel, erhalten aber wenig Dank und Bestätigung.

Ein Beispiel dafür ist Lisa. Sie ist neunundzwanzig Jahre alt, verheiratet, hat zwei Kinder und arbeitet halbtags als Sekretärin. Auch sie hat Schwierigkeiten, ihr Können und ihre Leistungen anderen gegenüber positiv darzustellen. Als ich sie in einem Beratungsgespräch darum bitte, von dem zu berichten, was ihr gelingt und was sie gut kann, fällt ihr nichts ein, was sie vorweisen könnte. »Nein«, sagt sie, »eine besondere Leistung ist das eigentlich nicht, was ich da tue. Die Kinder versorgen, den Haushalt machen und halbe Tage an der Schreibmaschine sitzen – das tun andere Frauen auch. Mein Mann ist im Büro sehr eingespannt. Wenn ich ihm nicht ganz ernsthaft sagen würde, dass er spätestens um acht Uhr abends zu Hause sein soll, dann würde er bis spät in die Nacht dort sitzen. Und die Kinder würden ihn tagelang überhaupt nicht zu Gesicht bekommen. Normalerweise ist er abends erst dann zu Hause, wenn ich die Kinder ins Bett bringe. Manchmal schafft er nicht mal das. Der ganze Alltagskram – vom Einkaufen bis zu den Terminen beim Kinderarzt –, das mache alles ich alleine. Meinen Mann bitte ich dabei nicht gern um Hilfe. Schließlich hat er im Büro genug zu tun. Außerdem ist er der Meinung, ich könnte den Halbtagsjob aufgeben, dann würde ich alles besser schaffen. Aber die Arbeit als Sekretärin ist mir wichtig. Ich kann nicht den ganzen Tag zu Hause sein, da fällt mir sonst die Decke auf den Kopf. Ich weiß wirklich nicht, was ich da Positives über mich sagen soll.«

Kinderbetreuung, Hausarbeit, den Mann an das Familienleben erinnern, der Halbtagsjob und die Balance des Ganzen – das alles ist in Lisas Augen nichts Besonderes. Und so wie Lisa stellen viele Frauen im Bereich der Kinderversorgung und der Hausarbeit ihr Licht unter den Scheffel.

Wenn ich diese Frauen darauf aufmerksam mache, welche Leistung sie jeden Tag erbringen und wie viele Kompetenzen in dem stecken, was sie da tun, dann erhalte ich häufig von ihnen eine Selbstabwertung als Antwort: »Das ist ja nichts Besonderes. Das tun andere Frauen ja auch.« Oder: »Da ist noch so viel, was ich nicht schaffe. Schon deshalb habe ich keinen Grund, mir einen Orden anzuheften.« Noch nie habe ich von einer dieser Frauen die Antwort erhalten: »Ja, stimmt. Das ist wirklich toll, was ich da jeden Tag leiste.«

Wie das Veilchen im Moose

Was hindert nun Frauen daran, ihre Leistungen ins rechte Licht zu rücken? Weshalb fällt es ihnen so schwer, sich positiv darzustellen? Um diese Fragen zu beantworten, ist es sinnvoll, dass wir uns ansehen, was Jungen und Mädchen in Bezug auf ihre Selbstdarstellung lernen.

Bereits in den frühen Kindertagen erhalten Jungen und

Mädchen von den Erwachsenen unterschiedliche Botschaften, wenn es darum geht, die eigenen Leistungen vorzuzeigen. Beide, Jungen und Mädchen, werden zur Leistung angespornt. Aber viele von uns erhielten als Mädchen noch eine zusätzliche Bescheidenheitsvorschrift. Die lautete ungefähr so: »Spiel dich nicht auf!« oder: »Gib nicht so an!« Wir sollten uns durchaus anstrengen und etwas leisten, aber dabei nicht wie die »stolze Rose« werden. Wir sollten vielmehr, wie das »Veilchen im Moose«, bescheiden und zurückhaltend bleiben.

Dem kleinen Jungen hingegen wurde sehr viel eher zugestanden, dass er sich mit dem, was er kann, in den Mittelpunkt stellt und sich stolz in die Brust wirft. In ihm sahen die Erwachsenen den künftigen erfolgreichen Mann – jemand, der es im Leben zu etwas bringen wird. Bescheidenheit dagegen ist mehr eine Zier für Mädchen.

So leben und arbeiten viele Frauen nach dem Motto »Sei tüchtig und bleibe bescheiden«. Sie strengen sich an, entwickeln ihre Kompetenzen, erzielen Erfolge. Aber ihre innere Bescheidenheitsvorschrift verhindert, dass sie ihre eigenen Leistungen auch tatsächlich wertschätzen können. Das Erreichte wird schnell zur Normalität, die dann nicht weiter der Rede wert ist. Kaum hat sich eine Frau beispielsweise in ein neues Aufgabengebiet eingearbeitet, schon ist das, was sie hinzugelernt hat, kein Grund zum Feiern mehr, sondern nur noch eine »normale Selbstverständlichkeit«.

Wenn aber das, was geleistet wurde, nicht als persönlicher Erfolg verbucht wird, bleibt die seelische Guthabenseite leer. Und im Gegensatz dazu erscheinen dann die eigenen Schwächen und Mängel übergroß, und der innere Antreiber hat neue Munition: Da ist der Haushalt, der noch besser und gründlicher erledigt werden könnte, die Kinder, um die man sich noch mehr kümmern sollte; der Partner, der mehr Zuwendung und Aufmerksamkeit braucht. Und nicht zuletzt das eigene Äußere: Die Figur, die unvollkommen ist und deshalb mehr getrimmt und gestylt werden müsste.

Diese selbstabwertende Buchhaltung führt dazu, dass sich viele Frauen als ungenügend und mangelhaft empfinden. Und im Laufe der Zeit entsteht so ein inneres Betriebsklima, das aus Abwertungen und dem überkritischen Registrieren der eigenen Fehler besteht. Bei vielen Frauen bewirkt dieses negative innere Betriebsklima, dass sie Komplimente von anderen nicht annehmen können.

Wenn wir uns diese innere Selbstabwertung vor Augen führen, wird deutlich, warum Frauen die eigene positive Selbstdarstellung nach außen für unehrlich und angeberisch halten. Sie glauben, dass es bei dem, was sie erreicht haben, und dem, was sie können, kaum etwas gibt, was sie wirklich positiv herausstellen könnten. Überall dort, wo es darum geht, für sich Vorteile auszuhandeln, zum Beispiel bei einem Bewerbungsgespräch oder bei einer Gehaltsverhandlung, ist es wichtig, mit den eigenen Kenntnissen und Kompetenzen auftrumpfen zu können. Da Frauen aber glauben, unehrlich zu sein, wenn sie sich positiv darstellen, geraten sie in solchen Situationen häufig unter großen Stress. Viele haben Angst vor Fragen wie: »Warum glauben Sie, dass Sie für die Stelle geeignet sind?« oder: »Wie kommen Sie auf die Idee, mehr Gehalt haben zu wollen?« Wenn die Antwort den Gesprächspartner überzeugen soll, müsste sie eine positive Selbstdarstellung enthalten.

Rücken Sie Ihre Leistungen in ein besseres Licht

Nicht nur für Gehaltsverhandlungen oder für Bewerbungsgespräche ist es wichtig, dass Sie Ihre Kompetenzen und Leistungen gelassen und souverän darstellen können. Die positive Selbstdarstellung stärkt auch ihr Selbstbewusstsein. Es gibt so etwas wie eine Rückkoppelung. Unser Image wirkt immer auch auf uns selbst zurück. Wenn Sie Ihre

Kenntnisse und Fähigkeiten künftig in ein besseres Licht rücken wollen, dann nehmen Sie sich einen Moment Zeit und überprüfen Sie Ihre eigene Selbstdarstellung. Fällt es Ihnen leichter, von Ihren Schwierigkeiten zu erzählen als von Ihren Erfolgen? Löst womöglich das Wort »Erfolg« bei Ihnen schon eine Ablehnung aus?

Wenn Sie in der Bescheidenheits-Zwangsjacke stecken, dann ist es gut möglich, dass Sie glauben, Erfolg und positive Selbstdarstellung seien etwas für Streber/innen und Angeber/innen. Besonders wenn Sie viele Ihrer Leistungen und Fähigkeiten für selbstverständlich halten und deshalb nicht weiter wertschätzen, kann es sein, dass es Ihnen unangenehm ist, vor anderen zu sagen: »Das habe ich prima gemacht.« Vielleicht wünschen Sie sich, die anderen mögen doch von selbst bemerken, was Sie da alles leisten, ohne dass Sie sie mit der Nase darauf stoßen müssen. Tatsächlich ist es aber meist so, dass andere Menschen bei Ihnen nur das anerkennen können, was Sie selbst bei sich auch wertschätzen. Die Leistungen und Fähigkeiten, die Sie bei sich selbst für unwichtig und nicht weiter beachtenswert halten, werden von anderen meist auch nicht gelobt oder besonders honoriert.

Am Anfang ist es wichtig, dass Sie innerlich von sich und Ihrem Können überzeugt sind. Deshalb geht die nachfolgende Selbstbehauptungsstrategie im ersten Schritt auch nach innen. Sie behaupten Ihr Können und Ihre Leistungen zunächst sich selbst gegenüber. Erst im zweiten und dritten Schritt geht es darum, die Kompetenzen und Erfolge auch nach außen hin zu präsentieren.

SELBSTBEHAUPTUNGS-
STRATEGIE: **Sich selbst positiv darstellen**

1. Schreiben Sie zunächst für sich eine Kompetenz- und Erfolgsliste. Notieren Sie, was Sie gut können, welche Talente und Fähigkeiten Sie besitzen. Schauen Sie sich einmal gründlich Ihre innere Guthabenseite an. Achten Sie dabei auf eine eindeutig positive Bewertung. Benutzen Sie für jede Leistung oder Fähigkeit eine lobende Formulierung, wie zum Beispiel: »Ich kann sehr gut ...« oder: »Ich bin stolz darauf, dass ...« oder: »Ich habe es erreicht, dass ...« Schreiben Sie bei Ihrer Aufstellung nicht nur das Außergewöhnliche auf, sondern notieren Sie auch Ihre »Alltagsleistungen«.
2. Nehmen Sie diese Aufstellung und sprechen Sie laut aus, was dort steht. Erzählen Sie sich selbst, was Sie alles gut können, welche Stärken und Kompetenzen Sie haben und was Ihnen bereits gut gelungen ist. Achten Sie darauf, dass Ihre positive Selbstdarstellung nicht zu kurz ausfällt und dass Sie sie nicht mit Worten wie »irgendwie«, »eigentlich« oder »ein bisschen« abschwächen.
3. Erzählen Sie anderen Menschen, was Sie gut können, worauf Sie stolz sind und was Sie geschafft haben.
   Gewöhnen Sie sich an, Ihre Leistungen auch als Leistungen darzustellen. Vermeiden Sie den Eindruck, Sie würden alles »so mal eben und ganz nebenbei« erledigen. Statt zu sagen: »Ich habe mal einen Computerkurs besucht und da ein bisschen gelernt, wie man Knöpfe drücken muss – aber nur so für Anfänger«, können Sie sich und Ihre Kenntnisse auch selbstbewusster darstellen, etwa so: »Ich habe einen Computerkurs für die Grundlagen der Datenverarbeitung erfolgreich abgeschlossen.« Am Anfang ist es leichter, wenn Sie das mit jemandem üben, dem Sie vertrauen, vielleicht mit einer Freundin. Anschließend können sie dazu übergehen, Ihre positive Selbstdarstellung in Ihrem privaten und beruflichen Alltag einfließen zu lassen.
4. Achten Sie auf Ihre Körpersprache, wenn Sie sich positiv selbst darstellen. Machen Sie dabei eine Mimik oder Gestik, mit der Sie

> Ihre Worte abschwächen oder zurücknehmen? Etwa ein verlegenes Lächeln oder ein Schulterzucken? Und schauen Sie Ihr Gegenüber an, wenn Sie Gutes über sich selbst sagen? Ihnen wird die Selbstdarstellung leichter fallen, wenn Sie in Ihre Muthaltung gehen.

Bei dieser Selbstbehauptungsstrategie geht es nicht darum, dass Sie trainieren, wie Sie bluffen, lügen oder angeben können. Es geht vielmehr darum, dass Sie Ihre Bescheidenheitsvorschrift ablegen, damit Sie genauso überzeugend über Ihre Kompetenzen und Erfolge sprechen können wie über Ihre Schwächen und Fehler. Um das zu üben, kann es nützlich sein, im Alltag darauf zu achten, ob Ihre Selbstdarstellung nur Ihre Schwächeseite betont. Wenn Sie merken, dass Sie in einem Gespräch über lange Zeit Ihre Mängel und Schwierigkeiten dargestellt haben, dann zeigen Sie auch etwas von Ihrer Kompetenzseite. Teilen Sie den anderen auch mit, was Ihnen gut gelungen ist oder worauf Sie stolz sind.

Machen Sie aber aus der positiven Selbstdarstellung keine neue Vorschrift für sich. Sie müssen sich nicht ständig positiv darstellen und Ihre Schwächen unter den Teppich kehren. Tatsächlich geht es darum, dass Sie sich von beiden Seiten – der kompetenten wie auch der mangelhaften – gelassen und souverän zeigen können.

Sagen Sie direkt, was Sie wirklich wollen

Sehr viele Frauen sind stark und mutig im Einsatz für andere, aber schwach im Einsatz für sich selbst. Sie stellen sich mit dem, was sie selbst wollen, ganz geduldig hintenan. Zuerst kommen die Kinder, dann der Partner, dann die Firma, dann die Verwandten, dann die Freunde und so weiter.

Frauen warten ab, bis sie an der Reihe sind. Und allzu oft kommen ihre Bedürfnisse und Wünsche gar nicht dran.

Dieses Dasein für andere Menschen ist ein weibliches Lebenskonzept, das das kleine Mädchen schon im Spiel mit der Puppe einübt. Wenn die Puppe gekleidet, gefüttert, gebadet und zu Bett gelegt wird, trainiert das Mädchen damit die Fähigkeit, andere zu versorgen und deren Bedürfnisse zu befriedigen. Viele Frauen haben so schon in ihrer Kindheit ein besonderes Gespür für die Wünsche anderer Menschen entwickelt. Aber die wenigsten haben in ihrer Kindheit gelernt, wie sie gut für sich selbst sorgen können. Die eigene Mutter war dabei oft kein ausreichendes Vorbild. Viele erlebten ihre Mutter als eine aufopferungsvolle Frau, deren Hauptlebensinhalt in der Fürsorge für die Familie bestand. Sie war die Märtyrerin oder die Sorgende für andere, aber nicht die Frau, die sich auch gut um die eigenen Bedürfnisse kümmern konnte. Und so entstand in vielen Frauen ein fast unbewusster, aber mächtiger Glaube: »Wenn ich mich um meine Kinder, meinen Mann und auch noch um den Beruf kümmere, dann kann ich mich nicht um mich selbst kümmern. Entweder Familie (und Beruf) oder ich.« Sie erkennen darin wahrscheinlich das starre, duale Denkmuster – das Entweder-oder-Denken. Die meisten Frauen verbieten sich die Fürsorge sich selbst gegenüber mit der Vorschrift »Ich darf nicht egoistisch sein«. Wobei allein das Wort »egoistisch« vielen wie eine riesige Eisenkugel an Armen und Beinen jede Bewegung erschwert. Frauen wollen alles mögliche sein, aber auf keinen Fall »egoistisch«. Dieses Wort wirkt wie eine Bedrohung. Da nennt jemand eine Frau »egoistisch«, und schon zuckt sie zusammen, ist verletzt, regt sich auf, wehrt sich dagegen und denkt drei Tage lang darüber nach, ob sie nun egoistisch ist oder nicht.

Verdeckte Wünsche werden nur selten verstanden

Eine Frau, die etwas für sich selbst verlangt, steht für viele im Widerspruch zur klassischen weiblichen Rolle. Danach gehört es sich nicht für Mädchen und Frauen, zu sagen: »Ich möchte ...« oder sogar: »Ich will ...« Frauen haben zu warten, bis der Liebste (oder wer auch immer) ihnen ihre Wünsche von den Augen abliest. Und so seltsam es sich auch anhört, es warten immer noch viel zu viele Frauen darauf, dass ihnen ihre Wünsche von den Augen abgelesen werden. Doch das passiert leider nur noch in den seltensten Fällen. Und so haben es sich viele Frauen angewöhnt, kleine Winke mit Zaunpfählen von sich zu geben. Sie drücken ihre Wünsche und Bitten verschlüsselt aus, indem sie nicht direkt sagen, was sie wollen. Sie machen

- Andeutungen wie zum Beispiel: »Der Mülleimer müsste mal wieder ausgeleert werden« anstatt direkt zu sagen: »Bitte, nimm doch den Mülleimer mit, wenn du gehst.«
- Oder sie geben kleine Hinweise: »Ich führe bereits schon zum dritten Mal Protokoll während der Mitarbeiterbesprechung« statt direkt zu sagen: »Ich möchte, dass jemand anderes Protokoll führt.«
- Oder sie stellen umständliche Fragen: »Ich denk mir, dass es doch ganz schön wäre, wenn wir mal einen Abend ins Theater gehen würden, oder nicht?« statt: »Ich möchte mit dir ins Theater gehen.«

All das tun Frauen in der Hoffnung, dass ihnen doch noch ein bisschen von den Augen abgelesen wird oder dass diese Winke mit den Zaunpfählen richtig übersetzt werden und der dahinterstehende Wunsch erkannt wird.

Leider werden diese versteckten Wünsche und Bitten sehr häufig nicht entschlüsselt. Und darüber beschweren sich viele mit Worten wie: »Er müsste doch allmählich wissen, was ich will« oder: »Wenn er sich in meine Situation versetzt, dann müsste er sich doch denken können, was ich jetzt brauche.« Doch das ist der große Irrtum vieler Frauen: Weil sie sich gut in andere Menschen hineinversetzen und deren Bedürfnisse erspüren können, gehen sie umgekehrt auch davon aus, dass andere ihre Bedürfnisse erspüren und erfüllen müssten.

Warum fällt es vielen Frauen so schwer, klar und unumwunden zu sagen, was sie gerne möchten? Ich gebe zu, dass klare, deutliche Wünsche und Bitten auch ein gewisses Risiko darstellen. Durch meine Bitte oder Forderungen zeige ich etwas von mir, ich gebe meine Bedürfnisse preis.

Stellen Sie sich vor, ich hätte bei der Mitarbeiterbesprechung schon dreimal hintereinander Protokoll geschrieben, obwohl das eigentlich reihum passieren sollte. Jetzt wird wieder gefragt, wer das Protokoll schreibt, und ich kann mir nicht helfen, aber ich glaube, alle gucken mich an. Ein klarer Wunsch wäre es, wenn ich sagen würde: »Ich möchte, dass jemand anderes Protokoll schreibt.« Das wäre direkt und klar. Ich bleibe aber unklar, indem ich sage: »Ich habe schon dreimal Protokoll geschrieben.« Damit lasse ich mir einen Fluchtweg offen für den Fall, dass jemand den verdeckten Wunsch aufdeckt und mich damit konfrontiert: »Ach so, Sie möchten also keine Protokolle mehr schreiben?« Dann kann ich mich zurückziehen und alles abstreiten: »Nein, das habe ich nicht gesagt. Ich hab doch nur gesagt, dass ich schon so oft dran war mit protokollieren.« Eigentlich wünsche ich mir, dass der andere den Wink mit dem Zaunpfahl versteht und dann so etwas sagt wie: »Ach, dreimal haben Sie schon hintereinander Protokoll geschrieben! Das sollte doch reihum gehen. Jetzt ist aber mal ein anderer dran.« Wenn ich Pech habe und meine verdeckten Wünsche nicht entschlüsselt werden, sagt mein Gegenüber: »Na, wenn Sie schon so oft Protokoll geschrieben haben, dann machen Sie doch weiter damit. Sie sind doch grad so schön in Übung.«

Oft steckt hinter diesen indirekten und verdeckten Wünschen und Bitten die Angst vor einem Nein. Gerade Menschen mit einem Loch in ihrem Selbstwertgefühl sind in ihrer Kindheit sehr häufig für ihre Wünsche und Bedürfnisse beschämt worden. Vielleicht waren die Eltern überfordert mit der Bedürftigkeit ihres Kindes. Sie kamen möglicherweise mit ihren eigenen Bedürfnissen nicht zurecht und richteten sich womöglich mehr nach dem, was nach außen hin als anständig, ordentlich und normal galt, statt nach dem, was sie sich wirklich wünschten und was sie brauchten. Kinder, die in solchen Familien aufwachsen, erfahren unterschwellig, dass es unangenehme Folgen hat, wenn man die eigenen Bedürfnisse direkt ausdrückt. Oder sie erleben, dass es keinen Sinn hat, sich etwas zu wünschen. Ein Kind ist auf sich selbst zentriert. Es kann nicht unterscheiden zwischen »Das bin ich« und »Das sind meine Bedürfnisse«. Ein Kind ist ganz und gar seine Bedürfnisse. Eine Zurückweisung von Bedürfnissen erlebt ein Kind als Zurückweisung der eigenen Person. Menschen mit einem geringen Selbstwertgefühl sind dort steckengeblieben. Ein Nein würde wieder in die alte Wunde fallen, die ganze Person fühlt sich abgelehnt. Deshalb geben es selbstwertschwache Mensch oft von vornherein auf, sich etwas direkt zu wünschen oder die eigenen Bedürfnisse klar auszudrücken. Die wichtigste Erlaubnis für diese Menschen lautet: *Sie dürfen Ihre Bedürfnisse und Wünsche anderen gegenüber direkt ausdrücken. Es ist in Ordnung, wenn Sie sagen, was Sie gerne möchten.* Und andere Menschen können selbst entscheiden, ob sie dazu Ja oder Nein sagen.

Der erste Schritt in diese Richtung besteht darin, sich erst einmal klar darüber zu werden, was Sie sich wünschen, welche Bedürfnisse Sie überhaupt haben. Das Aufwachsen mit giftigen Erziehungsmaßnahmen und die alte, traditionelle weibliche Rolle können dazu führen, dass wir unsere Wünsche und Bedürfnisse überhaupt nicht mehr merken.

Wir wissen nicht, was wir wirklich wollen. Unter der strengen Herrschaft des inneren Kritikers und des Antreibers sind wir meist innerlich mehr in Kontakt mit dem, was wir tun sollten, wie wir sein müssten oder was wir nicht dürfen, statt mit dem, was wir eigentlich brauchen. Der Teil unserer Seele, der unsere Bedürfnisse, Sehnsüchte und Wünsche in sich trägt, der empfindsame Teil der Seele – das innere Kind – wird im Alltag meist zu wenig beachtet.

Lassen Sie mich an dieser Stelle ein paar Beobachtungen aus meinen Seminaren und Beratungen einbringen. Mir ist aufgefallen, dass viele Frauen ziemlich genau ihre materiellen Wünsche aufzählen können. Da geht es dann um die Geschirrspülmaschine, das Haus mit Garten, eine neue Couchgarnitur oder Ähnliches. Auf den ersten Blick könnten wir sagen, die Frauen wissen, was sie wollen, sie sind mit ihren Wünschen und Bedürfnissen in Kontakt. Aber auf den zweiten Blick wird deutlich, dass das nicht so ganz stimmt. Diese Frauen wissen, was ihnen an *Dingen* fehlt, aber sie übergehen oft ihre *seelischen Bedürfnisse*. Sie gönnen sich beispielsweise keine Pause, wenn sie erschöpft sind. Sie hören Leuten zu, obwohl deren Geschichten sie gar nicht interessieren. Sie feiern Weihnachten oder Geburtstag auf eine Weise, die ihnen keinen Spaß, sondern nur Stress bringt. Sie essen Nahrungsmittel, die sie nicht besonders mögen. Sie gehen nicht ins Bett, wenn sie müde sind.

Wir brauchen einen liebevollen Seelenteil, der sich in der Hektik, der Rationalität des Alltags überhaupt die Zeit nimmt, dem empfindlichen Teil der Seele, dem kleinen Mädchen in uns zuzuhören. Dafür brauchen wir diese behutsame Aufmerksamkeit nach innen, bei der wir nicht gleich abblocken und in die alte Antreibermentalität verfallen, die da lautet: Das geht sowieso nicht oder das kann ich mir nicht erlauben.

»Da red ich gegen eine Wand«

»Ich sag den anderen schon, was ich will, aber auf mich hört ja niemand«, sagte Maria im Seminar. Sie schildert, wie sie ihre Wünsche am Arbeitsplatz ausdrückt: »Also, ich steh dann auf und sag zu meinem Kollegen: Kommt Kinder, ich leg mich hier wirklich krumm für euch, ich tu und mach, was ich kann. Ihr müsst mir doch mal ein bisschen zur Hand gehen. Das ist doch nicht zu viel verlangt. Das sage ich zu meinen Kollegen, aber da red ich immer gegen eine Wand.« Als Maria uns demonstrierte, *wie* sie mit ihren Kollegen redete, wurde mir schlagartig klar, dass jetzt im Selbstbehauptungstraining Thema »Tonfall und Appellallergie« dran war. Wenn andere unserer Bitte nicht nachkommen, dann kann es sein, dass sie einfach nicht wollen. Es kann aber auch sein, dass wir mit einem Tonfall gesprochen haben, der bei anderen eine Art Abwehrreaktion hervorruft. Wie beispielsweise

Der aggressive Tonfall
Frauen (und auch Männer), die in einem aggressiven Tonfall um etwas bitten, glauben oft insgeheim nicht, dass sie das, was sie wollen, einfach bekommen können. Sie gehen innerlich in die »Das-wollen-wir-doch-mal-Sehen«-Trotzhaltung, und damit setzen sie sich innerlich in Opposition zu ihrem Gegenüber. Die Stimme wird dann hart, oft etwas lauter, die Gesten sind kurz, abgehackt. Bei der Wortwahl kommen Befehlswörter vor wie »soll«, »muss«, »darf nicht«, »gefälligst« oder ähnliche:

»Nimm den Mülleimer gefälligst mit, wenn du gehst!«
»Du sollst dein Zimmer aufräumen!«
»Sie müssen mir die Akte früher geben!«

Wenn der Wunsch im Kommandoton vorgetragen wird, fühlt sich der andere meist schlecht behandelt und zu einem Befehlsempfänger herabgewürdigt. Egal, ob die Bitte berechtigt ist oder nicht, auf das Sollen und Müssen reagieren die meisten Menschen allergisch. Damit wird Trotz mobilisiert und Lust auf Widerstand, einfach deshalb, weil sich kaum jemand gern von oben herab behandeln lässt.

Der weinerliche Tonfall
ist auch eine Art und Weise, bei einigen Menschen eine plötzliche Verweigerung auszulösen. Frauen, die mit einem weinerlichen Tonfall sprechen, handeln meist unbewusst aus dem Glauben heraus: »Ich kriege nur Hilfe, wenn ich gequält wirke. Nur das Leid erlaubt es mir, etwas für mich selbst zu wollen.«

Bei dem weinerlichen Tonfall klingt die Stimme jämmerlich. Die Mundwinkel sind heruntergezogen, das Gesicht sieht traurig aus. Die Körperhaltung ist leicht zusammengesackt. Die Sätze klingen ungefähr so: »Ich weiß nicht, wo mir der Kopf steht, und erst jetzt kommen Sie mit der Akte. Ich kann das doch nicht in einer Stunde alles erledigen! Ich reiß mir weiß Gott schon die Beine aus. Aber mit mir kann man es ja machen.« Die Frau gibt bei ihrem Gesprächspartner ein Bild des Leidens ab und zeigt damit aber auch unterschwellig, dass sie nicht in der Lage ist, Anforderungen nach Prioritäten zu sortieren und sich gut abzugrenzen. Gerade für Männer ist das ein Signal, dass diese Frau schwach und führungsbedürftig ist.

Der »Klein-Mädchen-Tonfall«
Dass aus erwachsenen Frauen plötzlich wieder kleine Mädchen werden, habe ich bei Frauen quer durch alle Altersgruppen und Berufe beobachtet. Das kann einer fünfundfünfzigjährigen Richterin ebenso passieren wie einer siebzehnjährigen Schülerin. Dahinter steckt die Erfahrung und der unbewusste Glaube: Nur wenn ich klein und niedlich bin, tun die Großen, was ich möchte.

Bei dem Klein-Mädchen-Tonfall wird die Stimme um

einige Tonlagen höher, fast piepsig. Die Körperhaltung wird etwas schmaler, der Kopf wird in die Seite gelegt oder der Blick kommt von unten hoch. Ein niedliches Lächeln umspielt die Lippen.

»Ach nööö! Das ist jetzt ein bisschen doof. Sie sind doch sonst so ein lieber Mensch. Ich brauch die Akte viel, viel früher. Bitte, bitte, machen Sie das nicht wieder.« Der große Haken an dem Klein-Mädchen-Tonfall ist die Art von Beziehung, die sich daraus zum Gegenüber entwickelt. Bei einem kleinen Mädchen geht der oder die Gesprächspartner/in fast automatisch in die überlegene Elternrolle. Und damit wird die betreffende Frau von oben herab behandelt. Wenn sie Glück hat, wird sie gönnerhaft väterlich oder mütterlich von ihrem Gegenüber behandelt. Ist die Beziehung zum anderen aber angespannter, dann kann es sein, dass der nörgelnde innere Kritiker des anderen mit ihr schimpft, wie mit einem kleinen Kind.

Hinter all diesen Tonfällen steckt ein gemeinsamer Nenner: Die betreffende Frau glaubt nicht, dass ihre Wünsche und Bedürfnisse auf einfachem, normalem Weg von anderen verstanden und akzeptiert werden. Sie fügt deshalb eine Prise Überlegenheit oder Unterlegenheit hinzu. Oft steckt dahinter die Vermutung, dass die eigenen Wünsche und Bedürfnisse letztlich nicht berechtigt sind. Und genau das hören die Gesprächspartner auch heraus. Sie spüren unterschwellig, dass die Frau von dem, was sie sagt, nicht überzeugt ist. Und damit ist der Widerstand gegen ihre Wünsche sehr leicht. Schließlich knüpft der oder die andere nur an den Zweifeln an, die die Frau ja selbst schon in ihrem Tonfall ausgedrückt hat.

Lassen Sie mich es an dieser Stelle klar sagen: *Nur Sie und sonst niemand kann darüber entscheiden, ob Ihre Wünsche und Bedürfnisse berechtigt und angemessen sind.* Es gibt kein objektives Prüfverfahren für Wünsche und Bedürfnisse. Und wenn andere Menschen Ihre Wünsche für falsch, überzogen oder unangemessen halten, dann ist das die subjektive, persönliche Sicht der anderen und keine sachliche oder neutrale Aussage über Sie.

Ich will das an einem weiteren Beispiel verdeutlichen: Eine Teilnehmerin aus einem Selbstbehauptungstraining war seit zwei Jahren pensioniert und wollte ihr früheres Hobby, die Bildhauerei, wieder aufnehmen. Sie und ihr Mann, der Arzt war, hatten im Keller viel Platz, die Rente reichte aus, und so wollte sie sich dort eine kleine Werkstatt einrichten. Ihr Mann fand ihren Wunsch kindisch. Er kritisierte sie heftig: Sie würde sich weigern, in Würde zu altern, ja, sie wolle nur davon ablenken, dass sie nun kürzer treten müsse. Im Seminar fragte mich diese Frau: »Frau Berckhan, glauben Sie auch, ich wolle mit der Bildhauerei meinem Alter ausweichen?« Ich fragte sie, was sie selber glaube. Und sie antwortete mir kurz und knapp: »Nein, ich möchte einfach nur das tun, was ich gern tue.« Ihr Wunsch war vollkommen eindeutig, nur ihr Mann war, aus welchen Gründen auch immer, damit nicht einverstanden. Er aber sagte nicht einfach: »Ich will das nicht«, sondern er be- und verurteilte ihren Wunsch nach seinen Maßstäben. Er hatte wohl gewisse Vorstellungen darüber, wie Menschen altern, wie sie sich im Alter zu verhalten haben und offensichtlich auch darüber, wie er sich das Altwerden mit seiner Frau vorstellte. Aber das waren eben nur seine Auffassungen und Maßstäbe. Seine Frau hatte andere.

Meistens ist es sehr gut, skeptisch zu sein, wenn andere mit einer schlauen Meinung oder mit einer scheinbar objektiven Beurteilung unsere Wünsche ablehnen. Oft verschleiern die objektiven Fakten oder die Sachzwänge, mit denen andere argumentieren, nur deren persönliche Interessen.

Lassen Sie uns jetzt einmal die Selbstbehauptungsstrategie näher beleuchten, mit der Sie Ihre Wünsche und Bedürfnisse anderen mitteilen können. Die Essenz dieser Strategie besteht darin, dass Sie um etwas bitten oder etwas verlangen können, ohne sich dabei klein zu machen oder lange drumherum zu reden.

SELBSTBEHAUPTUNGS-
STRATEGIE: **Direktes Wünschen oder Fordern**

1. Erlauben Sie sich Ihre Wünsche. Bevor Sie auf andere zugehen, erlauben Sie sich Ihre Bitte oder Ihren Wunsch zunächst selbst. Werden Sie sich Ihrer selbst sicher.
2. Gehen Sie in Ihre Muthaltung und stellen Sie Ihr sachbezogenes Selbst an. Nehmen Sie Blickkontakt zu Ihrem Gegenüber auf.
3. Sagen Sie kurz und direkt, was Sie gerne möchten. Sprechen Sie nicht zu lang oder zu umständlich. Benutzen Sie einen verbindlichen und selbstverständlichen Tonfall, so, als ob Sie über etwas reden, was sonnenklar ist.
4. Begründen Sie Ihre Bitte, wenn Sie es für nötig halten. Sagen Sie ebenfalls kurz und knapp, welche Gründe Sie für Ihre Bitte haben. Hüten Sie sich vor langen Begründungen, die sich wie Rechtfertigungen anhören.
5. Setzen Sie sich dabei nicht herab oder Ihr Gegenüber herauf. Wenn Sie jemanden um etwas bitten, dann vermeiden Sie:
Entschuldigungsfloskeln wie: »Tut mir sehr Leid, aber ich muss Sie deswegen noch einmal belästigen ...«
Selbstabwertungen: »Ich dumme Kuh, hab schon wieder den Schlüssel verlegt, kann ich Ihren mal eben haben?«
Manipulative Schmeicheleien: »Ach, Herr Schmidt, Sie sind doch so ein großer, starker Mann – ob Sie mir wohl mal eben das Regal zusammenschrauben können?«
6. Der oder die andere hat das Recht, nein zu sagen.
Genauso, wie Sie eine Bitte ablehnen können, kann Ihr Gegenüber Ihre Bitte ablehnen. Nehmen Sie das nicht persönlich.

Was aber können Sie tun, wenn Sie nicht bekommen, was Sie von anderen möchten? Was ist, wenn andere Nein zu Ihnen sagen?

Nun, zunächst ist es wichtig, dass Sie das Nein mit Ihrem sachbezogenen Selbst aufnehmen. Machen Sie sich klar, dass ein Nein nicht gegen Sie als Person gerichtet ist, sondern gegen die Sache, um die Sie gebeten haben. Ein Nein sagt nichts über den Wert aus, den Sie als Mensch haben. Lassen Sie nicht zu, dass das Nein einer anderen Person Ihr inneres Kind trifft und verletzt. Sorgen Sie mit Ihrem liebevollen Selbst für das kleine Mädchen, das Sie in sich tragen, und sagen Sie ihm, dass seine Wünsche und Bedürfnisse in Ordnung sind. Andere Menschen haben, ebenso wie Sie, das Recht, Nein zu sagen und Grenzen zu setzen. Damit wird nichts darüber gesagt, ob Ihre Wünsche und Bedürfnisse berechtigt sind oder ob Sie als Mensch in Ordnung sind. Wahrscheinlich wird sich Ihr sachbezogenes Selbst sehr dafür interessieren, dass Sie bei einem Nein nicht sofort aufgeben müssen, sondern dass Sie beharrlich sein dürfen.

Wie ein Fels in der Brandung: Das ABC der Beharrlichkeit

»Ein Nein ist doch ein Nein« – so lautet die Einstellung vieler Frauen, und damit geben sie es auf, weiter am Ball zu bleiben. Das Nein des Gesprächspartners setzt für sie den Schlusspunkt des Gespräches oder der Verhandlung. »Bei einem Nein fängt die Verhandlung erst an«, so lautet ein Grundsatz in der (männlichen) Geschäftswelt. Dort wird ein Nein als kurzer Zwischenstopp auf dem Weg zur Einigung gesehen. Ein Nein bedeutet hier zwar auch eine Ablehnung, aber diese Ablehnung wird ganz optimistisch als ein vorübergehender Zustand betrachtet. Ein Nein wird erst dann akzeptiert, wenn ganz und gar alle Verhandlungsmöglichkeiten ausgenutzt worden sind. Mit anderen Worten: Alle bleiben weiter am Ball, niemand verlässt das Spielfeld und gibt auf. Genau deshalb sind Männer in der Geschäftswelt, im Beruf oder auch im Privatleben so überrascht, wenn Frauen beim ersten Nein gleich aufgeben. Manche Männer verhandeln mit Frauen genauso, wie sie es mit ihresgleichen gewohnt sind. Sie sagen erst einmal nein und warten ab, was dann kommt. Bei Frauen kommt dann häufig überhaupt nichts mehr. Sie verlassen enttäuscht das Spielfeld.

Ich vermute, dass Frauen eine Verhandlung sehr selten als Spiel sehen. Sie meinen es häufig bitterernst, und genau deshalb wiegt ein Nein als Antwort auf ihre Bitte so schwer. Die Ablehnung ihrer Wünsche und Forderungen ist für sie kein taktischer Spielzug, sondern eine persönliche Niederlage, und das mobilisiert innerlich all jene Enttäuschungsgefühle, die dann so lähmend wirken. Das Nein eines anderen Menschen wird als Ablehnung der *gesamten Person* verstanden und nicht als bloße (vielleicht sogar nur vorläufige) Ablehnung der *Sache*, um die es geht.

Ich persönlich mag den Begriff »Spiel« im Zusammenhang mit Verhandlungen. Spielen heißt für mich, etwas über der Sache zu stehen, sich nicht alles so zu Herzen zu nehmen, sondern mehr Distanz zum Geschehen zu haben. Wenn wir Gespräche und Verhandlungen als eine Art Spiel sehen, ist es leichter, über Verhandlungstaktik und Gesprächsstrategien nachzudenken.

Sich durchsetzen, ohne zu kämpfen

Ich schlage Ihnen deshalb eine »Spielstrategie« vor, die es Ihnen ermöglicht, Ihre Bitten und Wünsche auch dann noch weiterzuverfolgen, wenn Ihr Gegenüber bereits nein gesagt hat. Diese Selbstbehauptungsstrategie habe ich das »ABC der Beharrlichkeit« genannt. Sie hat den Vorteil, dass Sie hartnäckig bleiben können, ohne sich dabei aufzureiben.

Sie müssen sich nicht aufregen, nicht lauter oder bissiger werden, um sich durchzusetzen. Sie können in aller Ruhe immer wieder die Beharrlichkeitsschleife drehen, so lange, bis Sie bekommen, was Sie möchten oder bis Sie einen akzeptablen Kompromiss erreicht haben oder bis es Ihnen reicht und Sie das Gespräch auf später vertagen. Sie müssen sich dabei auch nicht in die Argumentation oder in die (eventuellen) Manipulationsversuche Ihres Gesprächspartners verwickeln. Sie schalten lediglich um auf die Beharrlichkeit.

Die Selbstbehauptungsstrategie besteht aus drei Schritten, die ich das Beharrlichkeits-ABC genannt habe:[2]

A: Wiederholen Sie, was Ihr Gegenüber gesagt hat, mit eigenen Worten.
B: Fügen Sie nahtlos Ihren Wunsch oder Ihre Forderung hinzu.
C: Begründen Sie Ihren Wunsch oder Ihre Forderung.

Lassen Sie mich diese drei Schritte einmal genauer erläutern:

A: *Ihr/e Gesprächspartner/in lehnt das, was Sie wollen, ab. Wiederholen Sie mit eigenen Worten das Gegenargument oder den Ablehnungsgrund Ihres Gesprächspartners.*

Sie können Ihrem Gegenüber aufmerksam zuhören und verstehen, was er oder sie sagt, ohne dabei Ihre Position oder Ihr Anliegen aufzugeben. Das geht viel leichter, wenn Sie Ihr sachbezogenes Selbst aktivieren und damit das Gespräch führen. Im ersten Schritt (A) wiederholen Sie einfach mit Ihren Worten, was Ihr Gegenüber gerade gesagt hat. Sie zeigen damit, dass Sie zugehört haben und dass Sie verstanden haben, was beim anderen los ist. Sie beugen damit dem »Du-hast-mir-gar-nicht-richtig-zugehört«-Missverständnis vor. Das ist ein Beitrag zur Klimaverbesserung im Gespräch. Dazu ein Beispiel: Nehmen wir einmal an, Sie sind Nichtraucherin, und Sie möchten, dass in dem Büroraum, in dem Sie arbeiten, niemand raucht, auch nicht die Kollegen, die nur mal kurz – mit einer brennenden Zigarette in der Hand – reinschauen und sich mit Ihnen unterhalten wollen. Sie sagen klar und deutlich, was Sie möchten, aber der Kollege, der vor Ihnen steht, ist hartnäckig. Er will weiterrauchen und sagt: »Ach was! Es riecht hier überall muffig, da kann ich ruhig noch ein bisschen rauchen, das fällt doch gar nicht weiter auf.« Rein rhetorisch hört sich der erste Schritt der Beharrlichkeitsstrategie ungefähr so an:

»Wenn ich Sie recht verstanden habe, meinen Sie ...«
»Sie gehen also davon aus, dass ...«
»Ich kann verstehen, dass ...«

B: *Wiederholen Sie beharrlich den eigenen Wunsch*

Jetzt kommt das Kernstück der Beharrlichkeitsstrategie: Nachdem Sie Ihrem Gesprächspartner deutlich gemacht haben, dass Sie seinen Gedanken, seine Meinung oder Schwierigkeit begriffen haben, fangen Sie nun *nicht* an, eine ausgefeilte Gegenargumentation auf den Tisch zu legen. Stattdessen wiederholen Sie einfach Ihren Wunsch. Überlegen Sie sich vor dem Gespräch genau, wie Ihre Bitte oder Ihre Forderung lautet und bilden Sie daraus einen einzigen Satz. Zum Beispiel: »Ich möchte, dass in diesem Büro nicht geraucht wird.« Sie können diesen Forderungssatz dann in fast dem gleichen Wortlaut wiederholen. Später, wenn Sie mit dieser Strategie vertrauter sind, können Sie Ihr Anliegen in die verschiedensten Formulierungen kleiden und es so etwas unauffälliger wiederholen. Zu Anfang besteht aber die Gefahr, dass Sie mit der Abänderung der Formulierung auch ihren Wunsch schmälern. Es kann leicht passieren, dass Sie zunächst sagen: »Ich möchte Sie bitten, hier nicht zu rauchen«, dann aber umschwenken in einen Satz wie: »Eigentlich möchte ich, dass niemand hier raucht, *während ich da bin*.« Damit öffnen Sie der Raucherei in Ihrer Abwesenheit Tür und Tor. Oder noch abgemilderter: »Ich mag es nicht, wenn hier *so viel* geraucht wird.« Ihr Gegenüber kann dann schnell sagen: »Okay, dann rauch ich hier immer nur eine Zigarette. Das ist ja nicht so viel.« Damit haben Sie sich dann schon weit von dem entfernt, was Sie eigentlich wollten. Bleiben Sie deshalb bei einem Standard-Beharrlichkeitssatz, während Sie diese Selbstbehauptungsstrategie noch einüben. Schritt A und B hören sich zusammen so an: »Sie gehen also davon aus, dass der Zigarettenqualm nicht weiter stört, weil es überall so muffig riecht. Und ich möchte, dass in diesem Büro nicht geraucht wird.«

Noch ein Tipp dazu: Ich verbinde diese beiden Schritte gerne mit dem Wörtchen »und«, ein Wort, das psychologisch geschickter ist als das Wort »aber«. Das Wort »aber« macht oft den ersten Satzteil fragwürdig oder ungültig. Zum Beispiel bei dem Satz: »Ich finde Sie ganz toll, aber ...«, und schon ahnen Sie, dass der erste Satzteil doch nicht ganz so gemeint war. Das Wort »und« hingegen verbindet einfach zwei Aussagen: »Sie möchten hier rauchen, und ich möchte, dass in diesem Büroraum nicht geraucht wird.« Das mag sich vielleicht nicht immer logisch anhören, aber es ist psychologisch geschickter. Sie wiederholen im ersten Schritt A das, was Ihr Kontrahent gesagt hat, und wenn Sie das treffend wiedergeben, wird er oder sie zumindest innerlich ja sagen. Und während Ihr Gegenüber noch in dieser »Ja-Sie-haben-mich-richtig-verstanden«-Haltung ist, knüpfen Sie mit einem harmlosen »und« Ihren Wunsch daran. Wenn Sie Glück haben, hat Ihr Gegenüber nicht aufgepasst und ist immer noch in dieser Ja-Haltung. Ein »aber« in Ihrer Antwort hätte ihn mit Sicherheit aufgeschreckt.

C: *Begründen Sie Ihren Wunsch.*

Zum Schluss sagen Sie Ihrem Gegenüber, warum Sie das möchten, was Sie sich wünschen oder fordern. Etwa so: »Ich möchte, dass hier nicht geraucht wird, weil ich diesen

Qualm nicht vertrage.« Die Begründung setzt auf die Einsicht und das Verständnis beim Gesprächspartner. Damit erhellen Sie aber auch etwas von dem, was in Ihnen vor sich geht, was bei Ihnen hinter Ihrem Wunsch steckt. Sie verlangen nicht einfach etwas, sondern Sie haben Gründe dafür. Aber bitte erwarten Sie nicht, dass Ihr Gegenüber nun unbedingt Ihre Gründe bejaht und für akzeptabel hält. Wenn Ihr Gesprächspartner auch hartnäckig ist, wird er oder sie neue Ablehnungsgründe hervorbringen, und Sie haben eine zweite Chance, die ABC-Beharrlichkeitsschleife zu drehen. Und Sie ahnen vielleicht schon, wie das dann weitergeht:

Der Gesprächspartner: »Aber wenn Sie gleich lüften, dann riechen Sie doch nichts von dem Qualm. Reißen Sie doch einfach öfter am Tag die Fenster auf.«

Antwort mit der ABC-Beharrlichkeitsschleife:

(A) »Sie gehen davon aus, dass offene Fenster eine Abhilfe wären, (B) und ich möchte, dass Sie hier nicht rauchen, (C) weil sich der Zigarettenqualm auch in meinen Kleidern und in den Haaren festsetzt.«

Ihre Begründung muss sich dabei keinesfalls auf das beziehen, was Ihr Gegenüber zuletzt gesagt hat. Sie begründen Ihren Wunsch mit dem, was für Sie wichtig ist. Das hört sich dann so an:

Ihr Gegenüber: »Ach, kommen Sie – ich kann doch nicht jedes Mal die Zigarette vor Ihrer Bürotür ausmachen. Was glauben Sie, wie teuer die Dinger mittlerweile sind? Das wäre doch glatte Verschwendung.«

Die Beharrlichkeitsschleife, ohne auf das Argument des anderen einzugehen:

»Oh, ja – ich weiß, die Zigaretten sind ganz schön teuer geworden. Eine Zigarette nur halb aufzurauchen, kommt *Ihnen* wirklich wie eine Verschwendung vor. Und ich möchte, dass niemand hier im Büro raucht, weil es ja erwiesen ist, dass das Einatmen von Zigarettenqualm ein passives Mitrauchen ist. Und ich will auf keinen Fall mitrauchen, ob aktiv oder passiv.«

Sie brauchen nicht auf andere einzugehen

Das Herzstück dieser Selbstbehauptungsstrategie besteht aus der hartnäckigen Wiederholung Ihres Wunsches oder Ihrer Forderung. Sie lassen sich nicht auf einen Wettstreit der Argumente ein, sondern Sie setzen einfach auf Ausdauer. Sie haben dabei die Möglichkeit, Ihre Argumente hervorzubringen und auf die Einwände Ihres Gegenübers einzugehen, aber Sie müssen das nicht unbedingt tun. Wichtig ist einzig und allein, dass Sie einen langen Atem entwickeln und sich nicht durch das erste, zweite, dritte Nein von Ihren Wünschen und Forderungen abbringen zu lassen.

Bleiben wir noch ein wenig beim Argumentieren. Es ist in unserer Gesellschaft eine hoch geschätzte Art und Weise, Standpunkte auszutauschen. Nur leider hat das Argumentieren meist auch einen Haken: Wir verfallen dabei meistens in den Glauben, wir müssten die Argumente des anderen widerlegen oder ausräumen, um uns selbst durchzusetzen. Es ist das starre, duale Denkmuster: Entweder ich habe Recht oder der andere hat Recht. In diesem Denkmuster ist eins unvorstellbar, dass nämlich beide Recht haben, dass zwei vollkommen verschiedene Ansichten einfach nebeneinander existieren können.

Frauen möchten gerne gewinnen, indem sie die besseren Argumente haben, diese mit einer ausgeklügelten Gesprächstechnik geschickt hervorbringen und so ihren Gesprächspartner überzeugen. Sie glauben, dass derjenige, der die bessere Begründung für seine Wünsche hat und diese Gründe in einem freundlichen Licht präsentiert, sein Ziel erreicht. Frauen setzen dabei auf Vernunft und Gerechtigkeit. Manchmal funktioniert die Sache mit den besseren Argumenten auch, doch oft auch nicht. Und dann geben

Frauen sehr schnell auf. Oder sie argumentieren weiter und verschwenden damit ihre Intelligenz und Sprachgewandtheit in einer Situation, in der Argumente einfach nicht wirken.

Angenommen, Ihr Gegenüber sagt: »Ach, wissen Sie, die Sache mit dem passiven Mitrauchen wird doch total übertrieben. Das gilt doch nur für Kleinkinder und Babys, die sich lange im Zigarettenrauch aufhalten. Erwachsene sind da doch viel unempfindlicher.« Die meisten Nichtraucherinnen sind jetzt geneigt, das Gegenargument des anderen zu bekämpfen, vielleicht indem sie die Urteilskraft des anderen infrage stellen, etwa so: »Das ist völliger Quatsch, was Sie da erzählen. Das passive Mitrauchen belastet auch die Lunge von Erwachsenen.« Hinter solchen Gegenargumenten steckt die heimliche Hoffnung, mit einer passenden, besseren Entgegnung könnte der oder die andere in die Knie gezwungen werden (wobei die Bemerkung »völliger Quatsch« einen kleinen Giftstachel darstellt, der beim anderen wahrscheinlich wie eine »Kampfansage« verstanden wird). Sie können jetzt lange über das passive Mitrauchen diskutieren. Und selbst wenn Sie wissenschaftliche Untersuchungen vorlegen könnten und damit die stichhaltigen Beweise dafür hätten, dass Sie im Recht sind, damit haben Sie immer noch nicht ein rauchfreies Büro. Wenn Ihr Gegenüber hartnäckig ist, dann bringt er oder sie neue Argumente vor, etwa das Recht der Raucher/innen auf freie Persönlichkeitsentfaltung. Und damit wären Sie dann bei der juristischen Argumentation angelangt, und dann kämen vielleicht die Arbeitsplätze in der Zigarettenindustrie, die gefährdet wären, wenn überall das Rauchen eingeschränkt werden würde und danach käme ...

Sie merken es schon: Wenn Sie immer auf die Argumente Ihres Gegenübers einsteigen, dann kommen Sie schnell vom Hölzchen aufs Stöckchen und damit von dem ab, was Sie wollen, nämlich dass in Ihrem Büro nicht mehr geraucht wird. Es ist letztlich sehr viel leichter und energiesparender, wenn Sie sich der Beharrlichkeitsschleife bedienen: Es kann sein, dass Ihr Gegenüber aus *seiner Sicht* Recht hat, *und* Sie wollen einen rauchfreien Arbeitsplatz in Ihrem Büroraum.

Oft helfen Argumente nicht, sondern nur noch die Beharrlichkeit. Das gilt besonders dann, wenn wir es mit jemandem zu tun haben, der oder die versucht, uns zu manipulieren. Beliebte Manipulationen wie: »Nun werden Sie doch mal sachlich« oder: »Sie sind ja unlogisch« oder: »Sie sind wohl eine von diesen Emanzen/giftigen Weibern/militanten Nichtraucherinnen?« etc. können wir mithilfe der ABC-Beharrlichkeitsschleife kalt lächelnd abschmettern. Die Antworten lauten dann schlicht und einfach:

»Ich kann verstehen, dass Ihnen das Ganze unsachlich vorkommt, und ich möchte, dass in diesem Büro nicht geraucht wird, weil ich selbst seit drei Jahren nicht mehr rauche.« Oder:

»Von *Ihrem* Standpunkt aus hört sich das, was ich sage, sicherlich unlogisch an. Und ich möchte, dass hier niemand raucht, weil mir die ganz normale Luftverschmutzung schon reicht. Da möchte ich nicht auch noch zusätzlichen Qualm um mich herum.«

»Auf Sie wirke ich jetzt wie eine Emanze/ein giftiges Weib/eine militante Nichtraucherin, und ich möchte, dass Sie in diesem Büro nicht rauchen, weil ich es nicht mag.«

Wenn Sie sich diese Strategie aneignen möchten, dann kann es gut sein, dass Sie sich innerlich mit ein paar Höflichkeitsvorschriften auseinander setzen werden. Möglicherweise haben Sie, wie viele Frauen, als Kind gelernt, dass Mädchen nicht trotzig sein dürfen. Als wir klein waren, konnten wir sicherlich sehr hartnäckig sein, wenn wir etwas wollten. Viele von uns wurden für diese Beharrlichkeit bestraft, unser Wille wurde verbogen oder sogar gebrochen. Jetzt ist es Zeit, dass wir uns selbst erlauben, wieder hartnäckig zu sein. Sie dürfen beharrlich bleiben. Und Sie brauchen dabei nicht auf andere einzugehen. Sie dürfen bei sich und Ihren Wünschen bleiben.

Das Beharrlichkeits-ABC setzt auf die Macht der Hartnäckigkeit, auf den steten Tropfen, der den Stein höhlt. In den Selbstbehauptungstrainings entdecken die Teilnehmerinnen schnell, dass es sehr schwer ist, an jemandem vorbeizukommen, der sicher, ruhig und unglaublich hartnäckig für seine Interessen eintritt.

SELBSTBEHAUPTUNGS-
STRATEGIE: **Das ABC der Beharrlichkeit**

1. Nachdenken: Überlegen Sie sich *vor dem Gespräch* ganz genau, wie Ihre Forderung oder Ihr Wunsch lautet. Fassen Sie das, was Sie wollen (oder nicht wollen), in einem Satz zusammen.
2. Nehmen Sie Ihre Muthaltung ein. Sitzen oder stehen Sie aufrecht, ohne sich zu verkrampfen oder zu verspannen.
3. Aussprechen und zuhören: Nennen Sie unverkrampft und freundlich Ihren Wunsch oder Ihre Forderung.
   Hören Sie gut zu, welche Einwände und Gegenargumente Ihr Gesprächspartner hat.
4. Beharrlich bleiben: Nehmen Sie *nicht* die Argumente Ihres Gesprächspartners auseinander. Antworten Sie mit der ABC-Beharrlichkeitsschleife:
   A. Geben Sie die Einwände Ihres Gesprächspartners mit eigenen Worten wieder,
   B. wiederholen Sie Ihren ursprünglichen Wunsch und
   C. fügen Sie eine Begründung dazu.
5. Weiterhin beharrlich bleiben: Falls Ihr Gegenüber weiterhin ablehnend ist, antworten Sie wieder mit der ABC-Beharrlichkeitsschleife:
   A. Geben Sie jedes Gegenargument mit eigenen Worten wieder und

> B. wiederholen Sie Ihren Wunsch oder Ihre Forderung.
> C. Wenn Sie möchten, fügen Sie eine neue Begründung hinzu.
> 6. Neue Vorschläge machen: Erst wenn Sie nach mehrmaligem, beharrlichem ABC nichts erreicht haben, prüfen Sie bitte folgende Möglichkeiten:
>   - Machen Sie einen Kompromiss- oder Ausweichvorschlag.
>   - Verändern oder schmälern Sie Ihren ursprünglichen Wunsch.
> 7. Die Notfall-Strategie: Die Schallplatte mit Sprung. Wenn Sie sehr angegriffen oder manipuliert werden, lassen Sie einfach A und C weg, Sie wiederholen dann nur noch B, Ihren Wunsch bzw. Ihre Forderung.

Wenn Sie diese Selbstbehauptungsstrategie das erste Mal ausprobieren, dann mag Ihnen die Art, auf den Gesprächspartner einzugehen, etwas aufgesetzt und schematisch vorkommen. Ist es auch, aber nur zu Anfang. Wenn Sie diese Strategie sicher beherrschen, klingt das Ganze etwas eleganter. Sie sprechen dann in Ihrem Stil und können natürlich auch andere Gesprächsteile zwischendurch einflechten. Aber die Essenz dieser Strategie wird immer etwas sehr Einfaches und Gelassenes haben. Das ständige Wiederholen der eigenen Wünsche und Forderungen, ohne sich dabei aufzuregen oder in die Argumentation des anderen zu verwickeln, lohnt sich und spart Energie.

Was ist, wenn Ihnen keine Begründung mehr einfällt? Angenommen, Sie haben diese Schleife schon vier- oder fünfmal im Gespräch gedreht, und Sie wissen nicht mehr, wie Sie Ihren Wunsch neu und anders begründen können. Nun, ganz einfach: Sie fangen mit der ersten Begründung wieder an. Es geht nicht darum, mit vielen raffinierten Begründungen Ihr Gegenüber zu überreden, sondern nur darum, dass Sie hartnäckig bei Ihrem Wunsch bleiben. Drei bis vier Gründe reichen vollkommen aus. Und es wäre auch in Ordnung, wenn Sie etwas möchten, *nur weil Sie möchten,* ohne lange Gründe dafür aufzuführen. Was passiert, wenn Ihr Gegenüber aufgrund Ihrer Beharrlichkeit langsam ärgerlich wird? Nun, es ist sogar sehr wahrscheinlich, dass andere Leute nicht besonders erfreut auf Ihre Hartnäckigkeit reagieren. Besonders die Leute, die sich bei Ihnen bisher schnell und problemlos durchsetzen konnten, können ärgerlich werden, weil Sie das Spiel einfach zu Ihrem Vorteil geändert haben. Ich finde den Unmut der anderen sehr verständlich, denn nichts von dem, was sie versuchen – sei es das Argumentieren oder auch das Manipulieren – zeigt bei Ihnen eine Wirkung. Sie bleiben bei dem, was Sie wollen, egal was Ihr Gegenüber sagt oder tut. Prüfen Sie, inwieweit Sie eine Beziehungsverschlechterung hinnehmen wollen. Sie können den Ärger des anderen auch mit der ABC-Beharrlichkeitsschleife direkt ansprechen.

»Ich kann verstehen, dass Sie jetzt ärgerlich werden, weil ich immer wieder das Gleiche sage. Ich will nicht, dass zwischen uns Streit aufkommt. Mir liegt daran, die Sache in Frieden zu regeln. Es ist mir wirklich wichtig, dass in diesem Büroraum nicht geraucht wird. Und ich habe schon mehrere Gründe dafür angeführt. Ich werde weiterhin hartnäckig bleiben, wenn Sie auch weiter hartnäckig hier rauchen wollen.«

Mit solchen Sätzen können Sie Ihrem Gegenüber klar machen, dass Sie keine Verschlechterung der Beziehung wollen, dass Sie aber bei dem bleiben, was Sie gesagt haben.

Wenn Sie sich anderen gegenüber konsequent behaupten, dann kann es sein, dass Sie nicht mehr jedermanns Liebling sind. Vielleicht haben die anderen Sie nicht mehr so gern wie früher, als Sie nur »lieb und nett« waren. Damals waren Sie für andere »pflegeleicht«, weil Sie schnell zurücksteckten, wenn man Ihnen ein Nein vor die Füße warf. Bereiten Sie sich innerlich darauf vor, dass Ihr Gegenüber auch ärgerlich werden könnte, wenn Sie immer und immer wieder die Beharrlichkeitsschleife drehen. Überlegen Sie, inwieweit Sie bereit sind, für die Durchsetzung Ihrer Wünsche auch dicke Luft in Kauf zu nehmen. Und wann Ihnen die Beziehung zum anderen wichtiger ist als das, was Sie sich momentan wünschen. Es ist auch in Ordnung, die Beharrlichkeit abzubrechen, wenn die Beziehungsverschlechterung für Sie zu belastend wird. Sagen Sie dem oder der anderen, dass Sie auf Ihre Hartnäckigkeit verzichten, weil Ihnen die Beziehung im Moment wichtiger ist.

Und wenn Ihr Gegenüber nun genauso hartnäckig ist wie Sie? Prüfen Sie einmal, ob er oder sie die gleiche Strategie anwendet, also die gleichen ABC-Beharrlichkeitsschritte. Wenn ja, dann gratulieren Sie Ihrem Gegenüber für die tolle Beharrlichkeit und fragen Sie nach, wo er oder sie das gelesen oder gelernt hat. Machen Sie den Vorschlag, das Ganze jetzt abzukürzen, da Sie genauso beharrlich sein können und notfalls vier bis sechs Stunden lang ihre ABC-Schleifen drehen könnten. Vielleicht schreckt der andere davor zurück und gibt nach. Wenn nicht, dann können Sie:

– weitermachen, bis es Ihnen zu dumm wird.
– Oder Sie vertagen das Gespräch auf morgen oder auf die nächste Woche, und dann machen Sie weiter wie bisher, mit dem gleichen Wunsch und der gleichen Beharrlichkeit.
– Oder Sie bieten einen Kompromiss oder Ausweichvorschlag an, wenn es für Sie einen solchen gibt.

Zum Abschluss möchte ich Ihnen ein Rollenspiel aus einem Selbstbehauptungstraining vorstellen. Ich habe den Wortlaut des Gespräches leicht gekürzt. Es ging um Folgendes: Eine Teilnehmerin möchte in ihrer Firma gerne ein neues Aufgabengebiet haben und dies bei ihrem Chef durchsetzen. Die betreffende Teilnehmerin schildert ihren Chef als einen schwierigen Vorgesetzten, vor dessen ironisch-bissiger Art sie sich ein wenig fürchtet. Sie hat im Seminar die reale Situation geschildert und spielt nun noch einmal dieses Gespräch mit ihrem Chef durch, wobei sie die bisher vorgestellten Selbstbehauptungsstrategien anwendet. Die Rolle des Chefs wird von einer anderen Teilnehmerin aus dem Seminar gespielt.

Die Teilnehmerin betritt das Büro ihres Vorgesetzten und bleibt vor dem Schreibtisch stehen. »Herr Schmidt, ich möchte mit Ihnen über meine Arbeit sprechen. Geht das jetzt?«

(Keine Entschuldigung, klare Darstellung der eigenen Wünsche.)

Der Chef (gespielt von einer zweiten Teilnehmerin) schaut nicht von seinen Unterlagen hoch: »Frau Brandt! Für Sie hab ich immer ein offenes Ohr. Was quält Sie denn? Kommen Sie mit irgendetwas nicht klar?«

Er zeigt ohne hochzusehen auf den Stuhl vor dem Schreibtisch: »Nehmen Sie Platz.«

Frau Brandt setzt sich aufrecht auf den Stuhl vor dem Schreibtisch und schaut den Chef an *(sie nimmt ihre Muthaltung ein):* »Herr Schmidt, ich wäre sehr gern an der Organisation der Jahresversammlung unserer Bezirksleiter beteiligt. Ich möchte Sie bitten, mir diese Aufgabe zu übertragen.«

Der Chef lehnt sich nach hinten, verschränkt die Arme und schaut zum Fenster hinaus: »Frau Brandt, Frau Brandt, wie kommen Sie bloß auf solche Ideen? Ich wüsste gar nicht, warum ich Ihnen das übergeben sollte, und außerdem haben Sie doch hier etwas zu tun oder nicht?«

Er schaut sie an und sagt weiter: »Nee, das geht auf keinen Fall. Der Mielke macht das seit Jahren sehr gut, und so soll das auch bleiben. Okay – ich denke, das wäre geklärt!« Der Chef wendet sich seinen Unterlagen zu und blättert darin herum.

Frau Brandt: »Ja, mit meiner Arbeit komme ich hier gut voran, und die liegt mir auch. Da ist alles in Ordnung *(positive Selbstdarstellung)*. Sie haben aus Ihrer Sicht wenig Anlass, das zu ändern *(Schritt A der Beharrlichkeitsstrategie)*, aber ich möchte diese Jahresversammlung mitorganisieren *(Schritt B, die Wiederholung des eigenen Wunsches)*, weil mir eine solche Organisationsarbeit wirklich Spaß macht, und ich das auch gut kann. Das habe ich im letzten Jahr gemerkt, als der Herr Mielke krank war und ich für ihn eingesprungen bin.«
(Schritt C, die Begründung)
Chef (spricht lauter und ungehaltener): »Wie stellen Sie sich das denn vor? Was soll ich dann mit dem Mielke machen? Ich kann ihm doch nicht einfach da jemanden vor die Nase setzen! Frau Brandt, ich bin voll und ganz zufrieden damit, wie es jetzt läuft, und ich wüsste nicht, warum ich da Ihretwegen etwas ändern sollte.«
Frau Brandt sitzt weiterhin in ihrer Muthaltung und schaut den Chef an: »Mit dem Herrn Mielke komme ich gut zurecht. Ich denke, da wird es keine Schwierigkeiten in der Zusammenarbeit geben *(positive Selbstdarstellung)*. Klar, aus Ihrer Sicht kann ich das verstehen. Es lief bisher alles prima und ...«
(A der Beharrlichkeitsstrategie)
Der Chef unterbricht sie: »Wenn Sie alles verstehen können, dann ist es ja gut. Was wollen Sie dann noch von mir?«
Frau Brandt: »Ich möchte die Jahresversammlung mitorganisieren. *(B, Wiederholung des Wunsches)* Mir liegen solche Organisationsarbeiten sehr, und ich kann Herrn Mielke dabei wirklich unterstützen, damit er sich mehr auf die inhaltlichen Redebeiträge konzentrieren kann.«
(Positive Selbstdarstellung und Schritt C, die Begründung)
Chef schlägt mit beiden Unterarmen auf die Stuhllehne und spricht mit genervtem Unterton: »Herrje, hören

Sie eigentlich nicht, was ich Ihnen versuche, die ganze Zeit klar zu machen? Also passen Sie mal auf: Der Mielke kommt gut allein zurecht und braucht Ihre Unterstützung nicht. Die Jahresversammlung wird so organisiert, wie es bisher gelaufen ist. Ich weiß gar nicht, was das eigentlich hier alles soll.«

Frau Brandt bleibt in ihrer Muthaltung, hält Blickkontakt und spricht etwas langsamer: »Sie möchten an der bisherigen Verteilung der Organisationsarbeiten nichts ändern, weil es bisher so in Ordnung war. Okay – das kann ich verstehen *(A)*. Ich möchte die Jahresversammlung mitvorbereiten *(B)*, weil ich das als eine echte Chance sehe, mich auch für solche organisatorischen Aufgaben zu qualifizieren. Ich brauche einfach mehr Arbeiten, die mich herausfordern.« *(C)*

Chef: »Nee, so kommen wir nicht weiter! Sie haben sich da ja was Schönes in den Kopf gesetzt, und ich kann das ausbaden. Dabei kann ich hier sowieso auf die Schnelle nichts entscheiden. Lassen Sie uns da ein anderes Mal drüber reden.«

Frau Brandt: »Ja, ist mir klar. Kann ich Sie morgen darauf noch einmal ansprechen? Ich würde so um vierzehn Uhr zu Ihnen kommen. Oder lieber gleich morgens?«

(Sie besteht auf einem konkreten neuen Gesprächstermin)

Chef: »Morgen nach der Abteilungsleiterbesprechung um fünfzehn Uhr. Gut, das wär's.«

Frau Brandt: »Ja, in Ordnung – bis morgen.«

Die Teilnehmerin fand es schwierig, die wachsende Ungeduld und Ärgerlichkeit ihres Chefs auszuhalten. Aber es war für sie auch wichtig, zu merken, dass sie trotz der leicht bissigen Gesprächsführung des Chefs ruhig und beharrlich bei ihrer Forderung bleiben konnte. Nach dem Rollenspiel hatte sie sich zwar nicht völlig durchgesetzt, aber sie hat zumindest an Boden gewonnen und sich nicht gleich abwimmeln lassen. Sie blieb in dem Gespräch beharrlich (lokale Beharrlichkeit) und ließ sich nicht darauf ein, dass ihr Chef »... ein anderes Mal darüber reden ...« wollte, sondern sie sorgte selbst für ein konkretes Gesprächsergebnis, nämlich für einen neuen Termin. Sie bleibt damit längerfristig am Ball (globale Beharrlichkeit), und sie signalisiert ihrem Vorgesetzten auch deutlich, dass für sie das Thema nach diesem Gespräch noch nicht vom Tisch ist. Wirklich beharrlich zu sein heißt, sich nicht vom ersten Gegenwind umpusten zu lassen, sondern die eigenen Interessen, Wünsche und Bedürfnisse so wichtig zu nehmen, dass in jedem Fall ein zweiter, dritter, vierter Anlauf eingeplant wird.

Die Grenzen der Beharrlichkeit oder »Vom Ochsen kriegen Sie kein Kalbfleisch«

Zu der Fähigkeit, hartnäckig zu sein, gehört auch die entgegengesetzte Fähigkeit, nämlich die Kunst, rechtzeitig loszulassen. Loslassen ist sozusagen die andere Seite der Medaille. Unter Loslassen verstehe ich

- aufzuhören, von Leuten das zu verlangen, was die Ihnen nicht geben können,
- aufzuhören, gegen eine Wand zu laufen und sich dabei immer größere Beulen zu holen,
- es aufzugeben, andere erziehen oder verändern zu wollen,
- von dem abzulassen, was Sie unglücklich macht.

Es gibt Frauen, die in bestimmten Bereichen ihres Lebens lange am Unglück festhalten. Sie opfern sich auf in Beziehungen, in denen es ihnen schlecht geht. Sie bleiben bei Partnern, von denen sie schlecht behandelt werden, meist in der Hoffnung, den anderen doch noch ändern zu können. Sie halten hartnäckig an einem Job fest, der ihnen schon lange gegen den Strich geht. Hier wird die Beharrlichkeit dafür eingesetzt, den eigenen Platz in der Hölle zu verteidigen.

Wenn Sie beharrlich für Ihre Wünsche und Bedürfnisse eintreten wollen, dann brauchen Sie auch die Fähigkeit, das, was Sie unglücklich macht, sein lassen zu können. Beim Thema Loslassen fällt mir Eva ein, eine Teilnehmerin aus einem Selbstbehauptungstraining, die ihre beiden Kinder allein aufzog. Unterstützt wurde sie dabei von ihrer Mutter. Aber Evas Mutter war mit dem Lebensstil ihrer Tochter ganz und gar nicht einverstanden. Sie kritisierte die Art und Weise, wie Eva die Kinder erzog, wie sie den Haushalt führte, wie sie ihr berufliches Weiterkommen plante und mit welchen Männern sie sich verabredete – kurzum, Evas Mutter akzeptierte das Leben ihrer Tochter nicht. Eva selbst war darüber sehr unglücklich. Sie wünschte sich eine Mutter, mit der sie freundschaftlich umgehen konnte. Stattdessen gab es immer wieder Streit. Seit Jahren war Eva dabei, ihre Mutter davon zu überzeugen, dass es den Kindern gut ginge, dass der Haushalt in Ordnung sei und dass die Männer, mit denen sie ausging, keine Halunken waren. Aber Evas Mutter blieb bei ihren Ansichten von einem »anständigen« Leben. Sie wollte, dass ihre Tochter möglichst schnell heiratete, ihren Beruf aufgab und sich nur noch um die Kinder kümmerte. Eva hingegen kämpfte schon seit ihrer Kindheit darum, von ihrer Mutter akzeptiert zu werden, und sie war dabei wirklich hartnäckig. Sie gab erst auf, als sie zweiunddreißig Jahre alt war. Nach so vielen Jahren vergeblicher Überzeugungsarbeit, die keine Verbesserung im Verhältnis zu ihrer Mutter bewirkten, akzeptierte Eva, dass ihre Mutter nicht so war, wie sie sie gerne hätte. Völlig erschöpft und entnervt gab sie es auf, ihre Mutter weiterhin überzeugen zu wollen, Sie diskutierte nicht mehr mit ihr über ihren Lebensstil. Auf kritische Bemerkungen ging sie nicht mehr ein, und manche Sachen erzählte sie ihr einfach nicht mehr. Ihre Mutter bemerkte die Veränderungen im Verhalten ihrer Tochter und sprach sie daraufhin an. Eva erklärte ihrer Mutter ruhig und ohne zornig zu sein, dass sie auf eine Anerkennung ihres Lebensstils künftig verzichte. Zuerst reagierte Evas Mutter beleidigt, aber nach einigen Wochen verbesserte sich das Verhältnis von Mutter und Tochter. Als Eva aufhörte, ihre Mutter überzeugen zu wollen, ließ auch die Mutter von ihren Anstrengungen ab, aus Eva eine »anständige« Tochter zu machen. Beide konnten ihr Mutter-Tochter-Beziehung dort fortsetzen, wo sie jetzt waren, statt ständig darum zu streiten, wie die andere eigentlich sein sollte.

Loslassen bringt manchmal auch schmerzhafte Nüchternheit ans Licht. Wenn wir nicht mehr länger an schmerzhaften Situationen oder ungenießbaren Personen festhalten, stellen wir uns dem, was wirklich ist. Gleichzeitig hören wir auf, uns weiterhin Illusionen zu machen. Manchmal heißt das auch festzustellen, dass andere uns nicht die Anerkennung oder Liebe geben können, die wir von ihnen gerne hätten.

Es kann auch sein, dass wir nach dem Loslassen feststellen, dass wir uns an der falschen Stelle viel zu lange engagiert haben. Es ist so, als hätten wir auf einem Luxusdampfer hartnäckig um die beste Kabine gekämpft und mussten dann feststellen, dass es sich bei dem Schiff um die »Titanic« handelte. So ähnlich erging es Britta. Sie wurde von einem mittelständischen Familienunternehmen als Vertriebsleiterin eingestellt. Das Unternehmen verkaufte Fenster und Türen aus Kunststoff und wollte durch die Einstellung von Britta neue Märkte und Kundenkreise erschließen. Britta stürzte sich sehr engagiert in die Arbeit. Sie analysierte die gegenwärtigen Vertriebswege, die derzeitigen Kundenbeziehungen der Firma und die Möglichkeiten, neue Kunden zu gewinnen. Dann legte sie den Geschäftsführern ein Konzept für den Vertrieb vor. Sie war bereit, mit allen Beteiligten darüber offen zu diskutieren, stellte aber bald fest, dass sich niemand um ihre Vorschläge kümmerte. Sie ließ nicht locker und fragte beharrlich nach, um überhaupt irgendeine Reaktion auf ihr neues Vertriebskonzept zu bekommen. Sie wurde daraufhin vertröstet, dass alles, was sie ausgearbeitet hatte, wirklich interessant wäre und noch gründlich durchdacht werden müsste. An den Absatzstrategien der Firma änderte sich nichts. Brittas Aktionen gingen ins Leere. Im Laufe der Zeit ging der Umsatz zurück, aber niemand schenkte Britta Gehör. Die Firmenleitung schien taub zu sein, und die anderen Mitarbeiter wollten, dass möglichst alles beim Alten blieb. Langsam fing Britta an, sich zu fragen, weshalb sie überhaupt eingestellt worden war. Als der Umsatzrückgang immer deutlicher wurde, platzte ihr in einem Gespräch mit den Geschäftsführern der Kragen. Sie machte deutlich, dass sie sich verschaukelt fühlte, und verlangte, dass sich die Geschäftsführung endlich mit ihren Ideen auseinander setzen sollte. Im Gegenzug wurde ihr von der Geschäftsführung vorgeworfen, untätig gewesen zu sein und dass sie schuld an dem Umsatzrückgang habe. Es dauerte insgesamt fast drei Jahre, bis sie endlich einsah, dass sie auf dem falschen Dampfer war. Sie kündigte bei der Firma und fand nach viermonatiger Stellensuche ein Unternehmen, in dem ihre Kompetenzen und Kenntnisse erwünscht waren.

Beharrlichkeit wird dann für Sie schädlich, wenn Sie immer und immer wieder versuchen, etwas von Leuten zu bekommen, was diese Ihnen nicht geben können oder wollen. Ich vergleiche diese schmerzhafte Form der Beharrlichkeit mit dem verzweifelten Versuch, von einem Ochsen Kalbfleisch zu bekommen. Auch wenn es etwas banal klingt, aber von einem Ochsen kriegen Sie nur Ochsenfleisch. Wenn Sie Kalbfleisch wollen, ist es sinnvoll, sich an Kälber zu wenden. Und ich weiß, dass es manchmal schwierig ist, das genau zu unterscheiden. Da verspricht so mancher Ochse, er hätte leckeres Kalbfleisch zu bieten. Aber nach einigem zähen Herumkauen merken Sie dann, dass es doch nur Ochsenfleisch ist. Spätestens hier ist es wichtig, dass Sie Ihre Kräfte schonen und aufgeben. Selbst langes, beharrliches Kauen verwandelt Ochsenfleisch nicht in Kalbfleisch. Nach meiner Erfahrung entsteht durch das Loslassen und Aufgeben oft eine heilsame Wandlung. Sie selbst werden gelassener und innerlich entspannter, wenn Sie Ihre erfolglosen Anstrengungen einstellen. Sie schaffen Platz für etwas Neues. Wie kann sich sonst etwas Besseres für Sie ergeben, wenn Sie immer an dem kleben, was nicht funktioniert?

Im Alltag ist es manchmal eine knifflige Gratwanderung, sich richtig zu entscheiden zwischen einer geschickten Beharrlichkeit und der Fähigkeit, das loszulassen, was Sie nicht glücklich macht. Ganz ehrlich: Ich kann Ihnen kein Patentrezept geben, woran Sie erkennen können, wann es sinnvoll ist, weiterhin beharrlich zu sein, und wann es besser ist, aufzugeben und die Sache loszulassen. Es ist auf jeden Fall nicht sinnvoll, wenn Sie in die Entweder-oder-Falle tappen, also nur zwei gegensätzliche Möglichkeiten sehen: entweder Beharrlichkeit oder Loslassen. Probieren Sie stattdessen einmal beides zusammen aus. Bleiben Sie beharrlich, aber halten Sie gleichzeitig Ausschau nach neuen Chancen und besseren Möglichkeiten. Oder lassen Sie los, und suchen Sie hartnäckig nach besseren Gelegenheiten, um das zu bekommen, was Sie sich wünschen.

Am Schluss dieses Kapitels möchte ich Ihnen noch etwas über das selbstsichere Auftreten verraten: Zur Selbstsicherheit gehört eine Portion Unsicherheit. Ich meine damit nicht diese Form der Unsicherheit, die durch eine innere Selbstabwertung entsteht, weil Sie glauben, Sie hätten keinen Anspruch darauf, das zu bekommen, was Sie gerne möchten. Nein, es gibt auch eine positive und nützliche Unsicherheit. Diese Unsicherheit entsteht, weil wir eine Situation zwischen Menschen nie hundertprozentig vorausplanen und kontrollieren können. Niemand hat eine andere Person total

»im Griff«. Diese Unsicherheit ist eine Art Offenheit für Neues. Sie verlangt, dass wir genau hinhören und hinsehen, wie die Situation gerade ist, und uns nicht einfach mit einem Brett vor dem Kopf durchsetzen, komme, was da wolle. Wenn wir nur noch pausenlos selbstsicher wären, dann hätten wir wahrscheinlich aufgehört zu lernen und uns persönlich weiterzuentwickeln.

Also versuchen Sie bitte nicht jedes Gefühl der Unsicherheit bei sich abzustellen oder auszumerzen. Begrüßen Sie Ihre Unsicherheit als eine Art Offenheit und Flexibilität, die Sie in Selbstbehauptungssituationen genauso brauchen wie das Gefühl der Selbstsicherheit. Tatsächlich können Sie sogar beides, Unsicherheit und Selbstsicherheit, in einer schwierigen Situation zugleich erleben. Zum Beispiel kann es sein, dass Sie wissen, was Sie erreichen wollen, aber sich noch unsicher darüber sind, wie Sie Ihr Ziel im Gespräch am besten ansteuern können. Ihre Selbstsicherheit verhilft Ihnen zu einer überzeugenden Darstellung Ihres Anliegens, und Ihre Unsicherheit lässt Sie offen und wachsam sein für die Reaktion Ihres Gesprächspartners. Ihre Unsicherheit zeigt Ihnen, ob Sie noch Bedenkzeit brauchen. Sie teilt Ihnen mit, ob das Angebot Ihres Gesprächspartners nicht doch noch einen Haken hat. Und schließlich ist Ihre Unsicherheit das notwendige Gegenstück zu Ihrer Selbstsicherheit. Ohne die Erfahrung, hin und wieder unsicher zu sein, würden Sie Ihre Selbstsicherheit gar nicht bemerken.

Grenzen ziehen

Ärgern Sie sich auch manchmal darüber, dass Sie wieder Ja gesagt haben, obwohl Sie sich eigentlich fest vorgenommen hatten, Nein zu sagen? Oder gibt es bestimmte Arbeiten, die immer wieder bei Ihnen landen, obwohl andere das ebenso gut erledigen könnten? Haben Sie manchmal das Gefühl, andere würden Ihre Hilfsbereitschaft ausnutzen? Stehen Sie unter Druck, weil in Ihrem Kopf all die Dinge rotieren, die Sie noch zu erledigen haben? Haben Sie zu wenig Zeit für sich selbst? Nun, wenn Sie nur eine dieser Fragen mit Ja beantworten, dann sind Sie in diesem Kapitel richtig. Hier geht es um die Selbstbehauptungsstrategien, mit denen Sie Grenzen ziehen können. Grenzen zu ziehen heißt im Grunde nichts anderes, als dass Sie *bewusst* über Ihre Energie, Ihre Zeit, Ihre Zuwendung und Ihr Geld verfügen. Sie bestimmen, was und wie viel Sie anderen davon geben wollen.

In diesem Kapitel geht es darum, genauer zu untersuchen, warum es manchmal so schwer ist, klare Grenzen zu ziehen, und wie Sie es künftig verhindern können, dass andere Menschen Ihnen ihre Lasten aufbürden. Neben der Fähigkeit, sich klar von anderen abzugrenzen, ist es auch wichtig, dass Sie andere Menschen wirksam kritisieren können, ohne sie dabei zu verletzen. Dazu gehört auch, dass Sie Ihrerseits selbstsicher mit der Missbilligung und der Kritik von anderen umgehen können. Aber lassen Sie uns zuvor mit einem einzigen Wort anfangen. Ein Wort, das gerade Frauen oft schwer über die Lippen kommt: das Nein.

Der Mut zum Nein

Frauen, denen es schwer fällt, nein zu sagen, stehen häufig noch unter dem Bann der alten Vorschriften: Das ist besonders die Gefälligkeitsvorschrift, die da lautet »Ich muss immer gefällig und hilfsbereit sein.« Zu dieser Vorschrift gehört, wie schon erwähnt, das Wort, vor dem Frauen oft Angst haben: Egoismus. Viele Frauen haben Angst, für egoistisch gehalten zu werden, wenn sie nicht gefällig und hilfsbereit sind, wenn sie beispielsweise anderen eine Bitte abschlagen. Die meisten Frauen sind schon als kleine Mädchen dazu erzogen worden, für die Bedürfnisse von anderen Sorge zu tragen und sich um andere zu kümmern. Dass Frauen sich um andere kümmern können, sich gut in andere hineinversetzen und deren Wünsche und Bedürfnisse erspüren können, ist zweifellos eine ihrer ganz großen Stärken. Aber damit diese Stärke auch als Stärke gelebt werden kann, braucht sie auch die andere Seite. Und das ist die Fähigkeit, sich abzugrenzen und auch Nein zu sagen. Frauen, die immer nur Ja sagen, sind oft überhaupt nicht hilfreich. Sie überfordern sich selbst, übernehmen zu viele Aufgaben, sind für alle immer da. Aber der Wunsch, es allen Recht zu machen, führt häufig dazu, dass sie vieles nur halb oder gar nicht machen können. Sie können einen Teil der Verpflichtungen, die sie übernommen haben, nicht wirklich erledigen. Sie sind wie ein Hefeteig, der immer weiter und weiter ausgerollt wird, wobei der Teig langsam löcherig wird. Dann bekommen diese Frauen ein schlechtes Gewissen, weil sie nicht alles schaffen. Sie fangen an, die Löcher zu stopfen. Und während sie hier den Teig wieder ausfüllen, entsteht am anderen Ende schon wieder ein Loch.

Das Neinsagen fängt damit an, dass wir zunächst unsere eigenen Grenzen entdecken und uns selbst gegenüber eingestehen, was wir wollen und was wir nicht wollen. Dabei haben es diejenigen leichter, die für sich persönlich langfristige Ziele entwickelt haben. Solche langfristigen Ziele können zum Beispiel berufliche Pläne sein, wie eine Ausbildung oder eine bestimmte betriebliche Position, oder auch Pläne, wie das Leben künftig aussehen sollte. Zum Beispiel die Vorstellung, auf dem Land zu wohnen oder als freischaffende Künstlerin mit anderen eine Werkstatt zu gründen. Frauen, die sich solche Ziele gesetzt haben und ihre Pläne auch wirklich ernst nehmen, haben es oft leichter, sich abzugrenzen. Sie wissen, was sie wollen. Ein langfristiges Ziel ist wie eine ordnende Kraft, die das Wichtige vom Unwichtigen trennt, sodass die Betreffende nicht so sehr in den Anforderungen des Alltags versinkt.

Frauen, die einfach nur die Anforderungen erfüllen, die andere an sie stellen, sind wie ein Blatt im Wind. Mal werden sie hierhin getrieben, mal sitzen sie dort fest. Wenn sie keine eigenen Ziele und Perspektiven haben und nur für andere da sind, glauben Frauen oft, sie hätten keinen triftigen Grund zum Neinsagen. Der einfachste und triftigste Grund, sich abzugrenzen, nämlich um für sich selbst gut zu sorgen und um sich zu entspannen, dieser Grund zählt in den Augen vieler Frauen nicht. Sie meinen, andere würden dieses Argument nicht akzeptieren. Dabei sind sie es zunächst selbst, die diese Begründung nicht akzeptieren wollen. Sie selbst gestehen es sich nicht zu, dass es vollkommen in Ordnung ist, sich auszuruhen, sich zu verwöhnen und Zeit für sich selbst zu haben.

Ein halbes Nein kommt oft nicht an

Manche Frauen wollen zwar Nein sagen, haben dann aber in der letzten Sekunde Angst, dass das Nein zu hart klingen würde. Sie sagen dann ein halbes Nein, das dann ungefähr so klingt: »Ähem ... weißt du, eigentlich ... äh ... vielleicht ... ich weiß nicht genau.« Dabei hoffen sie, der oder die andere würde das Nein zwischen den Zeilen heraushören und dann etwa so reagieren: »Ich höre schon, du meinst eigentlich Nein. Okay, ist gut.« Tatsächlich sind andere Menschen oft nicht so gut im Rätselraten, und leider verstehen sie das halbe Nein oft wie ein halbes Ja und sagen dann: »Ah gut, dass du einverstanden bist. Ich wusste, dass du mich nicht enttäuschst und die Sache übernimmst.«

Manche Frauen versuchen sich auch bei ihrem Gegenüber mit langen Rechtfertigungen zu entschuldigen. Sie sagen nicht einfach: »Nein, das möchte ich nicht!« oder: »Nein, ich habe andere Pläne«, sondern sie legen lang und breit dar, was sie vorhaben und was sie bewegt. Oft sind diese Erklärungen gespickt mit Entschuldigungsfloskeln wie: »Es tut mir so Leid, aber ...« oder: »Ich weiß, es ist schlimm, aber ich ...«

Manche Frauen neigen dazu, sich selbst schlecht zu machen, wenn sie etwas ablehnen. Solche selbstverachtenden Herabsetzungen klingen dann so: »Ich weiß, ich bin jetzt eine hartherzige Ziege, aber ich muss leider nein sagen ...« oder: »Du findest mich jetzt wahrscheinlich unerträglich, aber ich kann nicht anders, weil ...«

All das signalisiert dem/der Gesprächspartner/in, dass die betreffende Frau nicht wirklich innerlich sicher ist. Damit lädt sie ihr Gegenüber ein, doch noch mal nachzuhaken, um sie umzustimmen. Bleiben wir einen Moment dabei, und lassen Sie uns überlegen, was Sie tun können, wenn Ihr Gegenüber Ihr Nein nicht akzeptiert. Wenn Sie zu einem Mitglied der statusorientierten, eher männlichen Geschäftswelt nein sagen, dann ist sogar wahrscheinlich, dass Ihr Nein nicht gleich akzeptiert wird. Denken Sie daran, in diesen Gefilden gilt die Regel »Bei einem Nein fängt die Verhandlung erst an«. Aber Sie können im Vorfeld schon viel dafür tun, dass Ihr Nein schneller und eindeutiger vom anderen verstanden wird:

- Sagen Sie nein in einem normalen, selbstverständlichen Tonfall. So als würden Sie jemandem die Uhrzeit oder das Datum sagen.
- Rechnen Sie damit, dass Ihr Gegenüber Ihr Nein nicht gleich akzeptiert. Aber seien Sie deshalb nicht extra aggressiv oder unfreundlich.
- Geben Sie eine kurze und knappe Begründung für Ihr Nein ab. Vermeiden Sie es, sich zu entschuldigen oder sich lange zu rechtfertigen. Das erweckt bei anderen nur den Eindruck, Sie hätten ein schlechtes Gewissen, und das wirkt wie eine Einladung, Sie nun erst recht weichzuklopfen.
- Erwarten Sie nicht unbedingt, dass Ihr Gegenüber Ihre Gründe versteht und Ihnen zustimmt. Sie können bei Ihrem Nein bleiben, auch wenn andere Menschen Ihnen nicht zustimmen.

Wenn Ihr Nein nicht akzeptiert wird: Vorsicht, Manipulation!

Auch wenn Sie Ihr Nein noch so klar und gelassen vortragen, kann es sein, dass Ihr Gegenüber versucht, Sie umzustimmen. Vielleicht wird er oder sie versuchen, sich mit einer Manipulationsmethode bei Ihnen durchzusetzen.

Lassen Sie uns deshalb einmal solche Manipulationsmethoden genauer untersuchen. Wie lässt sich eine Frau, die Nein sagt, dazu bringen, dass sie doch noch nachgibt?

Es wird an Ihr Mitleid appelliert

Das kann sich dann so anhören:

- »Ohne deine Hilfe wäre ich glatt aufgeschmissen.«
- »Wie sollen wir nur ohne Sie zurechtkommen?«
- »Bitte lassen Sie uns jetzt nicht im Stich.«

Frauen können sich gut in andere hineinversetzen. Das ist eine ihrer Stärken. Sie können sich aber umgekehrt häufig sehr schlecht von den Problemen anderer distanzieren. Das liegt an den alten Weiblichkeitsvorschriften: »Du musst dich um die anderen kümmern.« »Es darf dir nicht egal sein, wie es anderen geht.« Gerade Frauen mit einem angeknacksten Selbstwertgefühl weiten ihre Zuständigkeit gerne aus. Sie fühlen sich für Menschen, Dinge und Beziehungen verantwortlich, die eigentlich außerhalb ihrer Reichweite liegen. Dort mischen sie sich ein, indem sie anderen die Arbeit und die Verantwortung abnehmen.

Frauen werden auf diese Weise scheinbar unentbehrlich. Ohne sie läuft nichts mehr oder zumindest alles nur noch halb so gut. Aber genau damit sind sie dann auch zu manipulieren. Mit Sätzen wie »Ohne dich wäre ich glatt aufgeschmissen« wird genau auf diese angebliche Unentbehrlichkeit gezielt. Wenn dann dieser Frau gesagt wird, wie wichtig sie ist, dass ohne sie alles zusammenbrechen wird, dann fühlt sie sich geschmeichelt. Ihr Verantwortungsgefühl ist angesprochen worden. Sie kann doch nun nicht tatenlos zusehen, wie alles den Bach runtergeht! Schließlich ist sie zuständig und verantwortlich. Es fällt ihr ungeheuer schwer, sich zu entziehen und einfach Nein zu sagen.

Der Frau wird Egoismus unterstellt

- »Sie denken dabei doch nur an sich selbst. Verschwenden Sie je einen Gedanken an andere Menschen? Oder darum, wie's um die Firma steht?«
- »Hauptsache dir geht's gut, was?«
- »Na, wenn du nur zufrieden bist. Wir können ja sehen, wo wir bleiben.«

Mit diesen Bemerkungen wird auf die Vorschrift »Ich darf nicht egoistisch sein« oder »Ich muss gefällig sein« gezielt.

Hier liegt der gleiche Automatismus vor. Eine Frau, die an diesen alten Vorschriften festhält, wird auch sehr wahrscheinlich auf die Manipulation hereinfallen. Sie befürchtet, die anderen könnten sie für selbstsüchtig halten.

Die menschliche Enttäuschung

stellt sich meist so dar:

- »Ich hatte sehr auf Sie gesetzt. Nun, ich hatte mir wohl zu viel versprochen.«
- »Das hätte ich nicht von Ihnen erwartet. Ich bin von Ihnen enttäuscht.«
- »Auf dich konnte ich mich doch bisher immer verlassen. Schade – damit ist es nun wohl aus.«

Die Frau wird regelrecht erpresst. »Ich bin enttäuscht von Ihnen« heißt im Grunde: »Ich hatte bisher bessere Erfahrungen mit Ihnen gemacht, und nun muss ich feststellen, dass Sie doch nicht so ein toller, liebenswerter Mensch sind, wie ich dachte.« Frauen, die sich von der Anerkennung durch andere übermäßig abhängig machen, springen genau darauf an. Es darf um keinen Preis jemand von Ihnen enttäuscht sein. Dahinter stecken auch alte Vorschriften wie beispielsweise: »Ich muss dafür sorgen, dass es den Leuten in meiner Umgebung gut geht. Niemand darf leiden oder traurig sein. Das muss ich verhindern.«

Um bei der Frau Schuldgefühle auszulösen, reicht oft schon der gesenkte Kopf, der traurige Gesichtsausdruck, ein depressiver Tonfall beim Gegenüber. Wie konnte sie nur so hartherzig sein und einfach Nein sagen? Ist es ihr denn egal, wie sehr andere leiden? Und schon gibt sie nach und versucht alles wieder gut zu machen, damit niemand mehr bedrückt oder unglücklich ist. Am Ende hat sie sich wieder zu viel aufgeladen und ist selbst unglücklich.

Die Begründung fürs Nein wird nicht akzeptiert

Das kann sich dann so anhören:

- »Deine Begründung ist doch blanker Unsinn.«
- »Im Grunde haben Sie doch gar keine Begründung für Ihre Ablehnung. Das sagen Sie doch bloß aus einer Laune heraus.«
- »Ich akzeptiere Ihr Nein, wenn Sie es mir vernünftig begründen können. Bisher haben Sie mich nicht überzeugt.«

Dieser Manipulationsversuch ist oft am schwersten zu durchschauen. Das liegt häufig auch daran, dass viele Frauen tatsächlich der Meinung sind, sie müssten triftige Gründe haben, um Nein zu sagen. Darüber hinaus glauben sie, dass stichhaltige Gründe die Argumente sind, die ihr Gegenüber auch anerkennt. Viele Frauen gestehen es sich selbst nicht zu, etwas abzulehnen, einfach weil sie es nicht wollen. Es *muss* eine stichhaltige, vernünftige und logische Begründung her. Wenn ihr Gegenüber sagt: »Das ist nicht logisch oder vernünftig«, dann suchen Frauen oft nach einer noch besseren Begründung für ihr Nein. Und wenn sie keine finden, dann glauben sie, nachgeben zu müssen. Sie übersehen dabei völlig, dass sie sich ganz und gar ihrem Gegenüber angepasst und dessen Maßstab für Logik oder Vernunft einfach akzeptiert haben.

Wie können Sie lernen, mit solchen Manipulationsversuchen im Gespräch umzugehen?

Als Erstes gilt: Je sicherer Sie sich Ihrer Sache sind, desto weniger hat Ihr Gegenüber Chancen, Sie zu manipulieren. In vielen Gesprächen können Sie sich gegen Manipulationen am leichtesten und entspanntesten wehren, wenn Sie einfach auf Beharrlichkeit umschalten. Gehen Sie in die ABC-Beharrlichkeitsschleife, und wiederholen Sie Ihr Nein so oft wie nötig. Wenn Ihnen etwas an der Beziehung zu

Ihrem Gegenüber liegt, dann können Sie die Manipulation direkt ansprechen. Machen Sie aber Ihrem Gesprächspartner keinen Vorwurf daraus. Viele Menschen greifen zu Manipulationsmethoden, weil sie einfach hilflos in der Kommunikation mit anderen sind. Teilen Sie Ihrem Gegenüber einfach direkt und gelassen mit, was Ihnen aufgefallen ist. Etwa so: »Das hört sich jetzt für mich so an, als wollten Sie mir unterstellen, ich wäre egoistisch, wenn ich Nein sage?« Manipulationsversuche, die Sie direkt ansprechen, werden vom Gesprächspartner/in meist sofort abgestritten, häufig mit Worten wie: »Nein, so habe ich das nicht gemeint« oder: »Ich wollte Ihnen damit eigentlich was anderes sagen.« Streiten Sie nicht mit Ihrem Gegenüber darüber, ob es nun ein Manipulationsversuch war oder nicht. Benennen Sie, was passiert ist, und lassen Sie Ihrem Gegenüber die Möglichkeit, sich ohne großen Gesichtsverlust zurückzuziehen. Es geht Ihnen ja nicht um die Manipulation, sondern darum, dass Sie Nein sagen und dabei bleiben wollen.

Übrigens, wenn Sie Ihre Meinung abändern und doch lieber Ja sagen wollen, tun Sie das ebenso ohne schlechtes Gewissen. Sie dürfen Ihre Meinung ändern. Vielleicht macht Ihr Gegenüber Ihnen ja ein gutes Angebot oder Sie erhalten neue Informationen, die Sie veranlassen, Ihren Standpunkt zu überdenken. Sie brauchen dann nicht konsequent sein und bei einem Nein bleiben, wenn Sie es nicht möchten. Sie dürfen sich selbst widersprechen. Falls jemand Ihnen das vorwirft, dann antworten Sie gelassen, dass Sie eben sehr flexibel sind.

Lassen Sie mich diese Manipulationsversuche einmal an einem Beispiel aus einem Selbstbehauptungstraining verdeutlichen. Es ging dabei um eine Teilnehmerin, ich nenne sie hier Beate, die Schwierigkeiten hatte, ihrer Kollegin gegenüber Nein zu sagen. Beate wollte im Seminar üben, sich gegenüber dieser Kollegin besser abzugrenzen. Kurz zur Vorgeschichte: Beate war in einem Betrieb zusammen mit ihrer Kollegin für die Sachbearbeitung im Vertrieb zuständig. Häufig gab es noch eilige Anfragen oder Aufträge nach Feierabend. Beate hatte zwei Kinder und sowieso schon große Mühe, die Arbeitszeiten mit den Öffnungszeiten des Kindergartens in Einklang zu bringen. Es fielen häufiger Überstunden an, für die sie dann jedes Mal einen Babysitter organisieren und natürlich auch bezahlen musste. Es wurde mir schnell klar, dass Beate diese Überstunden oft machte, weil ihre Kollegin ihr das zuschob. Dabei wandte diese Kollegin eine Art Überrumpelungstaktik an, gegen die Beate nicht ankam. Ich wurde neugierig und schlug vor, dass wir uns diese Überrumpelungstaktik einmal näher ansehen. Wir spielten also ein solches Gespräch zwischen Beate und der Kollegin im Seminar durch. Ich übernahm die Rolle von Beates Kollegin. Ich bat Beate so zu reagieren, wie sie es normalerweise in der Firma auch tat. Sie schilderte mir, wie ihre Kollegin auftrat, was sie in der Regel zu ihr sagte und in welchem Tonfall sie sprach. Nun, meine Überrumpelungstaktik bestand schlicht darin, ins Büro zu kommen und gleich mit der Tür ins Haus zu fallen. Ich sagte mit energischer, lauter Stimme: »Beate, du musst leider heute länger bleiben. Da sind noch wichtige Angebote, die bis morgen beim Kunden sein müssen. Hier sind die Unterlagen.« Ich stand, keine Widerrede duldend, vor Beates Schreibtisch und sah auf sie herunter. Beates Reaktion bestand aus einem: »Äh, ich meine, ich ... ähm. Ließe sich das irgendwie auch anders regeln? Weißt du ...« Ich unterbrach sie sofort: »Nein. Das lässt sich nicht anders regeln. Die Kunden brauchen die Angebote von uns. Oder willst du, dass die Konkurrenz uns den Auftrag vor der Nase wegschnappt?« Beate saß da und drehte an ihrem Kugelschreiber. Sie sah zu mir hoch und machte noch einen verzweifelten Versuch: »Nun, ich wollte heute eigentlich lieber pünktlich zu Hause sein.« Ich schmetterte sie ab: »Tut mir Leid, das hier muss erledigt werden.« Dann drehte ich mich um und ging raus. Beate war sichtlich deprimiert. Nach einer Weile sagte sie zu den übrigen Seminarteilnehmerinnen, dass es so tatsächlich fast jedes Mal ablaufen würde. Wir sprachen diese Szene gemeinsam durch. Den übrigen Teilnehmerinnen und mir war sofort aufgefallen, dass Beate nicht klar und deutlich nein gesagt hatte. Die Kollegin hatte lediglich ein unsicheres »aber« zu hören bekommen. Daraufhin kam sofort die Frage auf, ob nicht der Chef von beiden eingeschaltet werden müsste und ob sie als Angestellte diese Überstunden ablehnen darf. Gleichgültig, ob der Chef dazugeholt wird oder nicht, und gleichgültig, ob Beate das Recht hat, diese Mehrarbeit nach Feierabend abzulehnen oder nicht, sie hätte in jedem Fall sehr viel deutlicher sagen können, dass sie diese Arbeit nicht machen wollte.

Wie aber kann Beate ihre Ablehnung deutlicher machen? Wir haben die Szene nochmals durchgespielt. Ich war wieder die Kollegin, nur dieses Mal wollte sich Beate im Neinsagen üben. Der gleiche Auftritt. Ich komme rein und stehe in Beates Büro. Ich sage dieselben Worte, sie solle länger bleiben. Beate aber bleibt dieses Mal nicht sitzen. Sie steht gelassen auf und steht mir nun direkt gegenüber. Sie sagt in einem freundlichen Tonfall: »Nein, das geht nicht. Ich kann nicht länger bleiben.« Ich, als Kollegin, bin etwas verwundert über die neuen Töne, die Beate da anschlägt, aber dennoch lasse ich nicht locker. »Nun, da wirst du dich irgendwie freischaufeln müssen. Es geht um die Angebote für die Kunden. Die müssen dringend heute noch raus.« Beate steht weiterhin da, schaut mir direkt in die Augen und antwortet: »Ja klar, du willst, dass ich die Angebote heute noch rausschicke. Leider kann ich heute nicht länger bleiben. Vielleicht lässt sich das mit den Angeboten anders organisieren. Könntest du das nicht übernehmen?« Nun merke ich, dass mir hier die Felle davonschwimmen. Ich probiere es mit einer neuen Strategie. »Aber wir arbeiten doch immer gut zusammen. Du hast mich noch nie im Stich gelassen. Ich weiß nicht, wie ich das ohne dich schaffen soll.« Beate, die sich zum ersten Mal ihrer Kollegin gegenüber so behauptet, gerät bei diesem kleinen Manipulationsversuch etwas ins Wanken. Sie dreht die Augen nach oben, stöhnt auf und scheint für kurze Zeit nicht weiterzuwissen. Meine Mitleidstour scheint zu funktionieren. Ich bemerke dies natürlich und füge noch mit bettelnder Stimme hinzu: »Bitte, bitte enttäusch mich nicht.« Beate aber bleibt hartnäckig und antwortet: »Ja, bisher habe ich das auch immer gemacht. Aber ich muss dir sagen, dass das für mich eine große Belastung ist, wegen meiner Kinder. Ich stelle mich sonst wirklich nicht an, das weißt du, aber das geht heute wirklich nicht.« Ich, als Kollegin, bin mit meinem Latein am Ende. Meine Manipulationsversuche prallen an ihr ab. Aber ich will auch nicht so einfach nachgeben, sondern ihr wenigstens noch ein richtig schlechtes Gewissen machen. Ich verlasse die Szene mit den Worten: »Du enttäuschst mich jetzt sehr. Das bin von dir wirklich nicht gewohnt. Bisher hielt ich dich für kollegial.« Ich lasse den Kopf hängen und spreche mit einem traurigen Tonfall weiter: »Na ja, irgendwie werde ich das in den Griff kriegen – ohne dich.« Beate hat nach meinem Abgang tief Luft geholt und gesagt: »Oh Gott, ist die sauer auf mich.« Beate hat es geschafft – zumindest in diesem Spiel –, die Mehrarbeit nach Feierabend abzulehnen. Aber Beate steht auch vor dem Problem, mit der dicken Luft fertig zu werden, die jetzt entstanden ist. Die (Schein-)Harmonie zwischen ihr und ihrer Kollegin ist getrübt. Zumindest signalisierte die Kollegin das am Ende dieses Gespräches. Gerade Frauen neigen hier zu einer besonderen Empfindlichkeit. Sie können einen disharmonischen Zustand nicht gut über längere Zeit einfach aushalten und so lassen. Sie wittern bei kleineren Meinungsverschiedenheiten sehr schnell größere (Beziehungs-)Katastrophen. Sie fürchten, es sich mit dem oder der anderen total verdorben zu haben – und zwar bis in alle Ewigkeit.

Ich kann Ihnen nicht versprechen, dass Ihr Nein konfliktlos hingenommen wird. Aber ich glaube, dass Beate, wie viele andere Frauen auch, einer großen Illusion aufgesessen ist: Sie verwechselte Harmonie mit echter Wertschätzung und Respekt. Tatsächlich ist es eher so, dass die Menschen, die nicht Nein sagen können und keine Grenzen ziehen, von anderen nicht besonders respektiert und geschätzt werden.

Klar, mit einer duldsamen, gefälligen Frau ist leicht auszukommen. Es herrscht Frieden und Harmonie, selten fällt ein böses Wort. Doch die friedliche Stimmung täuscht: Wer ungefähr so viel Rückgrat wie ein Wackelpudding zeigt, wird nicht wirklich respektiert, sondern allenfalls freundlich belächelt und häufig ausgenutzt.

SELBSTBEHAUPTUNGS-
STRATEGIE: **Gelassen Nein sagen**

1. *Die verzögerte Reaktion*
Wenn Sie noch nicht genau wissen, ob Sie zu etwas Nein oder Ja sagen wollen, oder ob Sie vielleicht auch Bedingungen an ihre Antwort knüpfen möchten, dann fordern Sie Bedenkzeit. Reagieren Sie nicht sofort. Scheuen Sie sich nicht, Ihr Gegenüber warten zu lassen. Sagen Sie, dass Sie jetzt in Ruhe überlegen möchten, mit Sätzen wie: »Ich überlege mir das gerade«, »Das werde ich mir in Ruhe durch den Kopf gehen lassen« oder schweigen Sie ganz einfach. Nehmen Sie sich die Zeit, die Sie zum Nachdenken brauchen. Das können Minuten oder Tage sein.
2. *Eine deutliche Sprache sprechen*
Sagen Sie Nein, wenn Sie etwas nicht wollen. Drucksen Sie nicht herum, wenn Sie innerlich eigentlich genau wissen, dass Sie nicht wollen. Achten Sie darauf, dass Ihre Stimme selbstverständlich und entspannt klingt und dass Ihr Gesichtsausdruck und Ihre Körperhaltung auch ein Nein ausdrücken.

3. *Sie können Nein sagen, ohne das Nein zu erklären*
Allein die Tatsache, dass Sie etwas nicht wollen, reicht aus, um Nein zu sagen. Wenn Sie lange ausholen und anfangen, Ihre Motive für das Nein zu rechtfertigen, dann kann es gut sein, dass Ihr Gegenüber jeden Ihrer Gründe auseinander nimmt und Ihnen beweist, dass Sie im Unrecht sind und Ihr Nein deshalb nicht gilt.
4. *Bleiben Sie beharrlich*
Beharrlichkeit ist dann besonders wichtig, wenn Ihr Nein nicht akzeptiert wird. Es ist möglich, dass der oder die andere versucht, Sie unter Druck zu setzen, oder auch schmeichelnd auf Sie einredet, um Sie doch noch umzustimmen.
Wenn Sie merken, dass Sie in Bedrängnis geraten, greifen Sie zum ABC der Beharrlichkeit. Zeigen Sie Verständnis für die Bitte, und wiederholen Sie Ihr Nein – notfalls mit immer den gleichen Worten. Versuchen Sie, einmal mehr Nein zu sagen, als Ihr Gesprächspartner Sie bedrängt. Wenn Ihr Gegenüber fünfmal auf Sie einredet, dann sagen Sie eben sechsmal nein.

Wenn Sie nach außen hin Ihre Grenzen klar ziehen, sind Sie für andere Menschen deutlicher zu erkennen, und Sie sind aufrichtiger. Was für ein deutliches Nein gilt, gilt übrigens auch für ein deutliches Ja. Ersparen Sie es den anderen, bei Ihnen zwischen den Zeilen herauslesen zu müssen, ob Ihr Ja nun wirklich ein ernst gemeintes Ja ist oder doch nur ein verstecktes Nein.

Eine Teilnehmerin sagte dazu Folgendes: »Früher bin ich dem klaren Nein aus dem Weg gegangen. Ich habe alles lieber verschwommen ausgedrückt, um niemanden vor den Kopf zu stoßen. Weil ich so vage und unklar war, machte ich anderen zuliebe oft irgendwelche Sachen, die mir eigentlich gegen den Strich gingen. Ich war damals sehr wütend – auf mich und andere, weil ich nicht den Mut hatte, Nein zu sagen. Wenn ich jetzt klipp und klar Nein sage, dann meine ich es auch so. Und wenn ich Ja sage, dann meine ich das auch. Ich bin einfach ehrlicher – auch zu mir selbst. Ich trage jetzt nicht mehr so viel unausgesprochenen Groll mit mir herum. Und das ist schon eine große Erleichterung.«

Tragen Sie auch die Lasten der anderen?

Frauen, die sich anderen gegenüber nicht gut abgrenzen können, neigen dazu, sich für Probleme zuständig zu fühlen, mit denen sie eigentlich gar nichts zu tun haben. In diesem Zusammenhang fällt mir Corinna ein. Auch Corinna übernahm fast automatisch die Probleme von anderen und machte sie zu ihren eigenen. Als ich sie das erste Mal sah, wusste ich noch nichts davon. Das Selbstbehauptungstraining hatte noch gar nicht richtig begonnen. Die Teilnehmerinnen und ich hatten gerade unsere Zimmer in dem Tagungshotel bezogen, und wir trafen uns zum ersten Mal beim gemeinsamen Mittagessen. Nach dem Essen sollte das Seminar beginnen. Beim Plaudern am Tisch fragte eine der Frauen, ob sie vielleicht ihr Zimmer tauschen könnte. Sie hätte ein Zimmer zur Straße heraus und fürchtete, dass sie nachts nicht schlafen könnte, weil sie nur bei offenem Fenster schliefe und es dann zu laut sein könnte. Sofort meldete sich Corinna und bot an, ihr Zimmer zu tauschen. Sie hatte ein Zimmer nach hinten heraus, wo es wahrscheinlich bei offenem Fenster leiser sein würde. Nun, damit war die Sache zunächst erledigt. Corinna, die bereitwillig ihr Zimmer getauscht hatte, sprach mich später in einer Seminarpause an: »Wissen Sie, Frau Berckhan, eigentlich schlafe ich auch gern bei offenem Fenster, und ich kann bei Straßenlärm auch nicht gut schlafen.« Ich sah sie erstaunt an und fragte sie: »Ja, aber warum haben Sie Ihr Zimmer dann so schnell getauscht?« Corinna antwortete: »Ja, das ist es gerade. Wenn jemand Probleme hat, fühle ich mich immer gleich dafür zuständig. Ich meine dann, alles regeln zu müssen. Ich springe sofort auf und biete meine Hilfe an. Dabei bleibe ich selbst auf der Strecke.« Bei Corinna setzt sich, wie bei vielen anderen Frauen auch, diese mangelnde Abgrenzung aus drei Punkten zusammen:

- Sie fühlt sich für auftretende Probleme und zu erledigende Arbeiten automatisch zuständig.
- Sie beachtet dabei ihre eigenen Interessen und Bedürfnisse nicht.
- Sie will in jedem Fall Lösungen und Hilfe anbieten.

Lassen Sie uns diese drei Punkte etwas genauer betrachten:

Sich für alles zuständig fühlen
Zahlreichen Frauen fällt es schwer, nicht zuständig zu sein. Wenn es irgendwo ein Problem gibt, wenn jemand Schwierigkeiten hat, sofort springt bei ihnen eine Art Fürsorgemechanismus an. Sie adoptieren automatisch die Schwierigkeiten anderer Leute und machen sie zu ihren eigenen. Da sagt der Kollege einfach so vor sich hin, ohne jemanden konkret anzusprechen: »Oh, wo ist denn die Milch für den Kaffee?« Und wer reagiert darauf? Die Frau, die sich schlecht abgrenzen kann. Und sehr wahrscheinlich wird sie aufspringen, um die Milch zu suchen, oder sie wird so etwas sagen wie: »Da ist keine Milch mehr da, aber ich werde neue besorgen.«

Eigene Interessen und Bedürfnisse werden nicht beachtet
Bei all diesem grenzenlosen Helfen und Einspringen vergessen Frauen oft ihre eigenen Bedürfnisse und Interessen. Sie sind so sehr mit den Problemen anderer beschäftigt, dass sie nicht merken, was ihnen selbst fehlt und wo sie Probleme haben. Wenn ihre Interessen und Bedürfnisse mit denen von anderen Menschen zusammenprallen, dann sind sie es, die fast immer nachgeben und zurückstecken. Die anderen haben Vorrang.

Lösungen und Hilfe bieten müssen
Zuständig sein allein reicht nicht aus. Viele dieser Frauen versuchen meist auch auf Teufel komm raus Probleme zu lösen. Sie können es nicht hinnehmen, dass eine Schwierigkeit zu groß für sie ist oder dass da im Moment nichts zu machen ist.

Was Frauen, die keine Grenzen setzen können, oft nicht wahrhaben wollen, ist ihre eigene Begrenztheit oder sogar ihre eigene Machtlosigkeit. Sie meinen nicht eher ruhen zu dürfen, bis die Sache geregelt ist, und damit überfordern sie sich sehr oft.

Von intakten und kaputten Grenzen

Wenn Sie sich anderen gegenüber besser abgrenzen möchten, dann ist es wichtig, dass Sie selbst zunächst wissen, wo Ihre eigene Grenze ist. Mit anderen Worten: Sie brauchen ein Gespür für Ihre Grenzlinie. Für manche Frauen ist das leicht. Sie merken an ihren Gefühlen rechtzeitig, dass ihre Abgrenzung überschritten wurde. Sie fühlen sich unbehaglich und spüren innerlich eine Ablehnung. Ihre persönliche Grenze ist intakt oder besser gesagt funktionstüchtig.

Bei einer drohenden Grenzüberschreitung geht bei ihnen eine Art innerer Alarm los. Sie folgen diesem Gefühl, und sie überprüfen kritisch, wie sie darauf reagieren wollen. Solche intakten und funktionstüchtigen Schranken stelle ich gerne als eine Art Zaun dar. Ein Zaun um uns herum, der genau markiert, wo unser Hoheitsgebiet anfängt. Diese Umzäunung trennt uns nicht vollständig von anderen Menschen, sondern sie ist mit einer Pforte versehen, die wir selbst bedienen. Intakte Grenzen heißt für Sie, dass Sie selbst bestimmen, welche Lasten bei Ihnen abgestellt werden dürfen und welche nicht. Sie bestimmen, wann Sie die Pforte öffnen, schließen oder wann Sie unentschlossen sind und mehr Bedenkzeit brauchen. Sie sagen Ja oder Nein oder auch: »Ich weiß noch nicht. Ich werde darüber nachdenken.«

Bei Frauen, die überlastet sind oder oft von anderen ausgenutzt werden, fehlen diese eindeutigen Schranken. Die Abgrenzung ist für sie selbst und für andere nicht deutlich sichtbar oder fühlbar. Im Bild lässt sich das wie ein brüchiger, heruntergetretener Zaun darstellen. Jedermann kann einfach drübersteigen – ohne großartig zu bemerken, dass er oder sie eine Trennungslinie überschritten hat.

Solche brüchigen Grenzen wirken auf andere wie eine Einladung, um dort ihre Lasten abzuladen.

Frühe Grenzverletzungen

Lassen Sie uns kurz einen Blick darauf werfen, wie so ein kaputter Zaun überhaupt entsteht. Frauen, die sich schlecht abgrenzen können, sind häufig in einer Familie groß geworden, in der sie in einem bestimmten Bereich keine stabilen und sicheren Grenzen ziehen konnten. Schlechte oder gar keine Abgrenzung gibt es fast immer in gestörten, dysfunktionalen Familien, in denen giftige Erziehungsmethoden praktiziert werden. Ein Kind, dem kein Freiraum zugestanden wird, ein Kind, das vernachlässigt oder misshandelt wird, erlebt, wie es missachtet wird. Ein solches Kind hat nicht gelernt, dem eigenen, inneren Gefühl von »Ich mag nicht« oder »Das ist mir zu viel« zu folgen. Es kann seine innere Grenze nicht richtig fühlen und sie deshalb auch nicht gegen andere verteidigen. Viele Frauen, die Schwierigkeiten mit ihren Grenzen haben, können sich an Szenen aus ihrer Kindheit erinnern, in denen ihre Grenzen missachtet und verletzt wurden. Eine ältere Teilnehmerin erinnert sich: »Ich musste früher immer allen Verwandten und Bekannten meiner Eltern die Hand geben. Ich war damals vier oder fünf Jahre alt, da kam ein Onkel zu Besuch, den ich nicht mochte. Er hatte riesige Hände und fasste mich immer grob an. Er roch schrecklich nach Zigarrenqualm und Alkohol. Ich wollte ihm nicht die Hand geben. Da hab ich von meiner Mutter eine Ohrfeige bekommen. Später am Nachmittag wollte mein Onkel, dass ich ihm was erzähle. Ich wollte nicht, aber meine Eltern sagten, ich solle lieb sein, und ich musste mich sogar bei dem Onkel auf den Schoß setzen. Ich hab mich so geekelt.« Hier sind die Körpergrenzen des kleinen Mädchens nicht respektiert worden. Schon sehr kleine Kinder fühlen genau, ob sie angefasst werden wollen und auch von wem sie sich gern berühren lassen. Viele von uns haben aber als Kind die Lektion gelernt, zu allen Erwachsenen lieb sein zu müssen.

Das bedeutete oft, immer die Hand geben, sich über den Kopf streicheln lassen, einfach aufgenommen zu werden und bei jemandem auf dem Schoß sitzen zu müssen, obwohl uns diese Leute vielleicht unangenehm waren oder wir lieber etwas anderes machen wollten. Bis heute wird vielen Kindern nicht zugestanden, dass sie selbst über ihre Körpergrenzen bestimmen. An dieser Stelle fehlt der innere Zaun. Menschen, denen dieses Gefühl für die eigene Grenze nicht zugestanden wurde, sind oft unsicher, ob sie andere zurückweisen dürfen. Die Frau, die mir die Geschichte mit ihrem Onkel erzählte, schilderte mir auch Folgendes: »Manchmal komme ich in Situationen, in denen alle Leute sich umarmen und sich auf die Wange küssen. Ich mag das überhaupt nicht gerne. Früher hab ich oft nicht gewusst, ob ich die Umarmung von anderen ablehnen darf. Mittlerweile bin ich da selbstsicherer geworden. Leuten, von denen ich nicht umarmt und geküsst werden will, geb ich jetzt einfach von mir aus nur die Hand. Ich weiß jetzt, dass ich mir nichts gefallen lassen muss, was ich nicht mag.«

Die mangelnde Abgrenzung kann sich auch auf andere Lebensbereiche beziehen. Ich habe Frauen kennen gelernt, die sich beispielsweise in Geldangelegenheiten nicht genügend abgrenzen konnten. Sie verliehen viel zu viel Geld, oft an unzuverlässige Leute, von denen sie nichts zurückbekamen. Andere Frauen unterstützten den Partner mit übertriebenen Geldsummen. Sie finanzierten seine kostspieligen Hobbys oder machten ihm übertrieben teure Geschenke. Aber die häufigste Form der mangelnden Abgrenzung ist nach meinen Erfahrungen immer noch das fehlende Nein, wenn es um Arbeit, Probleme und andere Belastungen geht. Ursache dafür ist auch hier das angeknackste Selbstwertgefühl. Viele Frauen glauben, sie müssten sich unbedingt nützlich machen, um von anderen anerkannt zu werden. Oft warten diese Frauen vergebens auf die erhoffte Anerkennung: »Ich dachte am Anfang, der Chef oder die Kollegen werden schon sehen, was sie an mir haben und was ich da alles leiste. Aber bis heute hat mir das niemand so richtig gedankt«, sagte eine Teilnehmerin, die als Sachbearbeiterin in einer kleinen Firma arbeitete. Eine andere Teilnehmerin sprach über ihre Mehrarbeit im Haushalt: »Als ich mit meinem Freund zusammengezogen bin, da wollte ich mich nicht mit ihm über die Hausarbeit streiten. Ich wollte einfach nicht zickig sein, und so machte ich immer etwas mehr Hausarbeit als er. Ich dachte, dass es sich irgendwann ausgleicht zwischen uns beiden und dass er irgendwann auch mal etwas mehr Hausarbeit macht. Aber dazu ist es bisher noch nicht gekommen, und wir wohnen jetzt schon seit drei Jahren zusammen.«

Der heimliche Gewinn der Überlastung

Diese mangelnde Abgrenzung hat nicht nur zur Folge, dass Frauen viel zu tun haben. Es kann auch passieren, dass sich Frauen damit unentbehrlich machen. Deutlich wird das am Beispiel von Gisela, einer allein erziehenden Seminarteilnehmerin. Gisela war eine berufstätige Mutter von zwei Kindern. Sie litt sehr unter der enormen Belastung von Berufs- und Hausarbeit. Bei ihren Schilderungen stellte sich heraus, dass ihr sechzehnjähriger Sohn überhaupt nicht wusste, wie er seine Wäsche waschen sollte. Das hatte bisher nur seine Mutter gemacht. Sie hatte ihm nie gezeigt, wie er die Waschmaschine selbst bedienen konnte. Im Büro hatte Gisela mit viel Elan die Ablage der Korrespondenz neu organisiert. Aber nun war sie die Einzige, die sich mit dem Ablagesystem auskannte. Der Chef und die Kollegen kümmerten sich nicht mehr darum. Alle waren auf sie angewiesen. Ob zu Hause oder im Beruf – ohne sie ging nichts mehr.

Von allen gebraucht zu werden – genau das kann der heimliche Gewinn der Überlastung sein. Dieses Unentbehrlichsein schwingt auch mit, wenn Frauen berichten, wie unselbstständig ihr Partner ist. »Ich habe zwei Kinder, aber im Grunde habe ich drei«, sagte eine Frau in der Beratung zu mir: »Mein Mann ist zu Hause wie ein drittes Kind. Der findet nicht mal seine Socken, wenn ich ihm die nicht herauslege.« Wahrscheinlich trifft dieser Mann in seinem Beruf täglich wichtige Entscheidungen, bewältigt umfangreiche Anforderungen und entwickelt womöglich auch noch neue Projekte. Aber seine Frau glaubt, er könne sich seine Socken nicht selbst aus dem Schrank nehmen. Vermutlich hat sie Recht. Aber vielleicht sieht es auch nur oberflächlich so aus. Schauen wir etwas unter die Oberfläche, so kann sich ein anderes Bild ergeben. Sich um andere kümmern – diese Art der Fürsorge setzt auf der Empfängerseite jemanden voraus, der sich nicht selbst helfen kann. Würde sich der Fürsorgeempfänger selbst helfen können, wäre die Fürsorge überflüssig.

Das (un-)heimliche und unausgesprochene Beziehungsabkommen in solchen Partnerschaften lautet: »Du bleibst unselbstständig und hilflos, dadurch ist meine Fürsorge notwendig.« Was vor allem für die Frau heißen kann: »Ich bin nicht überflüssig. Solange ich für andere sorgen kann, werde ich gebraucht.« Der Mann, der sich seine Socken nicht selbst raussuchen kann, hält sich an seinen Teil des heimlichen Abkommens. Er ist zu Hause unselbstständig und braucht jemanden, der sich um ihn kümmert. Für ihn ist es bequem, und die Frau wird damit in ihrer Unentbehrlichkeit bestätigt. Auf der anderen Seite hat die betreffende Frau eine Arbeit mehr auf sich geladen.

An dieser Stelle ist es nützlich, einmal genauer die einzelnen Schritte zu untersuchen, mit denen sich Frauen Zentnerlasten aufladen. Das Ganze funktioniert schrittweise – sozusagen in kleinen Häppchen, wobei jedes einzelne kleine Häppchen nicht besonders bitter schmeckt. Die eigentliche Bitterkeit der Überlastung entsteht erst bei ihrer Vollendung, also dann, wenn die Frau die Arbeiten auf sich gezogen hat und dafür zuständig ist und bleibt.

Um deutlich zu machen, wie Frauen sich selbst in eine Überlastung hineinmanövrieren, habe ich hier die typischen Schritte kurz skizziert. Sie erhalten jetzt eine (nicht ganz ernst gemeinte) Anleitung, wie Sie sich garantiert überfordern können.

Die sechs Schritte zur Überlastung

1. Schritt: Sie sind zuständig. Sehen Sie sich um, was zu tun ist, und gehen Sie völlig selbstverständlich davon aus, dass Sie für die Erledigung der Arbeit auch zuständig sind. Nehmen Sie alles an, was an Sie herangetragen wird. Mischen Sie sich überall ein, und mischen Sie überall mit, schließlich wissen Sie, wie es schneller, leichter und besser geht. Und so lautet das Fundament Ihrer Überlastung: »Sie sind verantwortlich. Sie sind zuständig. Sie können die Aufgaben am besten erledigen. Zweifeln Sie nicht daran.«

2. Schritt: Machen Sie alles selbst. Klar, Sie könnten die Kekse auch im Laden kaufen, aber Sie backen sie lieber selbst. Das ist doch kein Aufwand. Sie könnten den niedlichen Kinderpullover dort im Schaufenster einfach kaufen, aber so einen Pullover haben Sie doch in Null Komma nichts selbst gestrickt, vielleicht abends beim Fernsehen? Sie könnten sich jemanden leisten, der Ihre Fenster putzt? Aber das Geld können Sie doch sparen und selbst die Fenster putzen. Machen Sie es sich um keinen Preis einfach und bequem.

3. Schritt: Bitten Sie niemanden um Mithilfe. Machen Sie alles allein, und delegieren Sie nichts an andere Personen. Das würde nur Gerede und womöglich auch Auseinandersetzungen mit sich bringen. Und bevor Sie sich darauf einlassen, haben Sie die Arbeit doch schon zweimal erledigt, nicht wahr? Handeln Sie nach dem Motto: »Bevor ich lange herumrede, mache ich das lieber selbst.«

4. Schritt: Machen Sie alles absolut perfekt. Sie können Ihre Überlastung noch verstärken, wenn Sie an sich selbst möglichst hohe Perfektionsanforderungen stellen. Einfach etwas erledigen reicht nicht aus. Die Kartoffeln werden nicht etwa einfach geschält, sondern in eine hübsche, ovale Form gebracht. Und Kalkflecken im Badezimmer müssen täglich restlos entfernt werden, und nur Sie wissen, mit welchem Mittel das am besten hinzukriegen ist. Nur Sie wissen, wie man den Fotokopierer in der Firma am schonendsten behandelt. Alle anderen würden das wahrscheinlich viel schlechter machen als Sie. Halten Sie unbedingt an Ihren Standards und Normen fest, und lassen Sie die anderen nicht ran.

5. Schritt: Reden Sie nicht über Ihre Leistungen. Die anderen sollen von selbst merken, wie viel Sie getan haben. Am besten Sie erwarten heimlich, dass die anderen es Ihnen eines Tages danken werden. Die anderen haben Ihre Leistungen nicht bemerkt? Machen Sie sich nichts daraus! Erledigen Sie weiterhin diese Arbeiten. Nur wenn Sie es selbst machen, haben Sie eine Garantie dafür, dass alles wirklich gut und gründlich erledigt wird. Jetzt ist der entscheidende Schritt getan, mit dem Sie aus einer einmaligen Aktion eine dauerhafte Belastung machen können.

6. Schritt: Klagen und jammern Sie ruhig. Beschweren Sie sich in gewissen Abständen darüber, dass Sie so viel zu tun haben, dass Sie keine Zeit für sich haben und alle ständig etwas von Ihnen wollen. Das regelmäßige Klagen über Ihre Belastungen gehört durchaus zum Überlastungsprogramm dazu. Da es nur Worte sind, denen keine Taten folgen, werden sie von Ihren Mitmenschen auch recht gut verkraftet.

Sie schmunzeln vielleicht und haben sich bei dem einen oder anderen Schritt zur Überlastung vielleicht auch wiedererkannt. Wir selbst sind es, die für eine Überforderung sorgen. Andere mögen vielleicht die Arbeiten und Probleme an uns herantragen, aber ob wir überlastet sind, liegt an uns. Wir sind es, die nicht Nein sagen. Wir sind es, die das Problem an sich reißen, meist mit den Worten: »Einer muss es ja tun.« Wir selbst sind es, die viel zu hohe Ansprüche an uns haben. Wir wollen alles möglichst perfekt machen. Wir wollen eine perfekte Mutter sein, eine perfekte Mitarbeiterin, eine perfekte Partnerin, eine perfekte Freundin. Wir wollen dabei noch gut aussehen und immer charmant sein. Uns fällt es so ungeheuer schwer, einfach zu sagen: »Nein, jetzt ist es genug!«

Denken Sie zuerst einmal an sich selbst

Nachdem wir uns jetzt genauer angesehen haben, wie die Überlastung zustande kommt, lassen Sie uns nun dazu übergehen, wie Sie sich künftig vor Überlastung schützen können.

Packen Sie nicht gleich alles an, was herumliegt
Springen Sie nicht gleich auf, wenn gefragt wird, ob noch Kaffee da ist. Lernen Sie es, die Spannung auszuhalten, die entsteht, wenn Sie nicht sofort handeln.

Überlegen Sie, ob Sie die Arbeit, die andere an Sie herantragen, auch bewältigen wollen und können. Bevor Sie zupacken, stoppen Sie sich und fragen sie sich selbst:

– Ist es wichtig, dass ausgerechnet *ich* das tue?
– Kann das auch jemand anderes tun? Wenn ja, wer wäre das?
– Was könnte im schlimmsten Fall passieren, wenn ich es nicht tue?

Laden Sie sich nicht mehr auf, als Sie realistischerweise auch schaffen können. Hören Sie auf, Ihre Tüchtigkeit durch übermäßige Verpflichtungen beweisen zu wollen. Durch den ständigen Zeitdruck erschöpfen Sie sich nur selbst.

Gewöhnen Sie es sich an, nur eine Aufgabe zur Zeit zu erledigen, und zwar Schritt für Schritt. Geben Sie sich dabei für jeden einzelnen Schritt mehr Zeit, als Sie normalerweise brauchen würden. Entwickeln Sie für sich eine genussvolle Langsamkeit.

Achten Sie auf regelmäßige Pausen
Legen Sie eine Ruhepause ein, *bevor* Sie erschöpft und ausgelaugt sind. Das gilt besonders dann, wenn Sie unter Zeitdruck stehen oder viel zu tun haben. Machen Sie während der Arbeit, im Beruf oder zu Hause immer wieder kleinere Verschnaufpausen. Achten Sie darauf, dass Sie sich dabei auch wirklich entspannen. Eine Pause, die Sie mit Telefonanrufen, Einkäufen oder Aufräumarbeiten ausfüllen, ist keine Erholungspause, sondern nur ein Wechsel von einer Tätigkeit zur nächsten. Pausemachen heißt, dass Sie sich um sich selbst kümmern und Ihren eigenen Erholungsbedürfnissen nachkommen. Vielleicht möchten Sie sich entspannen und sich eine Weile einfach hängen lassen. Oder Sie merken, dass Sie sich bewegen möchten, nachdem Sie lange gesessen haben. Sorgen Sie dafür, dass Sie wirklich abschalten können. Ziehen Sie sich zurück, atmen Sie ein paarmal tief ein und aus, machen Sie auch mal die Augen zu und entspannen Sie Ihre Gesichtszüge.

Bauen Sie Ihren Perfektionsdrang ab
Zweifellos gibt es Arbeiten, die es wert sind, dass Sie sie so gut wie möglich erledigen. Aber es gibt auch Arbeiten, die Sie so einigermaßen erledigen können. *Setzen Sie Prioritäten.* Trennen Sie Wichtiges von Unwichtigem. Hören Sie auf, ständig und überall Ihr Bestes geben zu wollen. Bei vielen Arbeiten genügt Ihr Zweit- oder Drittbestes vollkommen. Sie tun einfach, was zu tun ist, und machen dann einen Punkt.

Sorgen Sie für Ihre eigene Unterstützung und Entlastung
Hören Sie auf, alle Arbeiten allein machen zu wollen. Selbst dann, wenn Sie alles allein bewältigen können, ist es vollkommen in Ordnung, dass Sie um Hilfe bitten. Unterstützung anzufordern heißt nicht, dass Sie unfähig oder hilflos sind. Es ist vielmehr ein Beweis dafür, dass Sie Ihre Kräfte richtig einteilen können. Eine Unterstützung beim Putzen und Waschen zu Hause verschafft Ihnen mehr Zeit für sich selbst oder für den Kontakt mit anderen Menschen. Und falls es Ihre finanziellen Mittel erlauben, dann nehmen Sie ruhig professionelle Dienstleistungen in Anspruch, wie beispielsweise Fensterputzer, Haushaltshilfen, Schneidereien, Wäschereien usw. Überlegen Sie, ob Sie in Ihrer Berufsarbeit einige Routinearbeiten an andere delegieren oder mit anderen teilen können. Wenn Sie nicht mehr alles selber machen wollen, dann werden Sie damit konfrontiert, dass andere Leute die Arbeiten anders machen als Sie. Es kann sein, dass andere nicht ganz so schnell sind wie Sie. Vielleicht braucht die Kollegin zehn Minuten, bis sie die Akte selbst gefunden hat, die Sie mit einem Handgriff in zwei Sekunden herausgezogen hätten. Vielleicht sind andere nicht so gründlich wie Sie. Ihr Mann lässt beim Staubsaugen womöglich grundsätzlich die Ecke hinter der Tür und die Fläche unter dem Sofa aus. Wenn Sie das nicht mitansehen können, dann schauen Sie einfach weg. *Es ist vollkommen in Ordnung, wenn Sie es sich so leicht und bequem wie möglich machen.* Sie müssen keine Opfer bringen.

Bleiben wir ruhig bei dem Fall, dass Sie Lasten umverteilen und abgeben, dass Sie deutlicher Ihre Grenze ziehen. Aber wie ist es mit den Arbeiten, zu denen Sie früher einmal Ja gesagt haben oder die Sie einfach übernommen haben?

Manche Frauen glauben nicht, dass sie diese Belastungen jemals wieder rückgängig machen können. Für sie heißt es: Einmal Ja gesagt bedeutet für immer zugestimmt. Aber auch einmal übernommene Aufgaben und Tätigkeiten lassen sich neu verteilen. Oft höre ich, dass hier Frauen vorschnell abblocken und sagen, dass das nicht gehen würde, dass dies unmöglich zu organisieren sei. Das kann natürlich im Einzelfall tatsächlich sein. Aber oft verbieten es sich die Frauen selbst, sich um ihre Entlastung zu kümmern. Sie glauben, sie wären egoistisch, wenn sie Zeit für sich selbst haben wollen. Klar, es wird vielleicht nicht einfach sein, aber es ist möglich, Entscheidungen und Gewohnheiten zu verändern, auch wenn diese bereits seit Jahren bestehen. Dazu gibt es hier eine Selbstbehauptungsstrategie.

SELBSTBEHAUPTUNGS-
STRATEGIE: **Anleitung zur Lastenumverteilung**

1. Gehen Sie in Gedanken einmal Ihren privaten und Ihren beruflichen Alltag durch. Erstellen Sie eine Liste von allen kleinen und großen Aufgaben, die im Laufe der Zeit bei Ihnen hängen geblieben sind, die aber ebenso jemand anderer erledigen könnte.
2. Fangen Sie mit einem Punkt auf Ihrer Liste an. Gehen Sie in Ihre persönliche Muthaltung und sagen Sie den Menschen in Ihrer Umgebung (in Ihrem Beruf oder zu Hause), dass Sie für diese eine Angelegenheit in Zukunft nicht mehr zur Verfügung stehen, und erklären Sie ihnen den Hintergrund für diese Entscheidung. Achten Sie darauf, dass Sie mit Ihrem sachbezogenen Selbst das Gespräch führen. Sprechen Sie dabei ruhig und bestimmt. Vermeiden Sie es, in einen vorwurfsvollen, anklagenden oder jammernden Tonfall zu verfallen.
3. Machen Sie deutlich, dass Sie bereit sind, über gemeinsame Lösungen zu verhandeln, aber zeigen Sie auch, wo Ihre Grenzen sind. Lassen Sie nicht zu, dass nach dem Gespräch wieder alles bei Ihnen hängen bleibt.
4. Ihre Mitmenschen werden darüber vielleicht nicht gerade begeistert sein. Rechnen Sie mit mürrischen Reaktionen, wenn Sie Ihre

Lastenumverteilungspläne ankündigen. Wappnen Sie sich innerlich, und stellen Sie sich auf eine angespannte Gesprächsatmosphäre ein. Bleiben Sie beharrlich bei Ihren Veränderungswünschen, bis Sie deutlich merken, dass Sie tatsächlich entlastet werden.
5. Es kann sein, dass Ihre Mitmenschen die umverteilte Arbeit nicht so geschickt, rationell und ordentlich erledigen, wie Sie das bisher gemacht haben. Machen Sie Abstriche von Ihren Standards und Normen. Fangen Sie an zu akzeptieren, dass es verschiedene Arten gibt, eine Angelegenheit zu erledigen oder eine Arbeit zu verrichten.
6. Greifen Sie nicht gleich ein, wenn etwas schief geht. Kultivieren Sie vielmehr eine Haltung der freundlichen Nichteinmischung. Sie brauchen viel Toleranz und Schulterzucken, wenn Sie mitansehen, wie Ihre Mitmenschen neue Erfahrungen mit den Arbeiten sammeln, die Sie bisher erledigt haben. Geben Sie ruhig Ihre Tipps weiter, wenn Sie danach gefragt werden. Falls es aber Pannen und Turbulenzen gibt, dann springen Sie nicht gleich auf und reißen das Ruder wieder an sich. Es reicht vollkommen aus, wenn Sie ein zuversichtliches »Es-wird-schon-klappen« ausstrahlen.
7. Legen Sie sich einen unerschütterlichen Optimismus zu. Gehen Sie einfach davon aus, dass Kinder, Ehepartner, Vorgesetzte, Kollegen und andere Mitmenschen lernfähig sind.

Was passiert, wenn Frauen auf ihre Überlastung aufmerksam werden und aufhören, sich um alles möglichst perfekt zu kümmern? Nun, ich kann Ihnen hier ein paar Erfahrungen und Erkenntnisse von Frauen, die das getan haben, weitergeben. Zunächst brauchten diese Frauen viel Mut, um mit der alten Vorschrift »Ich bin für alles zuständig, und alles muss perfekt sein« zu brechen. Eine Teilnehmerin aus einem Selbstbehauptungstraining schrieb mir dazu einen Brief:

»Ich lernte langsam mehr und mehr, Nein zu sagen und nicht gleich alles an mich zu reißen. Ich vereinbarte mit meinem Mann und meinen Kindern, dass ich zumindest am Wochenende nicht mehr kochen musste. Es kostete mich allerdings ganz schön Kraft zuzusehen, wie mein Mann und meine Kinder am Wochenende das Mittagessen kochten. Ich konnte kaum mitansehen, wie sie in den Küchenschränken wühlten und die Gewürze suchten. Mein Mann machte eine dicke, braune Soße im Topf, und ich sah, wie etwas von der Soße beim Rühren auf den Herd und den Fußboden spritzte. Es fiel mir sehr schwer, zu sehen, wie sie meine Küche in ein Schlachtfeld verwandelten. Aber zum Glück war das Aufräumen und Saubermachen der Küche auch ihre Sache. Ich ging ins Wohnzimmer und machte die Tür zu, damit ich die Flüche, die meine Tochter beim Gemüseschneiden ausstieß, nicht mehr hörte. Da saß ich nun im Wohnzimmer und wusste nichts mit mir anzufangen. Endlich hatte ich Zeit für mich, aber ich kam mir vollkommen überflüssig vor. Mir gingen zwei Gedanken immer wieder durch den Kopf: »Die brauchen dich nicht« und: »Die ruinieren meine Küche.« Ich war kurz davor, in die Küche zu gehen und zu sagen, dass ich mithelfen wollte. Doch ich konnte mich gerade noch bremsen. Daran habe ich erkannt, dass ich nicht ohne Beschäftigung sein kann. Ich glaube, ich muss nun das Nichtstun wieder lernen.«

Eine andere Frau berichtete mir in einer Beratungssitzung, wie es gelang, sich am Arbeitsplatz besser abzugrenzen: »Nach dem Selbstbehauptungstraining war ich voller Elan. Mit diesem Schwung bin ich gleich rangegangen und habe in der Firma klarer meine Grenzen gezogen. Ich bin ja früher immer eingesprungen, wenn es irgendwo brannte. Immer war ich der Notnagel, wenn irgendwo etwas schief ging. Das hat sich geändert. Nun bin ich in der Firma nicht länger der große Kummerkasten, wo alle ihre Sorgen ablegen können. Ich habe jetzt auch nicht mehr ein »Büro der offenen Tür«, wo jeder andauernd reinlatschen und mir seine Probleme auf den Schreibtisch legen kann. Morgens habe ich jetzt eine Stunde eingerichtet, wo meine Bürotür definitiv zu ist und wo ich in Ruhe die Sachen erledigen will, die wirklich wichtig sind. Da darf mich im Notfall nur die Chefin stören, aber selbst die nimmt darauf Rücksicht. Als ich das erste Mal meine Bürotür zugemacht habe, hatte ich ein furchtbar schlechtes Gewissen. Ich habe gesagt, dass ich nicht gestört werden will. Erstaunlicherweise haben die Kollegen nur genickt. Aber mir war schon mulmig zumute. Ich dachte: »Jetzt bist du nicht mehr hilfsbereit. Jetzt bist du unkollegial. So richtig fies und selbstsüchtig.« Ich weiß, das sind blöde Gedanken. Aber ich hatte zu Anfang richtige Schuldgefühle, nur weil ich eine Stunde ungestört arbeiten wollte.«

Das schlechte Gewissen

Wenn Sie anfangen, Tätigkeiten abzugeben, umzuverteilen oder nur noch mittelmäßig zu machen, kann es sein, dass bei Ihnen ein schlechtes Gewissen oder Schuldgefühle auftauchen. Lassen Sie uns ein wenig erforschen, wie ein schlechtes Gewissen oder Schuldgefühle entstehen. Nun, zuallererst tragen unser innerer Kritiker und unser innerer Antreiber dazu bei. Mithilfe dieser Seelenteile setzen wir unsere Maßstäbe. Nehmen wir beispielsweise einmal die Rolle der Mutter. Mutter zu sein, also Kinder aufzuziehen, ist wie kein anderer Bereich dazu prädestiniert, Schuldgefühle und ein schlechtes Gewissen bei Frauen hervorzurufen. Hier sind die Ansprüche oft sehr hoch. Und diese hohen Ansprüche klingen dann etwa so:

Eine Frau aus einem Selbstbehauptungstraining: »Also früher dachte ich immer, als Mutter sollte man seinen Kindern nach der Schule das Mittagessen nicht in der Mikrowelle aufwärmen, das ist doch lieblos. Deshalb habe ich immer frisch gekocht. Egal wie viel ich um die Ohren hatte.«

Eine andere Teilnehmerin: »Ich bin immer ganz selbstverständlich davon ausgegangen, dass ich als Mutter, die sich um ihre Kinder kümmert, auch ein Ehrenamt in der Schule übernehmen muss. Ich habe jahrelang bei jeder Klassenfahrt und bei jedem Basar mitgearbeitet, weil ich dachte, ich wäre sonst eine gleichgültige Mutter.«

»Ich wäre früher nie auf die Idee gekommen, das Faschingskostüm für meine Kinder einfach zu kaufen, obwohl sich meine Tochter zweimal ein Kostüm aus dem Kaufhaus gewünscht hat. Nein, dachte ich, eine gute Mutter näht die Faschingskostüme für ihre Kinder selbst. Nur leider nähe ich nicht sehr gern. Und so quälte ich mich mit den Schnittmustern und ärgerte mich bis tief in die Nacht mit der Nähmaschine herum.«

Schuldgefühle entstehen, wenn wir (meistens unbewusst) eine Norm für uns zu einer persönlichen Vorschrift machen. Wir setzen uns dann mit dieser Vorschrift unter Druck. Etwa so: »Eine gute Mutter sollte auf diese oder jene Weise für ihre Kinder sorgen.« Im Detail wird die Messlatte so hoch wie möglich angelegt: »Und das Essen muss immer persönlich von der Mutter frisch gekocht sein« oder: »Das Faschingskostüm muss selbst genäht sein.«

Natürlich können wir nicht nur als Mutter ein schlechtes Gewissen bekommen. Überall dort, wo wir uns mit Vorschriften unter Druck setzen und die Messlatte so hoch legen, dass wir nicht mehr drüberkommen, schaffen wir den idealen Nährboden für ein schlechtes Gewissen. Sie wollen vielleicht umweltbewusst leben, aber Sie schaffen es nicht, Ihren Hausmüll richtig zu sortieren und fahren immer noch mit dem Auto zur Arbeit statt mit öffentlichen Verkehrsmitteln oder dem Fahrrad. Sie möchten sich gesund ernähren oder auch Diät halten und gehen doch manchmal in die Konditorei, um sich ein bis zwei Stücke von diesen herrlichen kalorienreichen, ungesunden Sahneschnitten zu kaufen und dann aufzuessen. Sie arbeiten an ihrer Bewusstseinserweiterung, wollen vielleicht auch mehr Spiritualität in Ihren Alltag bringen, aber irgendwie schaffen Sie es nicht, regelmäßig morgens und abends zu meditieren. In der Regel können wir solche Schwächen vor anderen plausibel rechtfertigen. Aber unser innerer Kritiker lässt sich nicht so leicht täuschen. Er führt uns unsere Fehler und Mängel erbarmungslos vor Augen. Wir fühlen uns innerlich schuldig, weil wir unseren eigenen Ansprüchen nicht genügen. Meist ist uns dieser innere Prozess nicht besonders bewusst, und deshalb behaupten wir gerne, die anderen hätten diese Ansprüche an uns, sie würden uns ein schlechtes Gewissen machen. Lassen Sie uns hier etwas genauer sein. Es stimmt, Ihre Kinder, Ihr Partner, Freunde, Nachbarn und Kollegen, vielleicht auch Ihre eigenen Eltern haben Erwartungen an Sie. Ihre Umgebung vertritt bestimmte Standpunkte über das, was sich gehört, was richtig und was falsch ist. Und manchmal fordern Ihre Mitmenschen ganz direkt von Ihnen ein bestimmtes Verhalten. Aber nur Sie selbst entscheiden, ob Sie diesen Erwartungen nachkommen wollen oder nicht. *Sie sind nicht auf der Welt, um nach den Erwartungen und Normen anderer Menschen zu leben.* Sie haben das Recht, sich mit den Normen, Standpunkten und Erwartungen anderer Menschen kritisch auseinander zu setzen und zu entscheiden, was Sie davon annehmen und was Sie ablehnen. Wenn Sie mit den Forderungen und Erwartungen anderer Menschen konfrontiert werden, dann können Ihnen diese Fragen weiterhelfen:

– Welche Norm oder Vorschrift wird da vertreten?
– Was wird von mir erwartet?
– Was tut mir gut?
– Was will ich selbst?

Schuldgefühle machen einen Menschen klein und leicht manipulierbar. Passen Sie deshalb auf, dass Sie im Gespräch mit anderen nicht in eine Schuldfalle tappen. Solche Fallen erkennen Sie an Worten wie:

- »Wer nur ein bisschen Grips im Hirn hat, wird doch nicht ...«
- »Wenn du mich wirklich lieben würdest, dann ...«
- »Es ist doch einfach unmöglich! Wie kann man als verantwortungsbewusste Mutter nur ...«
- »Das gehört sich so für eine gute Mutter.«
- »So was tut eine Tochter, die ihre Eltern liebt, doch nicht.«
- »Eine Ehefrau, die ihren Mann liebt, würde niemals ...«
- »Wer nur ein bisschen Mitgefühl hat, kann doch nicht ...«
- »Entsetzlich! Wie kann man nur ...«

Solche Redewendungen deuten fast immer darauf hin, dass hier unausgesprochene Erwartungen, Normen und Vorschriften im Spiel sind und dass es um Schuld und Beschuldigungen geht. Also seien Sie auf der Hut, wenn andere Ihnen gegenüber solche oder ähnliche Formulierungen gebrauchen, und seien Sie vorsichtig, wenn Sie zu solchen Worten greifen und andere anklagen. Denn Frauen, die sehr unter Schuldgefühlen leiden, sind häufig schnell bereit, den »Schwarzen Peter« anderen unterzuschieben.

Die einfachste Art und Weise, um Schuldgefühle abzubauen, besteht darin, die Vorschriften und Erwartungen anderer Menschen auch bei ihnen zu lassen und nicht zu versuchen, es den anderen automatisch recht zu machen. Fangen Sie bei sich an, ganz bewusst Ihre eigenen Vorschriften zu reduzieren und die Messlatte ein Stück tiefer zu legen, damit Sie nicht an Ihren zu hohen Ansprüchen scheitern.

Selbst wenn Sie anderen geschadet oder einen Fehler gemacht haben, heißt das nicht, dass Sie zwangsläufig mit Schuldgefühlen »bezahlen« müssen. Lernen Sie aus Ihren Fehlern, entschuldigen Sie sich und machen Sie den Schaden, soweit es geht, wieder gut. Aber ersparen Sie sich irgendwelche Schuldkomplexe. Sie werden kein besserer Mensch dadurch.

Schauen Sie wenn möglich auch hinter Ihre Schuldgefühle. Vielleicht fühlen Sie sich schnell schuldig, weil in Ihnen noch eine ganze Reihe alter Vorschriften aus Ihrer Kindheit aktiv ist. Vorschriften darüber, was »ein liebes, anständiges Mädchen tut, und was es nicht tun darf« oder um wen Sie sich kümmern müssen und wem Sie noch etwas schuldig sind. Nicht selten sitzt hinter den Schuldgefühlen eine große Portion Ärger. Der Ärger darüber, nicht einfach so angenommen und geliebt zu werden, wie man in Wirklichkeit ist. Der Zorn darüber, irgendwelche vergangenen (heimlichen) Verpflichtungen abtragen zu müssen. Und Ihr Ärger kann eine wichtige Hilfe sein, um sich aus dem Knäuel der Schuldgefühle zu befreien. Er zeigt Ihnen, wo Sie an sich selbst vorbeileben, wo Sie immer noch an fesselnde Vorschriften gebunden sind.

Wenn Sie Lasten umverteilen und Ihre Messlatte ein Stück tiefer legen, kann es durchaus sein, dass Ihre Mitmenschen Ihnen dazu nicht nur gratulieren. Es kann sein, dass andere enttäuscht von Ihnen sind oder ärgerlich auf Sie reagieren. Vielleicht ernten Sie auch Kritik und Missbilligung. Wie werden Sie damit fertig? Können Sie mit der Kritik und Missbilligung von anderen selbstsicher umgehen?

»Hilfe, ich werde kritisiert!«

»Ich mag es nicht, wenn Kollegen oder Vorgesetzte an meiner Arbeit herumkritisieren. Wenn ich negative Äußerungen über meine Leistung höre, dann denke ich sofort ›Jetzt bist du unten durch.‹ Ich denke dann gleich, dass ich auf der ganzen Linie total versagt habe. Nur die allerkleinste Kritik an meiner Arbeit, und ich krieg mich tagelang nicht mehr ein. Ich muss ständig darüber nachdenken und bin wirklich deprimiert.« Viele Frauen haben große Angst davor, dass sie von anderen kritisiert werden könnten. Lassen Sie uns kurz näher beleuchten, wie es dazu kommen kann. Die meisten von uns haben in ihrer Kindheit eine ganz zentrale Botschaft mitbekommen, die mit einem Satz so zusammengefasst werden kann: Du bist das, was du leistest. Das wird Kindern nicht direkt gesagt. Es wird ihnen vielmehr indirekt vermittelt durch die ganze Art, wie sie erzogen werden. Da werden Kinder von den Eltern oder Lehrern besonders gelobt und besonders beachtet, angelächelt, in den Arm genommen, wenn sie viel geleistet haben, zum Beispiel gute Noten nach Hause gebracht haben, ein schönes Bild gemalt haben oder sich mit einer Sache besondere Mühe gegeben haben. Zugleich werden sie weniger wertgeschätzt oder sogar ausgeschimpft, wenn sie Fehler machen. So gibt es in der Erziehung schon früh eine Verknüpfung zwischen Leistung und Liebe. Und das Kind lernt schnell: Ich bekomme so viel Liebe, wie ich auch leiste. Wenn ich nichts leiste oder wenn ich Fehler mache, bekomme ich auch weniger Liebe und Anerkennung. Diese Kernbotschaft, mit der viele von uns groß geworden sind, ist uns in Fleisch und Blut übergegangen. Und so kommt es, dass heute die meisten Menschen ihr Selbstwertgefühl automatisch mit dem verbinden, was sie leisten. Sie glauben, eine wertvolle, tüchtige Person zu sein, wenn sie gute Leistungen bringen und wenig Fehler machen. Umgekehrt glauben viele Menschen tief in ihrem Inneren, sie wären eine minderwertige, schlechte oder eine nicht ganz so gute Person, wenn sie Fehler machen. Weil Leistung und Selbstwertgefühl so eng miteinander verknüpft wurden, trifft die Kritik oder Missbilligung von anderen oft tief ins Innere unserer Seele.

»Komme ich bei den anderen an?«

Zu der Angst vor Kritik gehört auch eine Überempfindlichkeit, mit der viele Frauen auf Missbilligung von anderen reagieren. Ein Beispiel dazu stammt von Marianne, ebenfalls eine Teilnehmerin aus dem Selbstbehauptungstraining. Marianne richtete den achtzehnten Geburtstag ihrer Tochter aus. Es gab ein großes Familienfest. »Ich habe alles getan, damit es ein schönes Fest wird«, erzählte Marianne. »Ich habe mir überlegt, eine lange Tafel einzurichten, an der alle Verwandten und Freunde unserer Familie Platz haben konnten. Oben, an der Stirnseite der Tafel, sollte meine Tochter sitzen. Ich hatte mir eine besondere Tischdekoration überlegt und in gewissen Abständen überall Blumengestecke aufgestellt, die ich am Tag zuvor selbst gemacht hatte. Das sah sehr hübsch aus. Als wir nun anfingen zu essen, wurden die Schalen mit Gemüse und Fleisch auf den Tisch gebracht, und allmählich wurde es eng auf dem Tisch. Plötzlich sagte eine Verwandte laut: ›Kann nicht mal jemand dieses Blumenzeug hier vom Tisch nehmen, damit wir hier mehr Platz haben?‹ Dieser Satz hat mich unglaublich getroffen. ›Dieses Blumenzeug‹, wie sie es nannte, waren die Gestecke, an denen ich lange gearbeitet hatte. Ich war echt niedergeschlagen. Wie konnte nur jemand dazu ›Blumenzeug‹ sagen?« Marianne hat ihr Selbstwertgefühl stark mit ihrer Leistung verknüpft, und zwar besonders damit, ob ihre Leistung von anderen anerkannt wird. Menschen wie Marianne achten besonders darauf, wie andere Menschen auf sie und ihre Leistungen reagieren. Sie liegen fast ständig innerlich auf der Lauer und überprüfen im Kontakt mit anderen immer wieder die Frage: »Komme ich bei anderen an?« oder: »Wird das, was ich getan habe, von anderen akzeptiert oder nicht?« Dieses Auf-der-Lauer-Liegen führt aber dazu, dass jede kleine schräge oder blöde Bemerkung, die vielleicht nur ganz nebenbei ausgesprochen wurde, sofort das ganze Selbstwertgefühl bedroht. Menschen, die in dieser Weise auf der Lauer liegen, beziehen die Meinungen von anderen sofort auf sich selbst. Nehmen wir dazu noch einmal das Beispiel von Marianne: Eine der anwesenden Verwandten sagt:

»Kann mal jemand dieses Blumenzeug hier vom Tisch nehmen?« Nun, das ist zunächst eine Aussage dieser Verwandten über sich selbst. Sie findet es im Moment viel praktischer, dass die Blumengestecke vom Tisch heruntergenommen werden. Da sie die Gestecke »Blumenzeug« nennt, können wir vermuten, dass diese Verwandte nicht viel von solchen Dekorationen hält. Im Grunde ist das ihre Angelegenheit, es ist ihre persönliche Meinung. Es hat nichts damit zu tun, dass die Dekoration für Marianne schön ist. Wer sein Selbstwertgefühl mit der eigenen Leistung verbindet, neigt meist dazu, sich jeden Schuh anzuziehen, den andere ihm vor die Füße werfen.

Lassen Sie mich diese Überempfindlichkeit noch an einem anderen Beispiel verdeutlichen. Die Teilnehmerin eines Selbstbehauptungstrainings erzählte eine Begebenheit, bei der ihr klar wurde, wie sehr sie selbst auf der Lauer liegt und die Verhaltensweisen von anderen sofort auf sich bezieht. Sie berichtete, dass sie eines Morgens in die Firma kam und ihre Kollegin grußlos an ihr vorüberging. Diese Frau schilderte, was ihr damals durch den Kopf ging: »Als ich sah, dass meine Kollegin mich überhaupt nicht anschaute und mich nicht grüßte, habe ich sofort gedacht: ›Die mag mich jetzt nicht mehr.‹ Wahrscheinlich habe ich irgendeinen Fehler gemacht, und sie grollt mir jetzt. Aber ich weiß gar nicht, was ich falsch gemacht habe. Ich habe sehr lange überlegt, was am Tag zuvor vorgefallen war und ob ich irgendetwas gesagt hatte, was nicht in Ordnung war, und ob es am Vortag schon Anzeichen dafür gab, dass sie ärgerlich auf mich war. Den ganzen Vormittag gingen mir diese Gedanken durch den Kopf.«

Wir alle kennen solche Situationen, in denen wir das Verhalten eines Menschen nur auf uns selbst beziehen. Es kommt uns gar nicht in den Sinn, dass die andere Person möglicherweise ganz gedankenverloren war, dass ihr Verhalten nichts mit uns zu tun hat. Vielleicht wollte die Kollegin eilig aufs WC gehen, womöglich hatte sie den Kopf voll mit Erinnerungen an den vorherigen Abend oder sie bereitete sich innerlich auf eine Gehaltsverhandlung mit dem Chef vor.

Sie selbst bestimmen, welche Kritik Sie annehmen wollen

Bemerkenswert und bezeichnend für solche Situationen ist es, dass diese Frau sich einen Vormittag lang den Kopf darüber zerbricht, was sie wohl falsch gemacht haben könnte, statt einfach hinzugehen und die Kollegin direkt darauf anzusprechen. Häufig haben Frauen eine große Scheu davor, andere Menschen direkt auf mögliche eigene Fehler anzusprechen. Die meisten von uns haben nie einen konstruktiven Umgang mit den eigenen Fehlern und Schwächen gelernt. Aber wie könnte eine selbstsichere, konstruktive Einstellung zum Thema »Fehler machen« und »Kritik aufnehmen« denn aussehen? Lassen Sie mich Ihnen hier drei Merksätze an die Hand geben:

- Fehler zu machen gehört zur eigenen Entwicklung.
- Kritik kann Ihnen bei Ihrer persönlichen Entwicklung helfen.
- Sie selbst bestimmen, welche Kritik Sie annehmen wollen.

Fehler zu machen gehört zur eigenen Entwicklung
Nur wenn Sie ganz und gar darauf verzichten, in Ihrem Leben etwas Neues anzufangen, dann werden Sie scheinbar fehlerfrei über die Runden kommen. Scheinbar deshalb, weil das Blockieren Ihrer eigenen Entwicklung Ihr größter Fehler wäre. Wenn Sie sich also etwas Neues zutrauen oder andere Arbeits- und Lebensbereiche für sich einnehmen, dann werden Sie auch Fehler machen. Fehler sind, ebenso

wie Erfolge, eine Begleiterscheinung Ihrer Entwicklung. Nur wo nichts geschieht, werden auch keine Fehler gemacht. Ein Fehler ist nur ein Hinweis darauf, was nicht funktioniert oder dass ein anderer Weg besser wäre. Manche Fehlerquellen sind leicht zu finden. Aber komplexe Aufgaben lassen sich auf unterschiedliche Arten lösen. Ob Sie dabei einen Fehler gemacht haben, kommt auf den Maßstab an, den Sie selbst oder andere Menschen gesetzt haben. Ändern sich die Maßstäbe, so kann aus einem Falsch ein Richtig werden oder umgekehrt. Der wichtigste neue Maßstab, den Sie an sich selbst und Ihre Arbeit anlegen können, ist der, dass Fehler vorkommen dürfen und dass Sie aus Ihren Fehlern lernen können.

Kritik kann Ihnen bei Ihrer persönlichen Entwicklung helfen
Tatsächlich kann die Kritik von anderen Menschen ein wertvoller Schatz für Sie sein. Kritik kann Ihnen ein Bild über Ihr Können und Ihre Leistung vermitteln. Kritik kann Ihnen neue Impulse geben und Sie anspornen. Ohne Kritik vonseiten anderer hätten wir keine Rückmeldung über unser Handeln. Wir würden sehr oft in unserer eigenen Einschätzung verharren. Wenn Sie also Menschen kennen, die die Kunst der Kritik beherrschen, dann können Sie sich gratulieren.

Sie selbst bestimmen, welche Kritik Sie annehmen wollen
Es gibt einige Menschen, die sind gar nicht darauf aus, mit Ihnen ein ernsthaftes Kritikgespräch zu führen. Das sind oft Leute, die bei Ihnen nur ihren eigenen Ärger und ihre Frustrationen loswerden wollen. Diese Menschen suchen sich oft irgendeinen Aufhänger, um dann loszuschimpfen oder herumzunörgeln. Sie erkennen solche Nörgler/innen oft daran, dass Sie ihnen nichts recht machen können und dass

diese Menschen eine Nörgelei nach der anderen loslassen. Kaum haben Sie einen Punkt geklärt – schon kommt der nächste. Ein weiteres Kennzeichen ist jegliches Fehlen von Lob und Anerkennung. Nörgler/innen stürzen sich ausschließlich auf das Negative, das Fehlende, das Unvollkommene. Alles das, was gut ist und was prima funktioniert, erwähnen diese Leute grundsätzlich nicht. Mit solchen Menschen ist es sehr schwer, ein konstruktives Gespräch zu führen. Manchmal ist es besser, einem Nörgler oder einer Nörglerin mit einem gleichgültigen Schulterzucken zu begegnen, statt sich die Schimpfereien zu sehr zu Herzen zu nehmen.

Aber gehen Sie zugleich auch davon aus, dass nicht alle Menschen die Kunst der aufbauenden Kritik beherrschen. Deshalb ist es wichtig, herauszuhören, ob hinter einer groben Kritik oder einer blöden Bemerkung wertvolle Anregungen bzw. Verbesserungsvorschläge stecken. Manchmal kleiden Menschen nützliche Hinweise oder Korrekturen in einen Vorwurf oder eine Stichelei ein. Das hört sich dann so an: »Herrje, was haben Sie sich da wieder geleistet?!« oder: »Da hast du wohl völlig gepennt, was?« Einige verpacken so ihre Enttäuschung oder Wut. Aber Sie können dieses Packpapier beiseite legen und hören, ob da noch etwas Sachliches zum Vorschein kommt, etwas, was Ihnen weiterhelfen kann.

Letztendlich sind Sie es, die entscheidet, ob eine Kritik für Sie berechtigt ist oder nicht. Die nachfolgende Selbstbehauptungsstrategie gibt Ihnen ein paar Anhaltspunkte, wie Sie selbstsicher und gelassen mit der Kritik und Missbilligung von anderen umgehen können.

SELBSTBEHAUPTUNGS-
STRATEGIE: **Kritik selbstsicher aufnehmen**

1. Lassen Sie nicht zu, dass Ihnen die Kritik von Dritten zugetragen wird oder dass Sie nur »hintenherum« erfahren, was andere an Ihnen auszusetzen haben. Stellen Sie denjenigen, der Sie kritisiert, direkt zur Rede.
2. Bestimmen Sie mit, wann und wo das Kritikgespräch stattfinden soll. Achten Sie darauf, dass der Rahmen für Sie stimmt. Meistens ist es sinnvoll, ein Kritikgespräch nicht zwischen Tür und Angel zu führen, sondern in Ruhe und unter vier Augen.
3. Nehmen Sie sofort zu Beginn des Gespräches Ihre Muthaltung ein. Hören Sie sich die Kritik aufmerksam an, ohne sich gleich zu verteidigen oder sich zu rechtfertigen. Erlauben Sie Ihrem Gegenüber zunächst das rauszulassen, was er oder sie auf dem Herzen hat.
4. Halten Sie eine innerliche Distanz zu dem, was gesagt wird und wie es gesagt wird. Prüfen Sie zunächst die Frage: Ist an der Kritik etwas dran? Mit welchem Maßstab werden Sie oder Ihr Verhalten hier gemessen?
   Bitte bedenken Sie, dass die Entscheidung, ob Sie eine Kritik als solche akzeptieren, bei Ihnen liegt. Selbst dann, wenn Sie eine Kritik für gerechtfertigt halten, müssen Sie sich noch lange nicht ändern. Sie haben das Recht, selbst zu entscheiden, ob Sie das, was Ihnen als Kritik vorgehalten wird, auch ändern möchten.
5. Wenn Sie eine Kritik für richtig und wichtig halten, dann ist es notwendig, dass Sie genau über den betreffenden Kritikpunkt informiert werden. Da viele Menschen es nicht gelernt haben, konstruktiv und präzise zu kritisieren, ist es wichtig, dass Sie genau nachfragen, welches konkrete Verhalten oder welcher Sachverhalt hier jetzt gemeint ist. Dadurch erhalten Sie die Informationen, die es Ihnen ermöglichen, etwas zu verändern oder zu verbessern. Genaues Nachfragen hilft Ihnen, auch Vorwürfe, Angriffe und andere Unfreundlichkeiten vom Sachgehalt der Kritik zu trennen.

6. Wenn Sie wollen, erklären Sie jetzt Ihre Sicht der Dinge. Sie müssen das nicht tun. Sie können die Kritik auch nehmen, sich dafür bedanken und dann tun, was Sie für richtig halten. Aber vielleicht liegt Ihnen oder Ihrem Gegenüber etwas daran, dass auch Ihre Meinung auf den Tisch kommt. Teilen Sie anschließend Ihrem/Ihrer Gesprächspartner/in mit, was Sie überdenken, verändern, verbessern, tun oder lassen wollen.
7. Schließen Sie das Gespräch mit einer Bilanz. Fassen Sie zusammen, was Sie von der Kritik des anderen verstanden haben und was für Sie dabei wichtig und bedenkenswert ist.

Tratsch und Klatsch: Versteckte Kritik von hintenherum

Manchmal erfahren wir die Kritik überhaupt nicht persönlich von der/dem Kritiker/in, sondern über dritte Personen. Wie zum Beispiel im Fall von Sabine. Sie leitete gemeinsam mit einer Kollegin, ich nenne sie hier einfach Uschi, eine Vorschulgruppe im Kindergarten. Dass Uschi manchmal nicht ganz einverstanden war mit der Arbeit von Sabine, erfuhren zunächst andere Kolleginnen im Kindergarten. Sabine hörte davon erst, als eine andere Mitarbeiterin ihr »im Vertrauen« davon erzählte. Sabine tat daraufhin das Richtige. Sie sprach Uschi direkt an. Die beiden konnten in dem Gespräch dann einige wichtige Punkte für ihre Zusammenarbeit klären. Wenn es um Kritik geht, die einem über Dritte zugetragen wird, geht die Sache nicht immer so gut aus. Diese Form der versteckten Kritik kann leicht zu einer Intrige führen.

Wenn Sie ein Opfer solcher Kritik sind, dann ist es zunächst wichtig, herauszufinden, wer der/die eigentliche Kritiker/in ist. Wird Ihnen die Kritik von einer dritten Person zugetragen, dann fragen Sie diesen »Zuträger«, wer dahintersteckt. Falls derjenige sich weigert, den Namen des eigentlichen Kritikers zu sagen, dann kann es sein, dass der eigentliche Kritiker direkt vor Ihnen steht. Hier tut vielleicht jemand nur so, als würde er oder sie Ihnen die Kritik weiterreichen. In Wirklichkeit bringt Ihr Gesprächspartner seine eigene Kritik hervor. Wenn Sie diesen Verdacht haben, dann sprechen Sie den Betreffenden direkt darauf an. Fragen Sie nach, ob er oder sie selbst auch diese Kritik an Ihnen hat, und laden Sie diese Person dann zu einem Gespräch unter vier Augen ein.

Falls Ihr Informant alles abstreitet und selbst gar keine Kritik an Ihnen hat, dann war das Ganze wahrscheinlich nur ein Testballon, um zu prüfen, ob und wie sehr Sie sich aufregen und darauf einsteigen. Bitten Sie darum, in Zukunft von solchen Tratschereien verschont zu werden.

Ansonsten ist es wichtig, dass Sie so einer Klatsch- und Intrigenkultur rechtzeitig den Riegel vorschieben. Wenn ich in Firmen oder Behörden ein Konflikttraining durchführe, dann gebe ich den Teilnehmenden folgende Hinweise, um rechtzeitig dagegen vorzubeugen:

- Bitten Sie darum, dass Ihnen eine mögliche Kritik direkt gesagt wird.
- Sprechen Sie nicht abfällig oder kritisch über Personen, die nicht anwesend sind.
- Wenn Sie Kritik an jemandem haben, dann sagen Sie es dem oder der Betreffenden direkt.
- Tragen Sie nichts Negatives, was Sie über jemanden erfahren haben, weiter.
- Wenn Sie hören, dass jemand etwas Negatives über eine dritte, abwesende Person erzählt, dann sagen Sie über diese Person etwas Positives.
- Sorgen Sie dafür, dass Unstimmigkeiten und Konflikte nicht unter den Teppich gekehrt werden, sondern offen angesprochen werden.

Darüber hinaus ist es in Firmen und Behörden vor allem auch die Aufgabe der Führungskräfte, einer möglichen Intrigenkultur den Nährboden zu entziehen. Aber gerade dort, wo ein so genanntes Mobbingproblem besteht, hat die Leitungsebene meist ihren Teil dazu beigetragen. Führungskräfte machen dabei zwei ganz typische Fehler:

Die Gerüchteküche anheizen: Es werden Gerüchte über anstehende Strukturveränderungen, Zusammenlegungen von Abteilungen, Auflösung von Außenstellen oder ähnlichem in die Welt gesetzt, ohne dass die Mitarbeiter/innen jemanden haben, der ihnen ganz konkret Rede und Antwort steht. Das führt dazu, dass die Fantasie der Einzelnen wahre Purzelbäume schlägt. Fehlende Informationen werden durch Horrorvisionen ersetzt. Und da sich Negatives in Windeseile verbreitet, haben sich diese »Nachrichten« schnell herumgesprochen. Und natürlich werden dabei auch Namen genannt. Wer, wo mit wem in Zukunft was machen wird. Wer aufsteigt und wer auf der Strecke bleibt, an wessen Stuhl gesägt wird und wer mit wem plötzlich befreundet ist, obwohl die sich vorher nicht leiden konnten. Klare Informationen könnten das Ganze im Zaum halten, aber genau die sind in einer Gerüchteküche äußerst knapp.

Mitarbeitermotivation durch Angst: Auf breiter Front werden durch Kündigungen oder Versetzungen die Personalkosten reduziert bzw. umverteilt. Die Betroffenen wissen davon, sind aber nicht darüber informiert, wen es genau betrifft. Die Leitungsebene hält sich bewusst bedeckt, weil sie dem Irrglauben aufsitzt, eine gewisse Angst würde die Mitarbeiter/innen zusätzlich anspornen und zu Höchstleistungen motivieren. Das Betriebsklima verschlechtert sich, und nur der Intrigenumsatz nimmt zu.

Je offener und direkter die Beteiligten miteinander reden, desto weniger Chancen hat der Tratsch von hintenherum. Der konstruktive Umgang mit Kritik kann sehr dazu beitragen, dass Intrigen und Mobbing bereits im Keim erstickt werden. Bisher haben wir uns damit beschäftigt, wie Sie selbstsicher mit der Kritik von anderen umgehen können. Lassen Sie uns nun dazu kommen, wie Sie Ihrerseits anderen Menschen sagen können, was Ihnen nicht gefällt, wie Sie also Ihre Kritik anbringen können.

So können Sie andere kritisieren, ohne sie zu verletzen

In einem Selbstbehauptungstraining waren wir gerade beim Thema »Andere kritisieren«. Ich erläuterte die Kritikregeln, und wir spielten typische Kritikgespräche durch. Das ganze Seminar verlief an dieser Stelle vollkommen reibungslos. Für mich persönlich fast zu reibungslos. Als wir mit dem Thema »Kritik« fertig waren, hatte ich irgendwie das Gefühl, dass noch etwas fehlte, oder vielleicht war auch bei den Teilnehmerinnen irgendetwas noch unklar. Ich fragte die Gruppe, ob sie mit dem Thema »Kritik« soweit zufrieden war. Eine Teilnehmerin fing etwas zaghaft an zu reden: »Nun ja, im Großen und Ganzen ist das vollkommen in Ordnung, was Sie uns da über konstruktive Kritik erzählt haben. Im Grunde weiß ich ja, wie ich andere korrekt und konstruktiv kritisieren kann. Das ist nicht mein Problem. Mein Problem ist vielmehr, dass ich gar nicht dazu komme, andere Menschen richtig zu kritisieren.« Ich wurde hellhörig und fragte zurück: »Warum kommen Sie nicht dazu?« Die Teilnehmerin antwortete: »Wissen Sie, wenn mein Mann, die Kinder oder auch Kollegen sich einen groben Schnitzer mir gegenüber erlauben oder auch nur einfach etwas falsch machen, dann bin ich meist sofort eingeschnappt. Und wenn ich erst mal so richtig eingeschnappt bin, dann ziehe ich mich von den anderen zurück und schmolle manchmal tagelang vor mich hin.« Eine andere Teilnehmerin nickte dazu und erzählte von sich: »Wissen Sie, das ist bei mir im Grunde genauso. Nur, dass ich mich nicht zurückziehe, sondern bei mir ist es eher das Gegenteil. Ich brause sofort auf. Wenn mir etwas nicht passt oder mir etwas gegen den Strich läuft, dann werde ich so ärgerlich, dass es aus ist. Ich kann dann kein vernünftiges Gespräch mehr führen. Ich poltere und wüte dann nur noch.« Viele Teilnehmerinnen aus dem Training kannten bei sich selbst Verhaltensweisen, in die sie immer wieder automatisch reinrutschen, wenn sie sich von anderen falsch behandelt, übergangen oder verletzt fühlten. Dort, wo es eigentlich wichtig gewesen wäre, das Gegenüber präzise und konstruktiv zu kritisieren, zeigten Sie ein Verhalten, mit dem sie ein klärendes Gespräch verhinderten. Das Hinderliche bei diesen Verhaltensweisen war der Automatismus, mit dem sie reagierten. Sie hatten das Gefühl, sie hätten sich nicht richtig im Griff. Wie kommt es dazu?

Einschnappen oder ausrasten: Wenn der innere Kritiker Amok läuft

Wenn andere etwas falsch machen, ist meist unser inneres Kind verletzt, und es ist der innere Kritiker, der darauf anspringt. Er ist der Teil unserer Seele, der höchst kritisch ist und deshalb auch schnell bemerkt, wenn jemand einen Fehler macht. Tatsächlich kann der innere Kritiker förmlich ausrasten, wenn etwas falsch läuft. Lassen Sie mich das einmal an dem Beispiel von Hannelore erklären.

Hannelore nahm an einem Selbstbehauptungstraining teil und erzählte Folgendes: »Mein Mann und ich haben einen kleinen Sohn von zwei Jahren. Es hat sich so eingebürgert, dass ich freitags mit meiner Freundin zum Sport gehe und dass an diesem Tag mein Mann dann etwas früher als sonst aus dem Büro nach Hause kommt. Er macht dann dem Kleinen das Abendbrot und bringt ihn ins Bett. An einem Freitag kam mein Mann nicht zur verabredeten Zeit nach Hause. Ich saß da, meine Sporttasche war gepackt, und ich wartete, aber er kam nicht. Ich hab mir sofort Sorgen gemacht, schließlich hätte er ja einen Unfall haben können oder ähnliches. Meine Freundin ist dann schon mal vorgegangen zum Sport, und ich saß immer noch da und wartete. Ich rief in der Firma an, und da hieß es, er sei bei einem Kunden!

Ich war sprachlos. Mein Mann kam dann irgendwann, eine Stunde später. Ich hatte dem Kleinen bereits das Abendbrot gemacht und ihn ins Bett gebracht. Für den Sport war es natürlich zu spät. Ich war ziemlich sauer. Hätte er nicht einfach anrufen können, damit ich wenigstens gewusst hätte, was los war? Ich knallte ihm das Abendessen vor die Nase und redete nicht mehr mit ihm. Und ich redete auch das ganze Wochenende nicht mehr mit ihm. Mit meinem Schweigen wollte ich ihn verletzen und bestrafen. Er sollte gefälligst einsehen, dass er mich übergangen und hängen gelassen hatte.« Ich fragte Hannelore, wie es ihr damit ging, als sie ihrem Mann gegenüber schwieg. Sie antwortete: »Oh, ich will das eigentlich gar nicht. Ich finde diese eisige Stimmung selbst ganz fürchterlich. Als Kind habe ich das gehasst. Meine Mutter hat manchmal eine Woche lang nichts gesagt, wenn sie auf einen von uns böse war. Auch wenn meine Eltern untereinander Schwierigkeiten hatten, gab es selten Lärm. Meistens sprachen die beiden einfach lange Zeit nicht miteinander. Das war viel schlimmer als ein lauter Streit.« Sehr häufig stammen die Reaktionen auf die Fehler anderer Menschen von unserem inneren Kritiker und dem inneren Kind. Beide haben sich die Konfliktmuster angeeignet, die wir in unserer Kindheit erlebten. Vielleicht wurde damals in der Familie viel gemeckert und genörgelt. Oder es wurde gleich losgebrüllt, wenn etwas danebenging. Viele dieser Konfliktmuster sind in unserem

Alltag nicht besonders tauglich, um damit andere Menschen respektvoll und wirksam zu kritisieren. Deshalb ist es wichtig, dass wir die automatischen Reaktionen unseres inneren Kritikers kennen lernen und sie gegebenenfalls auch stoppen können. Hannelore erforschte ihr Bestrafung-durch-Schweigen-Muster und fand heraus, wodurch es ausgelöst wurde. Sie merkte, dass der innere Kritiker bestimmte Gedanken vorausschickte wie: »Ich lass ihn links liegen und selbst, wenn er mit mir redet, dann prallt er gegen eine Mauer. Damit er mal merkt, wie das ist – so hängen gelassen zu werden.« Hannelore lernte sich bei solchen oder ähnlichen Gedanken zu stoppen. Sie merkte, dass sich bei ihr innerlich ein Muster abspulte. Statt zu schweigen, ging sie nun direkt auf ihren Mann zu und sagte ihm, was sie bei sich bemerkte. Sie fing also ein Gespräch an, statt sich weiter in das Nichtssagen hineinzusteigern. Dies hört sich so einfach an, aber Hannelore brauchte über ein Jahr, um diese Veränderung bei sich zu bewirken. Sie sagte dazu: »Mein Mann hat mich dabei sehr unterstützt. Wir hatten verabredet, dass er mir erst einmal zuhört, wenn ich mit ihm rede. Es ging gar nicht darum, dass er auch gleich was sagte, es war nur wichtig, dass ich aus dem Einschnappen herauskam. Wenn ich dann dieses Muster unterbrochen hatte, konnte ich ihm auch zuhören. Vorher ging gar nichts.«

Mir ist es an dieser Stelle wichtig, zu erläutern, dass das Schweigen an sich nicht falsch ist. Aber wie bei Hannelore benutzen viele Menschen ein gewohnheitsmäßiges, automatisches Verhaltensschema im Konfliktfall. Ein Automatismus, in den die Betreffenden hineinrutschen, scheinbar ohne eine Wahl zu haben. Lassen Sie uns noch einmal etwas genauer festhalten, wie solche automatisierten Verhaltensweisen verändert werden können. Dazu eignen sich die vier nachfolgenden Schritte.

1. Schritt: Wie sieht das Verhalten aus?
Nehmen Sie sich Zeit, und erforschen Sie die Reaktion, die Sie in Zukunft nicht mehr so automatisch ablaufen lassen möchten. Untersuchen Sie dieses Verhalten bei sich, aber nicht mit Ihrem inneren Kritiker, denn der wird Sie dafür wahrscheinlich kritisieren. Nehmen Sie Ihr liebevolles Selbst, und schreiben Sie genau auf, wie und wann Sie so handeln. Beschreiben Sie das möglichst genau und präzise. Vielleicht ist es hilfreich, wenn Sie sich dabei vorstellen, ich wollte Ihr Verhalten übernehmen und nachmachen. Dafür brauche ich sehr präzise Anweisungen von Ihnen. Wie ist die Körpersprache, wie ist die Stimme, was sagen Sie genau und welche Gedanken gehen Ihnen durch den Kopf?

2. Schritt: Stellen Sie fest, wodurch Ihre Reaktion ausgelöst wird
Was muss passieren, damit Sie sich automatisch so verhalten? Wie muss sich jemand verhalten, damit Sie so reagieren? Und welche inneren Auslöser gibt es? Was denken Sie, sagen Sie zu sich selbst? Welche Gefühle entstehen in Ihnen? Seien Sie bitte sehr genau, was den inneren Auslöser betrifft. Wenn Sie sich nicht genau erinnern können, was in einem solchen Fall in Ihnen vor sich geht, dann bleibt Ihnen nichts anders übrig, als auf eine neue Gelegenheit zu warten. Falls Sie wieder in ein automatisches Verhalten hineinrutschen, verlangsamen Sie sich und versuchen Sie festzustellen, was Sie denken und was Sie innerlich zu sich selbst sagen.

3. Schritt: Ihr inneres Warnsignal
Entwickeln Sie eine Sensibilität für den Beginn einer solchen automatischen Reaktion. Wenn Sie wissen, wie Sie sich innerlich in dieses Verhaltensmuster hineinsteigern, dann können Sie bei sich so eine Art Frühalarm installieren. Betrachten Sie Ihre Gedanken, die dem vorausgehen, als eine Art Warnsignal.

4. Schritt: Halten Sie inne und stoppen Sie den weiteren Ablauf
Wie können Sie sich selbst stoppen? Verändern Sie Ihre Körperhaltung, unterbrechen Sie sich bei dem, was Sie gerade tun. Wenn Sie gerade stehen, dann gehen Sie weg, wenn Sie sitzen, dann stehen Sie auf, wenn sie etwas tun, dann stoppen Sie diese Tätigkeit. Stellen Sie sich vor, Sie säßen oben auf einer glatten Rutsche und drohen herunterzurutschen, was Sie aber nicht wollen. Sie werden einiges an Kraft und Geschicklichkeit brauchen, um ihr Abrutschen zu stoppen und um da wegzukommen. Manche Frauen, die bei mir im Training waren, fangen an, im kritischen Moment in die Hände zu klatschen oder ein Lied zu singen, andere atmen ein paarmal tief durch. Es ist nicht wichtig, ob das, was Sie tun, vernünftig aussieht oder einen klugen Eindruck macht. Es geht darum, die Rutschpartie gleich zu Beginn zu stoppen. Probieren Sie aus, womit Sie sich nachhaltig stoppen können. Übrigens: Alkohol, Tabletten und andere Drogen helfen nicht. Sie werden dadurch nicht ein Stück bewusster und freier, sondern lediglich abhängig.

Bei all dem ist es wichtig, dass Sie mit sich selbst Geduld haben. Automatische Reaktionen sind über Jahre entstanden und verschwinden nicht von heute auf morgen. Lassen Sie sich Zeit. Sorgen Sie dafür, dass Ihr innerer Antreiber Sie dabei nicht zusätzlich unter Druck setzt. Solche eingefahrenen und gewohnheitsmäßigen Verhaltensmuster können Sie leichter verändern, wenn Sie für sich ein besseres Konflikt- und Kritikverhalten gefunden haben. Wie Sie in einem Konflikt ein klärendes Gespräch führen können, beschreibe ich im nächsten Kapitel. Hier geht es zunächst darum, was in einem Kritikgespräch sinnvoll ist und was nicht.

Die häufigsten Fehler beim Kritikgespräch – und wie es besser geht

Viele Kritikgespräche in unserem Alltag verlaufen ungünstig, weil in der Kommunikation immer wieder bestimmte Schwachstellen auftreten. Die Schwierigkeiten, die dabei am häufigsten zutage treten, habe ich hier aufgelistet:

Mit der Kritik wird zu lange gewartet, und dann wird alles, was sich aufgestaut hat, auf einmal über den anderen ausgeschüttet.

Beispiele dafür:

- »Sag mal, bist du es eigentlich, der im Badezimmer immer die offene Zahnpastatube liegen lässt? Natürlich bist du das. Und was ich dir auch immer mal sagen wollte: Du lässt andauernd deine Klamotten dort liegen, wo du sie ausgezogen hast. Und die Garage wolltest du schon seit einem halben Jahr aufräumen, und bis heute ist da immer noch ein schreckliches Durcheinander.«
- »Sie haben mich nicht darüber informiert, dass Sie zu einer Fortbildung fahren. Wissen Sie, das ist damals im Jahr 1988 und dann 1990 im Herbst und 1992 im Mai ja auch passiert. Damals hab' ich nichts gesagt. Aber jetzt geht das doch zu weit.«

Wenn Sie einen Kübel von Vorwürfen und Anschuldigungen über den anderen ausschütten, dann ist das die beste Garantie dafür, dass Ihr Gegenüber dicht macht und in eine Abwehrhaltung geht.

So geht's besser:

Führen Sie das Kritikgespräch immer nur um *ein* konkretes Thema oder *einen* konkreten Vorfall. Wenn Sie mehr als einen Kritikpunkt haben, dann führen Sie um jeden Punkt ein neues Gespräch. Zum Beispiel:

- »Ich möchte mit dir kurz über die offene Zahnpastatube reden.«
- »Ich bin gar nicht darüber informiert, dass Sie in der kommenden Woche auf einer Fortbildung sind. Können wir darüber einmal reden?«

Die Kritik wird sehr allgemein und pauschal ausgedrückt

Beispiele dafür:

- »Sie sind nie in Ihrem Büro.«
- »Immer haust du ab, wenn ich mit dir reden will.«
- »Du bist andauernd schlecht gelaunt. Soll das nun ewig so weitergehen?«

Solche Verallgemeinerungen wie »immer«, »andauernd«, »nie«, »ewig« stimmen meist nicht. Wenn jemand drei- oder zehnmal zu spät gekommen ist, dann ist der oder die Betreffende eben drei- oder zehnmal zu spät gekommen. Wenn es aber heißt: »immer zu spät gekommen«, dann wirkt diese Übertreibung wie ein direkter Angriff.

So geht's besser:

Beschreiben Sie präzise und genau, was Sie im Einzelnen stört. Zum Beispiel:

- »Ich habe Sie gestern fünfmal zu den verschiedensten Tageszeiten angerufen, aber sie waren für mich nicht erreichbar.«
- »Gestern wollte ich mit dir reden, da hattest du keine Zeit. Heute Morgen hab ich es wieder versucht, und das hat auch nicht geklappt.«
- »Die letzten dreimal, die wir uns getroffen haben, sah es für mich so aus, als ob du schlechte Laune hättest.«

Eigene Vermutungen und Interpretationen werden als Fakten dargestellt

Beispiele dafür:

- »Ihnen liegt überhaupt nichts daran, mit mir zusammenzuarbeiten.«
- »Du kannst mir doch gleich sagen, dass du nicht mit auf die Party willst.«

Wenn Sie Kritik üben, dann ist es wichtig, dass Sie Ihre Vermutung auch als solche klar kennzeichnen und nicht so tun, als wäre das, was Sie sich ausdenken, eine Tatsache. Was Ihr Gegenüber mit seinem oder ihrem Verhalten bezweckt, welche Hintergründe er oder sie dafür hat, können Sie nicht wissen, bevor der oder die Betreffende es Ihnen nicht selbst gesagt hat.

So geht's besser:

Machen Sie Ihre Vermutungen und Spekulationen als solche auch deutlich. Zum Beispiel:

- »Ich vermute, dass Sie wenig Interesse an einer gemeinsamen Zusammenarbeit mit mir haben.«
- »Ich denke mir, dass du nicht mit auf die Party willst.« Oder:
- »Ich versteh dein Verhalten so, dass du nicht mit auf die Party willst.«

Eigene Gefühle werden in Form eines Angriffs oder Vorwurfs ausgedrückt

Beispiele dafür:

- »Sie sind ja so etwas von unzuverlässig! Und ich hab gedacht, ich kann mich auf Sie verlassen.«
- »Dein Zimmer ist ein einziger Saustall. Räum endlich auf!«

- »Du kannst mal wieder nicht halten, was du versprichst. Du hast gesagt, wir haben das Wochenende für uns, und jetzt versuchst du wieder zu kneifen.«

Gefühle gehören in ein Kritikgespräch hinein. Aber trennen Sie das Ausdrücken von Gefühlen vom Ausagieren der Gefühle. Das Ausagieren ist das einfache Herauslassen der Gefühle wie brüllen, herumwüten, mit der Faust auf den Tisch hauen. Dieses Ausagieren der Gefühle wirkt auf den oder die andere(n) oft bedrohlich. Wenn Sie brüllen oder toben, dann kann Ihr Gegenüber Ihnen meist nicht mehr richtig zuhören. Deshalb kann es sehr sinnvoll sein, dass Sie mit dem Kritikgespräch warten, bis Sie nicht mehr so unter Dampf stehen.

So geht's besser:

Drücken Sie Ihre Gefühle in Worten aus. Machen Sie Ihre Enttäuschung, Ihre Verletzung oder Ihren Ärger deutlich, indem Sie Ihre Gefühle benennen. Sprechen Sie dabei in der Ich-Form, beispielsweise so:

- »Ich bin fest davon ausgegangen, dass Sie den Termin einhalten. Ich bin enttäuscht darüber, dass Sie sich nicht an unsere Absprachen gehalten haben.«
- »Ich ärgere mich über die Unordnung in deinem Zimmer.«
- »Ich habe fest damit gerechnet, dass wir das Wochenende für uns haben und bin jetzt traurig darüber, dass das nichts wird.«

Bei der nachfolgenden Selbstbehauptungsstrategie ist es wichtig, dass Sie das Kritikgespräch möglichst nicht durch Ihren inneren Kritiker führen. Er ist zwar der Seelenteil, der Fehler und Mängel bei anderen (und auch bei Ihnen selbst) sofort bemerkt, aber er eignet sich nicht besonders für das Kritikgespräch. Wenn Sie aus der Warte Ihres inneren Kritikers das Kritikgespräch führen, laufen Sie Gefahr, Ihrem Gegenüber entweder eine Strafpredigt zu halten oder einen jammernden Ton anzuschlagen. Für ein gutes, konstruktives Kritikgespräch ist Ihr sachbezogenes Selbst geeigneter. Diesem Seelenteil geht es in erster Linie um die Sache. Wenn Sie aus Ihrem sachbezogenen Seelenteil heraus sprechen, klingt Ihre Stimme automatisch neutral. Ihr Gegenüber wird sich nicht so angeklagt oder bestraft fühlen.

SELBSTBEHAUPTUNGS-
STRATEGIE: **Wie Sie andere Menschen kritisieren können, ohne sie zu verletzen**

1. Lassen Sie nicht zu, dass sich bei Ihnen über längere Zeit Kritikpunkte ansammeln. Warten Sie nicht zu lange mit Ihrer Kritik.
2. Suchen Sie sich einen günstigen Zeitpunkt und einen passenden Ort für das Kritikgespräch. In vielen Fällen ist es sinnvoll, das Gespräch nicht vor anderen, sondern unter vier Augen zu führen.
3. Sprechen Sie nur einen Kritikpunkt zur Zeit an. Bitte überschütten Sie den anderen nicht mit allem, was sich bei Ihnen aufgestaut hat.
4. Führen Sie das, was Sie kritisieren, genau aus. Beschreiben Sie konkretes Verhalten und dessen Ergebnis.
5. Ihr Gesprächspartner kann Ihre Kritik besser annehmen, wenn Sie
   - keine pauschalen Vorwürfe machen,
   - Ihre Mutmaßungen und Spekulationen nicht als Tatsachen ausgeben,
   - Ihren Ärger oder Ihre Enttäuschung direkt ausdrücken, also darüber in der Ich-Form sprechen.
6. Sagen Sie deutlich, welche Maßstäbe, Kriterien und Richtlinien Sie haben. Lassen Sie Ihr Gegenüber wissen, nach welchen Standards Sie Verhalten und Leistungen beurteilen.
7. Halten Sie keine langen Monologe. Geben Sie Ihrem Gegenüber die Möglichkeit, auch seine/ihre Ansichten darzustellen.

8. Versuchen Sie nach Möglichkeit, auch positive Aspekte anzusprechen. Sagen Sie auch, was Sie am Verhalten oder an der Leistung Ihres Gegenübers gut finden, womit Sie übereinstimmen oder worüber Sie sich freuen.
9. Suchen Sie am Ende des Gespräches nach Lösungen für die Zukunft:
   - Fragen Sie Ihren Gesprächspartner nach einem konkreten Vorschlag, und treffen Sie eine gemeinsame Vereinbarung oder
   - machen Sie selbst einen Vorschlag, und äußern Sie eine konkrete Bitte.

Das Ziel eines Kritikgespräches ist die Verbesserung der Situation, und nicht die Zuweisung von Schuld. Es geht *nicht* darum, dass Sie gewinnen und obenauf sind, während Ihr Gegenüber zerknirscht einen Fehler zugibt oder die Schuld auf sich nimmt. Ein konstruktives Kritikgespräch dreht sich darum, wie in Zukunft besser zusammengearbeitet oder -gelebt werden kann.

Wie Sie Ihren Chef kritisieren können

Ich werde in den Selbstbehauptungstrainings immer wieder gefragt, ob Mitarbeiter/innen auch Vorgesetzte kritisieren sollen. Ich denke ja. Aber ich weiß auch, dass das in der Praxis manchmal ein großes Problem ist. Ich möchte das an einem Beispiel aus einem gemischten Kommunikationstraining verdeutlichen.

Kurz bevor ich mit dem Schreiben dieses Kapitels angefangen habe, war ich in einer Firma, um dort eines von mehreren Kommunikationstrainings für die Mitarbeiter/innen durchzuführen. Die Trainings werden dort abteilungsweise durchgeführt, das heißt, es sind immer alle Mitarbeiter/innen einer Abteilung zusammen. Die letzte Abteilung, die ich dort trainierte, war ein eindrucksvolles Beispiel dafür, was fehlende Kritik am Vorgesetzten anrichten kann. Ich fange meine Seminare und Trainings nicht mit einer Kommunikationstheorie an oder mit dem Ideal, wie gute Kommunikation sein sollte, sondern ich beginne mit dem, was konkret vor Ort los ist. Es geht um die Schwierigkeiten und Probleme, mit denen sich die Leute, die vor mir sitzen, Tag für Tag herumschlagen. Diese Mitarbeiter/innen schilderten mir ihr größtes Kommunikationsproblem. Die Abteilung beschäftigte sich mit der Konstruktion von Anlagen und stand mit ihrer Arbeit gewissermaßen zwischen der Entwicklungs- und Forschungsabteilung und der Produktion. Eine schnelle, direkte Kommunikation mit diesen beiden Abteilungen war enorm wichtig. Das Handikap war der Vorgesetzte. Er führte seine Abteilung nach der alten Feldherren-Mentalität: Er war der Boss, der Oberste, derjenige, der das Sagen hat. Alles hatte gefälligst über ihn zu laufen. Er praktizierte die so genannte »Laufburschen-Delegation«: Er sagte jedem Untergebenen haargenau, was er oder sie zu tun hatte. Er selbst verteilte die Aufgaben, ordnete an, überprüfte die Ergebnisse. Aber genau damit behinderte er eine schnelle und reibungslose Kooperation mit anderen Abteilungen. Eine Mitarbeiterin drückte das so aus: »Unser Chef ist eigentlich mehr eine Behinderung als eine Erleichterung für uns. Alles muss über ihn laufen, und meistens stauen sich die Informationen bei ihm. Er gibt nämlich nur das weiter, was er für notwendig hält. Dabei kannte er sich überhaupt nicht in jedem Projekt aus. Deshalb müssen wir hier in der Abteilung meist hintenherum mit den Kollegen aus den anderen Abteilungen reden, damit die Sache überhaupt vorangeht.« Tatsächlich hatten die Mitarbeiter/innen dieser Abteilung im Laufe der Jahre eine ausgeklügelte Chef-Umgehungsstrategie entwickelt. Sie hatten informelle Kommunikationswege mit anderen Abteilungen gefunden, um, wie sie sagten, »überhaupt etwas in einem vernünftigen Zeitrahmen hinzukriegen«. Auf der anderen Seite wurde natürlich auch dem Chef klar, dass etwas hinter seinem Rücken gedeichselt wurde. Zwei Leute aus der Abteilung waren damit beschäftigt, den Chef zu »behandeln«, wie sie es nannten. Diese beiden versorgten ihn mit Informationen, fertigten Kopien an, hielten ihn auf dem Laufenden, sorgten dafür, dass die Ideen der anderen so aussahen, als seien es seine eigenen. Ich hörte den Chef-Umgehungsstrategien interessiert zu und fing an, das Ganze auf einem großen Stück Papier zu skizzieren.

Am Ende hatte ich eine große Grafik erstellt mit all den informellen Wegen und Maßnahmen, mit denen die Mitarbeiter/innen der Abteilung dafür sorgten, dass sie ihre Arbeit reibungslos tun konnten. Die Strategien, mit denen der Chef umgangen wurde, kamen mir vor wie Wasser, das um ein Hindernis herumfloss, um dahinter ungestört seinen Weg fortzusetzen. Deshalb fragte ich die Mitarbeiter/innen: »Glauben Sie, dass Ihr Vorgesetzter unnötig oder überflüssig ist?« Die Antworten fielen unterschiedlich aus. »Ja, wenn er so weiterarbeitet wie bisher, dann stört er mehr, als er uns nützt«, sagte ein Mitarbeiter. »Wissen Sie, unser Chef ist nicht bösartig oder dumm«, antwortete eine Mitarbeiterin, »im Gegenteil, er ist ein hervorragender Techniker. Aber von Menschenführung versteht er absolut nichts. Er behandelt uns, als wäre er das Familienoberhaupt und wir seine unmündigen Kinder.« – »Es wäre nützlich, wenn er sehen würde, was wir gut ohne ihn organisieren können, und wenn er sich dort auch nicht mehr einmischen würde. Stattdessen könnte er dafür sorgen, dass wir noch einen Computerarbeitsplatz bekommen. Uns fehlt zurzeit ganz konkret ein Gerät«, sagte ein anderer Mitarbeiter. Meine nächste Frage an die Mitarbeiter/innen der Abteilung lautete: »Haben Sie das Ihrem Vorgesetzten je direkt gesagt?« Alle lachten. Eine der Mitarbeiterinnen antwortete: »Frau Berckhan, der Mann führt sich auf wie der Mafia-Pate persönlich. Wer ihn kritisiert, wird abgeschossen. Und ganz ehrlich: Die meisten von uns wollen beruflich noch weiterkommen und aufsteigen; wir haben keine Lust, uns an ihm die Finger zu verbrennen.« Ein Kopfnicken ging durch die Reihen der Anwesenden. Diese Mitarbeiter/innen waren flexibel, einfallsreich und wirklich hoch motiviert. Aber ein großer Teil der Intelligenz, Kreativität und Motivation dieser Leute wurde dafür gebraucht, den »Chef zu behandeln«, das heißt ihn geschickt zu umgehen, damit überhaupt effektiv gearbeitet werden konnte. Was für eine Verschwendung menschlicher Schöpfungskraft!

Bei dem Kommunikationstraining, das dann später auch auf der Ebene der Führungskräfte im mittleren Management durchgeführt wurde, sagte eben dieser Chef, er hätte keine Probleme mit seinen Leuten in der Abteilung. Er drückte dies mir gegenüber so aus: »Nein, Frau Berckhan, irgendwelche Kommunikationsprobleme sehe ich bei uns in der Abteilung nicht. Da läuft der Laden. Wissen Sie, ich habe meine Leute im Griff.« Ich weiß nicht, ob dieser Vorgesetzte sich selbst oder nur mir etwas vormachen wollte. Vielleicht war er tatsächlich ahnungslos, was durchaus sein kann. Wenn der Betreffende nie direkt kritisiert wird, kann bei ihm die Illusion entstehen, es würde alles prima laufen. Gerade Führungskräfte arbeiten oft in einer Art luftleerem Raum. Weder die untergebenen Mitarbeiter/innen noch die höheren Vorgesetzten geben ihnen Rückmeldungen über ihr Führungsverhalten. Und die allerwenigsten Führungskräfte gehen mit ihrer Berufsrolle so selbstbewusst um, dass sie von sich aus ihre Mitarbeiter/innen um Kritik und Verbesserungsvorschläge bitten.

Lassen Sie uns jetzt konkret zu der Frage kommen, wie Sie eine mögliche Kritik bei Ihrem Chef oder Ihrer Chefin anbringen können.

Eine der größten Barrieren bei der Kritik an einem oder einer Vorgesetzten liegt in der Hierarchie. Das Prinzip der Über- und Unterordnung funktioniert wie eine Befehlskette. Wer oben ist, hat mehr zu sagen und gibt die Weisung nach unten weiter. In der traditionellen Hierarchie ist das Weitergeben von Weisungen auf dem umgekehrten Weg nämlich von unten nach oben nicht vorgesehen. Ich halte diese traditionelle Hierarchie für äußerst problematisch und auch untauglich, wenn ich an die Anforderungen denke, die künftig an Behörden, Betriebe und andere Organisationen gestellt werden. Dennoch gibt es diese Hierarchie fast noch überall. Wenn Sie einen oder eine Vorgesetzte/n kritisieren wollen, dann prüfen Sie zunächst einmal, ob der oder die Betreffende in der Vergangenheit bereits Gesprächsbereitschaft für so etwas gezeigt hat. Hat der Chef oder die Chefin früher schon mal mit sich reden lassen? Wurden die Anregungen der Mitarbeiter/innen ernst genommen und wenigstens zum Teil umgesetzt? Wenn ja, haben Sie gute Aussichten, dass er oder sie Ihnen auch zuhört und Ihre Kritik ernst nimmt. Falls der oder die Chef/in nichts Kritisches an sich rankommen lässt oder sehr schnell abblockt, werden Sie wahrscheinlich etwas geschickter vorgehen müssen. Machen Sie nicht den Fehler, und beschweren Sie sich bei dem oder der nächsthöheren Vorgesetzten über Ihre/n Chef/in. Das sieht sehr nach einer Intrige aus. Wenn Sie, aus welchen Gründen auch immer, eine nächsthöhere Hierarchiestufe ansprechen wollen, dann informieren Sie vorher Ihre/n direkte/n Vorgesetzte/n darüber und bitten Sie ihn oder sie darum, das Gespräch mit dem/der nächsthöheren Chef/in gemeinsam zu führen.

Achten Sie bei Ihrem Kritikgespräch darauf, dass Sie den Chef oder die Chefin nicht anklagen oder mit Vorwürfen überhäufen. Besser ist es, wenn Sie sachlich den derzeitigen Ist-Zustand schildern, ohne dabei Schuld zu verteilen. Bitten Sie Ihre/n Vorgesetzte/n bei dem Problem, das Sie sachlich geschildert haben, um Hilfe. Machen Sie selbst aber auch konkrete Lösungsvorschläge. Sprechen Sie dabei nur für sich, auch wenn andere Kollegen und Kolleginnen auf Ihrer Seite stehen. Damit vermeiden Sie bei Ihrem Gegenüber den Eindruck, dass er oder sie es mit einer Verschwörung zu tun hat. Und bleiben Sie beharrlich. Es lohnt sich. Wie oft habe ich schon im Führungskräftetraining von den anwesenden Vorgesetzten solche Sätze gehört: »Meine Mitarbeiter haben das nun schon fünf- oder sechsmal bemängelt. Vielleicht ist da ja wirklich etwas dran.«

Ob im Beruf oder zu Hause – es kann natürlich sein, dass selbst die sachlichste Kritik mit der fairsten Gesprächsführung nichts nützt und dass Sie nichts damit verändern können. Lohnt sich dann überhaupt ein Kritikgespräch? Ja, ein Kritikgespräch ist nicht nur dazu da, um eine Änderung bei Ihrem Gegenüber zu veranlassen, sondern es dient auch dazu, dass Sie das Aussprechen können, was Sie auf dem Herzen haben. Deshalb empfehle ich Ihnen auch dann Ihre Kritik zu sagen, wenn Sie glauben, dass der oder die andere sich sowieso nicht ändert. Es ist an dieser Stelle wichtig, sich noch einmal vor Augen zu führen, dass wir andere Menschen sowieso nicht gegen deren Willen verändern können. Ein gutes Kritikgespräch kann lediglich eine Einladung zur Veränderung sein. Ob der oder die andere diese Einladung annimmt oder nicht, liegt nicht in unserer Macht. Das Gleiche gilt auch für Sie. Sie müssen sich auch nicht ändern, nur weil jemand Sie kritisiert.

Konflikte austragen

Ich möchte Ihnen in diesem Kapitel Hinweise geben, wie Sie einen Konflikt besser durchschauen und im Gespräch klären können. Ein zentraler Punkt ist dabei, dass wir in der Lage sind, uns über den Streit zu stellen, also eine Distanz zum Konfliktgeschehen entwickeln können. Wenn dieser Abstand fehlt, wenn wir mittendrin stecken, dann kann es leicht passieren, dass wir nur noch über eine Art Tunnelblick verfügen. Wir sehen ausschließlich die negativen Seiten der anderen Konfliktpartei und das, was uns verletzt hat. Und meist verfallen wir dann in eine automatische Reaktion hinein. Wir schlagen zurück, beenden die Beziehung, oder wir geben zu schnell nach. Etwas über dem Konflikt zu stehen, hilft uns, den Streit gleichsam von außen zu sehen. Dadurch haben wir die Chance, unseren Beitrag zum Verlauf des Konflikts zu erkennen und somit auch abzuändern. Um aber einen Streit besser zu durchschauen, brauchen wir auch die Fähigkeit, ihn überhaupt aushalten zu können. Ich stelle Ihnen in diesem Kapitel eine Strategie vor, durch die Sie eine angespannte Atmosphäre besser bewältigen können. Ich habe diese Selbstbehauptungsstrategie das »innere Schutzschild« genannt.

Konflikte oder schlechte zwischenmenschliche Beziehungen bringen es oft mit sich, dass blöde Bemerkungen fallen. Das können kleinere Sticheleien oder richtig beleidigende, verbale Angriffe sein. Viele Frauen, die bei mir in den Seminaren waren, wollten gerne souveräner und gelassener mit solchen Herabsetzungen umgehen können. Ich möchte Ihnen zeigen, wie Sie diesen kleineren oder größeren Gemeinheiten begegnen können, ohne sich dabei aufzureiben.

Dieses Kapitel endet mit dem Thema Wut. Wut ist für viele Frauen ein rotes Tuch. Nicht nur, dass viele sich scheuen, ihre Wut überhaupt zu fühlen, noch viel schwerer fällt es Frauen, ihren Ärger anderen gegenüber konstruktiv auszudrücken. Ich stelle Ihnen hier eine Selbstbehauptungsstrategie vor, die Ihnen helfen kann, Ihre Wut als eine starke Energie zu akzeptieren und zu nutzen.

Zeit zum Streit

Es gibt in unserer Gesellschaft wenig Vorbilder und Leitlinien, wie wir mit zwischenmenschlichen Konflikten gut und konstruktiv umgehen können. Dagegen kommen schlechte Vorbilder in Sachen Konfliktlösung recht häufig vor. In den Nachrichtensendungen können wir täglich mit ansehen, dass Menschen häufig nicht in der Lage sind, ihre Konflikte durch Gespräche und Verhandlungen beizulegen. Jeder Krieg zeigt uns, wie sehr die Menschheit noch an die Gewalt als Mittel der Konfliktlösung glaubt. Wir können im Fernsehen Talk-Shows sehen, in denen die Kontrahenten wortgewaltig aufeinander losgehen. Und solche Sendungen scheinen umso unterhaltsamer zu sein, je mehr die Beteiligten sich gegenseitig das Wort abschneiden und je mehr sie durch wüste Beschimpfungen in Rage geraten. Der konstruktive Umgang mit Konflikten wird uns dagegen viel seltener vorgemacht.

Die meisten Menschen lernen, wenn sie ein Auto fahren oder überhaupt am Straßenverkehr teilnehmen, wie man sich bei einem Unfall verhält. Sie lernen, dass es *nicht* ratsam ist, bei einem Zusammenstoß mit einem anderen Fahrzeug selbst wieder zurückzufahren, nur um dann mit einem größeren Anlauf noch einmal gegen das andere Fahrzeug zu knallen. Als Teilnehmer/innen am Straßenverkehr haben wir auch gelernt, dass wir bei einem Unfall nicht einfach die

Flucht ergreifen können oder so tun dürfen, als wäre nichts geschehen. Wenn es gekracht hat, ist es wichtig, den Unfallort zu sichern, dem nachfolgenden Verkehr ein Warndreieck hinzustellen, sich um die Verletzten zu kümmern, die Polizei und gegebenenfalls auch einen Krankenwagen zu holen. Viele Menschen wissen, wie sie sich bei einem Verkehrsunfall richtig verhalten können, aber ganz wenige Menschen wissen, wie sie bei einem Streit mit anderen Menschen umgehen können. Dabei sind die meisten von uns im Alltag viel häufiger in zwischenmenschliche Konflikte verwickelt als in Verkehrsunfälle. Lassen Sie mich Ihnen hier Möglichkeiten aufzeigen, wie Sie Konflikte mit anderen Menschen klären können.

Der Wunsch nach Harmonie und Eintracht

Eines der größten Probleme im Umgang mit Konflikten ist nach meinen Erfahrungen das Leugnen. Gerade Frauen neigen dazu, Konflikte zunächst unter den Teppich zu kehren. Um den Frieden zu erhalten, sind sie oft bereit, auf die Durchsetzung ihrer eigenen Interessen und Wünsche zu verzichten. Das ist manchmal auch völlig in Ordnung. Wir müssen uns nicht immer durchsetzen. Und es ist ganz gut zu wissen, wann und wem gegenüber sich das Kämpfen lohnt. Wenn aber das Nachgeben ein Dauerzustand wird, dann haben wir ein Problem. Welche Ursache steckt dahinter? Für einige Frauen sind gute Beziehungen zu anderen Menschen wichtig, weil sie daraus ihre Identität und ihr Sicherheitsgefühl ziehen. Um sich wohl zu fühlen, sorgen sie für Harmonie – zumindest in ihrer näheren Umgebung. Diese Sehnsucht nach Harmonie wirkt wie eine Streithemmung. Die Betreffende wagt es nicht von sich aus, das Verhältnis zu trüben oder zu belasten. Viele laufen lieber mit einem Kloß im Magen herum, als deutlich auszusprechen, was ihnen nicht passt. Natürlich ändert ihr Schweigen nichts an dem Missstand. Im Gegenteil – oft verschlimmert sich die Sache sogar. Kommt es später doch zum offenen Krach, bekommen viele Frauen Angst. Diese Angst führt dazu, dass sie den Streit schnell beenden wollen, statt ihn auszutragen. Da wird dann häufig viel zu schnell eingelenkt, klein beigegeben oder aufgegeben. Hauptsache, der Frieden ist wiederhergestellt und die Stimmung normalisiert sich wieder. Für diesen Frieden zahlen Frauen oftmals einen hohen Preis: Sie verzichten auf ihr Recht und auf die Durchsetzung ihrer Interessen.

Konfliktangst kann sich aber auch anders ausdrücken. Statt nachzugeben, wird schnell »Schluss gemacht«. Die Beziehung wird abgebrochen, noch bevor der Konflikt richtig ans Licht gekommen ist. Wie kommt es zu dieser Angst vor dem Streit? Ursache dafür sind meistens die schlechten Erfahrungen, die wir bereits als Kind gemacht haben. Oft war unsere Ursprungsfamilie kein gutes Vorbild für den Umgang mit Konflikten. Vielleicht erlebten wir dort, dass ein Streit meistens mit Tumult, manchmal auch mit Gewalt verbunden war. Da wurde geschrien, gedroht, mit den Türen geknallt, manchmal auch zugeschlagen. Anhand dieser Erfahrungen lernten wir, dass beim Streiten zwangsläufig Aufregung, Lärm und Schmerzen entstehen. Und wir erlebten, dass am Ende der Stärkere gewinnt, dass es Sieger und Verlierer gibt.

Manche von uns wurden in Familien groß, in denen Konflikte unterdrückt und Meinungsverschiedenheiten unter den Teppich gekehrt wurden. Niemand sprach offen aus, was wirklich los war. Es herrschte eine tödliche Stille, eine unheilvolle Spannung, die für jeden spürbar war. Möglicherweise kam es dann irgendwann zum großen Knall, bei dem vieles zu Bruch ging. Hier lautete die erlernte Lektion: Streit darf nicht vorkommen. Differenzen müssen unterdrückt werden. Und wenn der Streit doch offen ausbricht, dann endet er schrecklich.

Diese Streitmuster waren unsere ersten Vorbilder für den Umgang mit Konflikten. Wir lernten damals, wie sich Leute bei Meinungsverschiedenheiten benehmen. Falls wir uns im Laufe unseres Erwachsenenlebens nicht neue Fähigkeiten im Umgang mit Konflikten angeeignet haben, ist es gut möglich, dass diese alten Streitmuster bei uns immer noch aktiv sind. Bei Auseinandersetzungen werden wir höchstwahrscheinlich so ähnlich reagieren, wie wir es früher bei unseren Eltern und älteren Geschwistern gesehen haben. Viele dieser alten Vorbilder sind für uns heute aber nicht mehr tauglich, denn wir brauchen einen konstruktiven Umgang mit Konflikten. Dazu gehört auch, dass wir unsere innere Einstellung verändern und Auseinandersetzungen als etwas Normales betrachten und sie nicht mehr mit Schmerz und Niederlage gleichsetzen. Einen Konflikt mit einem anderen Menschen zu haben, bedeutet nichts Schlechtes, sondern zunächst nur, dass wir lebendig sind. Nur Tote haben keine Konflikte. Auseinandersetzungen gehören zum Leben wie das Ein- und Ausatmen. Vielfach weisen uns unsere Konflikte auf Veränderungen hin. Sie zeigen uns, dass es unterschiedliche Werte und Interessen gibt, und wo es nötig ist, dass wir genauer und klarer sind. Vielleicht ist es wichtig, dass wir unsere Grenzen deutlicher ziehen, dass wir deutlich sagen, was wir eigentlich möchten oder dass wir rechtzeitiger Kritik üben. Oft aber zeigen uns Konflikte auch, wo wir unsere wunden Punkte haben, an welcher Stelle wir leicht hochgehen oder besonders verletzbar sind.

Gute und friedfertige Beziehungen mit anderen Menschen entstehen nicht durch das Vermeiden von Streit, sondern durch die Fähigkeit und die Bereitschaft zur Auseinandersetzung. Dort wo Menschen zusammenleben oder zusammenarbeiten, verändern sie sich auch. Und damit kann es zu Auseinandersetzungen kommen. Wenn wir das akzeptieren, dann können wir uns nicht länger an ein unrealistisches Idealbild von ewiger Eintracht und nie endender Harmonie klammern.

Bereitschaft zum Streit heißt, mit dem Lebendigen zu rechnen, den Wandel einzubeziehen und offen dafür zu sein, dass es Schwierigkeiten untereinander geben kann. Das bedeutet, dass wir im Privatleben und im Beruf Streiten als *Bestandteil* unserer Beziehungen zu anderen Menschen verstehen.

Um Konflikte mit anderen Menschen austragen zu können, ist es wichtig, zu durchschauen, was bei einem Streit abläuft. Wie kommt es überhaupt zu einem Streit? Wodurch geraten wir in Rage? Und wie kommt es, dass sich ein Streit zuspitzen kann?

Wodurch sich Menschen gegenseitig zur Weißglut bringen

Um einen solchen Konfliktverlauf anschaulich erklären zu können, möchte ich Ihnen einen Fall aus meiner Arbeit vorstellen. Es geht dabei um einen Streit zwischen zwei Kolleginnen. Was bei diesem Konflikt ablief, war sehr typisch und kommt häufig auch bei privaten Streitereien in Freundschaften oder Liebesbeziehungen vor. Ich will Ihnen zunächst schildern, wie ich mit diesem Fall in Berührung kam: Bei einem Kommunikationstraining mit den Führungskräften einer Firma sprach mich einer der Teilnehmer in der Seminarpause an. Er war Abteilungsleiter und erzählte mir, dass in seiner Abteilung zwei »Kampfhennen« (wie er es nannte) sich schon seit einem Jahr gegenseitig attackierten. Die beiden Mitarbeiterinnen arbeiteten in einem Büroraum und kamen überhaupt nicht miteinander zurecht. Er fragte mich, ob ich in diesem Konflikt vielleicht vermitteln könnte. Nachdem ich geklärt hatte, worum es genau ging, stimmte ich zu. Um aber die Konfliktklärung tatsächlich durchführen zu können, brauchte ich noch das Einverständnis der beiden betroffenen Frauen.

Die ältere der beiden Mitarbeiterinnen, ich nenne sie hier

Frau Winter, arbeitete seit über fünfzehn Jahren in der Firma. Seit über fünf Jahren war sie allein für einen bestimmten kaufmännischen Bereich verantwortlich. Frau Winter war eine stille und ordnungsliebende Mitarbeiterin, die immer sehr darauf bedacht war, keine Fehler zu machen und sich nichts zu schulden kommen zu lassen. Hin und wieder stöhnte sie darüber, dass sie ganz allein für dieses große Aufgabengebiet zuständig sei. Aber sie hatte von ihrem Abteilungsleiter nie gefordert, entlastet zu werden oder Hilfe zu bekommen. Frau Winter hatte einen großen Büroraum für sich allein gehabt. Die Firma machte gute Umsätze und die Firmenleitung dachte daran, langfristig den Betrieb zu erweitern. Es wurden neue Arbeitskräfte eingestellt. Der schon erwähnte Abteilungsleiter machte sich bei der Firmenleitung dafür stark, dass Frau Winter eine Kollegin bekam, die sich mit ihr das Sachgebiet teilen sollte. Leider versäumte er es, sie vorher zu fragen oder die Sache mit ihr zu beratschlagen. Stattdessen bat er Frau Winter eines schönen Tages in sein Büro und eröffnete ihr, dass sie künftig eine Kollegin hätte, mit der sie sich die Arbeit teilen sollte. Der Abteilungsleiter glaubte, Frau Winter damit einen Gefallen getan zu haben. Frau Winter fühlte sich innerlich verletzt, sagte aber nichts dazu. Sie vermutete insgeheim, dass sie ausgebootet werden sollte, weil sie, wie sie glaubte, zu alt wäre. Die neue Mitarbeiterin, ich nenne sie hier Frau Junge, war dreiundzwanzig Jahre alt. Sie war von ihrer Art her spritzig und gesellig. Sie packte gerne zu und hatte viele Ideen. Insgesamt war sie in ihrem Auftreten eher das Gegenteil von Frau Winter. Aber auch Frau Junge hatte einen wunden Punkt: Sie hatte in ihrem Leben oft die Erfahrung gemacht, dass andere – meistens ältere Leute – sie nicht für »voll« nahmen. Sie kam sich oft so vor, als würden andere sie wie ein Kind behandeln. Und darauf reagierte sie äußerst allergisch. Aus diesem Grunde nahm sie sich gleich vor, so selbstständig wie möglich zu arbeiten.

Frau Junge sollte sich das Büro mit Frau Winter teilen. Und so wurde ein neuer Schreibtisch in das Büro von Frau Winter gestellt. Frau Winter sagte nichts dazu, aber als der neue Schreibtisch in ihrem Büroraum stand, fühlte sie sich noch mehr ausgebootet und an den Rand gedrängt. Nicht nur, dass sie ihre Arbeit teilen musste, nun musste sie auch noch ihr Büro, in dem sie jahrelang gerne allein gearbeitet hatte, teilen. Frau Junge kam nichtsahnend am ersten Tag ins Büro und fing auch gleich an, es sich gemütlich zu machen. Sie stellte ihre Blumentöpfe, die sie aus dem früheren Büro mitbrachte, auf die Fensterbank. Sie hängte eine paar Bilder und einen großen Wandkalender auf. Sie stellte ihr Radio auf den Aktenschrank und ihren Kaffeebecher neben die Kaffeemaschine von Frau Winter.

Frau Winter sah dem Ganzen zu, ohne ein Wort zu sagen. Für sie war es so, als würde sie Schritt für Schritt von der jüngeren Kollegin verdrängt werden. Bei der Arbeit kam es dann zu dem ersten offenen Streit zwischen den beiden. Frau Junge ging so selbstständig an die Arbeit heran, wie sie es sich vorgenommen hatte. Sie öffnete den Aktenschrank, um sich die Unterlagen anzusehen. Für Frau Winter war das so, als würde Frau Junge nun endgültig ihr Revier vereinnahmen. Deshalb reagierte Frau Winter auch etwas bissig, als Frau Junge dann am nächsten Tag einige Fragen zu den Vorgängen und Arbeitsabläufen stellte. Frau Junge hatte ihrerseits sofort den Eindruck, Frau Winter würde mit ihr von oben herab sprechen und sie nicht ernst nehmen. Darüber sprach sie aber nicht, sondern sie reagierte gegenüber Frau Winter nur schnippisch. Frau Winter hingegen fühlte sich bestätigt. Für sie lag es auf der Hand, dass die jüngere Kollegin alles an sich riss und dass sie ausgebootet wurde. Beide Frauen trafen mit ihrem Verhalten, ohne es zu wissen, jeweils bei der anderen einen wunden Punkt. Aber darüber redeten sie nicht. Stattdessen fingen beide an, ihre Stacheln auszufahren, um sich vor weiteren

Verletzungen zu schützen. Beide reagierten schroff und unfreundlich aufeinander. Jede sah das Verhalten der anderen nur noch durch eine negative Brille. Während Frau Winter beispielsweise in der Mittagspause war, klingelte das Telefon auf ihrem Schreibtisch. Frau Junge ging hin, nahm das Gespräch entgegen und machte für Frau Winter eine Notiz. Aber gerade als Frau Junge das Gespräch beendet hatte und noch dabei war, die Notiz zu schreiben, kam Frau Winter von der Mittagspause zurück. Sie sah, dass Frau Junge an ihrem Schreibtisch saß und etwas schrieb. Bei Frau Winter ging sofort innerlich der »Ich-werde-ausgebootet-Alarm« los. Jetzt war die jüngere Kollegin also schon an ihrem Schreibtisch!

Frau Winter, die sich bisher immer zusammengerissen hatte, platzte der Kragen. Sie schrie Frau Junge an, was ihr denn einfiele, sich an fremden Schreibtischen zu schaffen zu machen. Frau Junge fühlte sich natürlich absolut ungerecht behandelt. Schließlich hatte sie ja nur kollegial gehandelt und für Frau Winter ein Telefonat entgegengenommen. Und jetzt wurde sie dafür auch noch angebrüllt, als wäre sie ein kleines Kind, das etwas ausgefressen hat. Frau Junge rächte sich, indem sie mit Frau Winter nicht mehr redete, es sei denn, es war aus beruflichen Gründen unbedingt nötig. Frau Winter, die das gesamte Sachgebiet wie ihre Westentasche kannte, hörte ihrerseits auf, Frau Junge noch irgendwie bei der Arbeit zu helfen. Frau Junge, für die die Arbeit noch relativ neu war, machte hin und wieder kleine Flüchtigkeitsfehler. Bisher hatte Frau Winter das immer ausgebessert. Nun hörte sie damit auf und fing stattdessen an, die Fehler von Frau Junge zu sammeln, um sie dem Chef vorzulegen. Damit wollte sie beweisen, dass Frau Junge unfähig sei und dass sie selbst noch lange nicht zum alten Eisen gehöre. Um es kurz zu machen: Der Konflikt spitzte sich zu, und beide litten darunter. Beide hatten aufgrund des Streites mittlerweile körperliche Beschwerden. Sie klagten über

Schlaflosigkeit, Gereiztheit, Kopfschmerzen und andere nervöse Störungen. Der morgendliche Gang zur Firma war für beide ein Gräuel geworden.

Der Abteilungsleiter stand diesem Streit etwas hilflos gegenüber. Er hatte zwei Gespräche mit beiden geführt und versucht, den Konflikt, wie er sagte, »sachlich und ohne Emotionen« zu lösen. Das hat nicht geklappt. Da er sich nicht mehr zu helfen wusste, hatte er in einem letzten Gespräch beiden »ins Gewissen geredet« und sie aufgefordert, sich zusammenzureißen und endlich vernünftig zu werden. Er hatte auch durchblicken lassen, dass er zu härteren Maßnahmen greifen werde, wenn es zwischen beiden keinen Frieden gäbe.

Später schildere ich, was ich getan habe, um diesen Konflikt zwischen den beiden Frauen zu klären. Lassen Sie uns zunächst dieses Beispiel nehmen und einmal analysieren, wodurch sich ein Konflikt zuspitzen kann.

Der Konflikt wird zunächst unter den Teppich gekehrt
Viele Menschen glauben, dass ein Konflikt, der nicht beachtet wird, sich mit der Zeit von selbst auflöst. Das stimmt meistens nicht. Wir können durchs Leugnen oder Wegschauen ein Problem bestenfalls zeitweise unterdrücken. Aber oft reicht schon ein kleiner Anstoß, und es taucht mit aller Macht wieder auf. Verdrängen funktioniert nicht, jedenfalls nicht auf längere Sicht.

Lange bevor der Konflikt zwischen Frau Junge und Frau Winter richtig offen ausbrach, wussten beide, dass etwas nicht stimmt. Beide fühlten, dass die Atmosphäre zwischen ihnen spannungsgeladen war. Aber sie gestanden sich ihr Unbehagen nicht ein. Sie bemühten sich, nach außen hin so zu tun, als wenn nichts los wäre. Tatsächlich lagen sie aber innerlich auf der Lauer. Sie beobachteten einander kritisch, waren misstrauisch und redeten nicht mehr frei und unbefangen miteinander. Jede der beiden hatte ein ungutes

Gefühl, aber keine sprach es aus. Der Konflikt wurde geleugnet.

Gegensätze, die sich abstoßen

An dem Beispiel von Frau Junge und Frau Winter lässt sich gut erkennen, dass die beiden in bestimmten Punkten gegensätzliche Charaktere sind. Frau Junge ist nach außen hin eine fröhlich unbekümmerte, oft auch übersprudelnde Mitarbeiterin. Sie will gerne Sachen verändern und ist dem Neuen gegenüber sehr aufgeschlossen. Frau Junge hat auch ganz gerne viel »Aktion« um sich herum. Sie ist immer in Bewegung und steht auch gern im Mittelpunkt. Frau Winter hingegen ist fast das Gegenteil davon. Sie ist ein ernster, stiller Typ und achtet sehr darauf, dass alles übersichtlich ist. Sie arbeitet ganz gern allein und hasst es, wenn jemand ihre Ordnung durcheinander bringt.

Gegensätzliche Charaktere müssen sich nicht unbedingt abstoßen, der Satz »Gegensätze ziehen sich an« stimmt auch. Oft verlieben sich Menschen ineinander, die im Partner oder in der Partnerin genau das finden, was ihnen fehlt. Da verliebt sich ein stiller, in sich gekehrter Mann in eine lebhafte Frau, die viele Freunde hat und gerne ausgeht. Er liebt an ihr das, was ihm scheinbar fehlt, die Geselligkeit und das Lebhafte. Und Sie liebt an ihm, was ihr scheinbar fehlt, die innere Ruhe und das In-sich-Gekehrte.

Was stimmt nun aber? Wann ziehen sich die Gegensätze an, und wann stoßen sie sich ab? Ob wir das Gegensätzliche in einem anderen Menschen anziehend oder abstoßend finden, hängt davon ab, ob wir das Anderssein des anderen akzeptieren können oder nicht. Gegensätze ziehen sich dann an, wenn wir das Gegenteilige im anderen Menschen lieben und schätzen können. Gegensätze stoßen sich ab, wenn wir die gegensätzliche Eigenschaft beim anderen Menschen nicht mögen, wenn der oder die andere so ist, wie wir selbst niemals sein wollen.

Egal, ob wir den Gegensatz nun mögen oder nicht, der Gegensatz, den wir im anderen Menschen entdecken, ist oftmals ein Teil von uns selbst. Das, was wir bei anderen sympathisch finden, ist etwas, was wir auch in uns tragen, nur ist es in uns nicht so entwickelt. Das Gleiche gilt aber auch für den negativen Fall. Das, was wir bei anderen Menschen als Charaktereigenschaft verabscheuen, ist meistens ein Teil, den wir auch in uns tragen, ein Teil, den wir an uns selbst nicht mögen und deshalb mithilfe unseres inneren Kritikers unterdrücken oder bekämpfen.

Lassen Sie mich das an einem Beispiel näher erläutern. Vor einigen Jahren machte ich eine Urlaubsreise mit einer kleinen Gruppe von Leuten. Wir verpflegten uns unterwegs selbst. In der Gruppe war eine Frau, die ich hier Viola nenne. Und mit dieser Frau fing ich in Windeseile einen Streit an. Und das kam so: Eigentlich kannte ich Viola zu Beginn der Reise überhaupt nicht. Sie war ungefähr in meinem Alter, und vom ersten Eindruck her fand ich sie ganz nett. Dann aber passierte es gleich am zweiten Tag. Ich machte das Frühstück und deckte den Tisch. Viola kam dazu und half ein bisschen dabei. Noch während wir den Tisch deckten, nahm sie sich ein großes Messer, schnitt sich ein Stück vom Käse ab und aß es auf. Ich sah fassungslos zu. Sie aß den Käse ohne Brot! Und sie wartete damit nicht, bis das Frühstück losging, sondern sie nahm sich einfach etwas, bevor die anderen am Tisch saßen. So etwas hätte ich nie gewagt. Einfach Käse zu essen, noch bevor das Frühstück losging! Ich bin mit vielen Geschwistern aufgewachsen. Dort habe ich gelernt, dass man sich nicht einfach etwas nehmen darf, ohne dass die anderen auch etwas bekommen. Ich musste als Kind warten und fast alles mit den Geschwistern teilen. Und überhaupt – Käse und Wurst isst man nicht ohne Brot! Da kam nun Viola und machte das, was ich nie durfte. Sie nahm sich, was sie wollte, und machte das nicht einmal heimlich. Wohlgemerkt, Viola nahm niemandem etwas weg. Es war genug Käse für alle da, aber ich fühlte mich sofort von ihr provoziert. In meinen Augen war sie gierig und rücksichtslos. Von diesem Moment an begann ich sie misstrauisch zu beobachten. Und tatsächlich – einen Tag später nahm sie sich zweimal Pudding zum Nachtisch. Obwohl genug Pudding da war und ich selbst überhaupt keinen Pudding mag, war Viola bei mir restlos unten durch. Alles, was sie tat, sah ich nur durch die Brille »Die ist aber gierig!« Jetzt war sie, ohne es zunächst zu wissen, zu meiner Lieblingsfeindin geworden. Mein innerer Kritiker fiel über sie her, weil sie etwas auslebte, was ich mir selbst nicht erlaubte. Sie lebte das, was ich in mir durch die »Das-tut-man-nicht«-Vorschriften unterdrückte. Wie gerne hätte ich damals als Kind einfach zugegriffen und mir etwas in den Mund gesteckt. Und wie gerne hätte ich das auch als Erwachsene gemacht. Aber nein – ich war immer Vorbild, achtete darauf, dass alle etwas abkriegten und stellte mich hinten an mit dem, was ich brauchte. Und dann kam Viola und zeigte mir das Gegenteil davon. Schade, damals auf der Reise wusste ich noch nichts über Gegensätze, die sich abstoßen. Ich wusste nichts davon, dass wir das, was wir bei anderen nicht mögen, oft in uns tragen, aber durch Vorschriften unterdrücken. Damals verabscheute ich Viola und fühlte mich dabei absolut im Recht. Damit hatte ich eine tolle Chance vertan. Denn Viola hätte auch meine »Lehrerin« sein können, statt meine Lieblingsfeindin. Sie hätte mir beibringen können, was mir noch fehlte. Ich konnte bereits Rücksicht nehmen und dafür sorgen, dass niemand zu kurz kam. Aber mir fehlte die innere Freiheit, mir selbst einfach etwas außer der Reihe zu gönnen, etwas spontan zu genießen und den Käse auch mal ohne Brot zu essen. Das alles hätte ich von Viola lernen können. Aber ich war damals so sehr in meinen Vorschriften gefangen, dass ich um keinen Preis so werden wollte wie sie. Meine Lektion in Sachen »spontanes Genießen von Käse, auch ohne Brot« habe ich erst viel später gelernt. Heute kann ich glücklicherweise beides: Rücksicht nehmen, meine Bedürfnisse hintenanstellen, genauso wie beherzt zugreifen und einfach genießen.

Wenn Sie bestimmte Leute spontan unsympathisch finden oder allergisch auf bestimmte Charaktereigenschaften bei anderen reagieren, dann kann das ein wichtiger Hinweis auf Ihre eigenen Vorschriften sein. Möglicherweise hassen Sie bei anderen das, was Sie bei sich selbst bekämpfen. Durch innere Vorschriften, die Ihnen vielleicht gar nicht bewusst sind, werden Sie immer wieder in die gleichen Konflikte verwickelt. Je mehr Sie sich durch Ihren inneren Kritiker selbst verbieten, je mehr Sie davon überzeugt sind, wie richtig und gut Ihre Vorschriften sind, desto größer ist Ihr Konfliktpotenzial. Mit all unseren inneren Solls und Muss sind wir innerlich intolerant gegen uns selbst. Und da wo wir uns selbst gegenüber nicht tolerant sein können, sind wir es meist anderen gegenüber auch nicht.

Wenn andere unsere wunden Punkte treffen
Manchmal verletzen uns andere Menschen, ohne dass sie es wollen. Sie treffen zufällig unsere wunden Punkte. Das sind alte seelische Verletzungen, die noch nicht richtig verheilt sind. Viele davon stammen aus der Kindheit, also aus einer Zeit, als wir noch zu klein waren, um uns gegen andere Menschen zu schützen. Was sind das nun für seelische Verletzungen? Nach meiner Erfahrung sind das schmerzhafte Erlebnisse wie das Zukurzgekommensein, das Ausgeschlossensein, das Ausgelachtwerden, die Einsamkeit und das hilflose Ausgeliefertsein. Wenn solche seelischen Wunden nicht richtig verheilen konnten, dann werden sie meist durch Vorschriften innerlich geschützt. Die Vorschriften können im Einzelnen sehr unterschiedlich lauten, aber sie drehen sich alle um einen Kern, der da lautet:»Das Schlimme darf mir nie wieder passieren!« Falls dieser wunde Punkt einmal ganz zufällig durch andere berührt wird, also

falls der oder die Betreffende wieder einmal das Gefühl hat, beispielsweise ausgeschlossen zu sein oder ausgelacht zu werden, geht sofort innerlich der Alarm los. Eine Art Schutzsystem wird mobilisiert. Bei vielen Menschen besteht dieses Schutzsystem aus heftigen Abwehrreaktionen. Jemand, der zum Beispiel das Gefühl hat, mal wieder übergangen worden zu sein und zu kurz zu kommen, wird sich vielleicht zurückziehen und sehr traurig werden. Oder die Person wird wütend, und dann wird geschrien, getobt oder sogar geschlagen.

Am Beispiel von Frau Junge und Frau Winter lassen sich diese wunden Punkte mitsamt den Abwehrreaktionen gut verdeutlichen. Frau Winter hatte eine seelische Wunde, die das Ausgebootetwerden betraf. Sie hatte Angst davor, dass sie beiseite gedrängt und aufs Abstellgleis geschoben wird. Ohne es zu wissen, schlug zuerst der Vorgesetzte genau in diesen wunden Punkt. Er setzte Frau Winter eine neue, junge Kollegin vor die Nase, ohne zu erklären, dass diese Kollegin eine Erleichterung für sie sein sollte. Für Frau Winter war die neue Kollegin der Beweis, dass sie als ältere Mitarbeiterin jetzt abgeschoben werden sollte. Und ohne es zu ahnen, schlug auch Frau Junge in diese Kerbe. Sie wollte Frau Winter die Arbeit abnehmen und sich selbstständig in das neue Aufgabengebiet einarbeiten. Also ging sie los und machte sich mit den Vorgängen und Akten vertraut. Aber Frau Winter fühlte sich dadurch noch mehr beiseite geschoben. Und um sich zu schützen, tat sie das, was die meisten Menschen tun, wenn in ihre seelischen Wunden geschlagen wird – sie reagierte feindselig. Umgekehrt brachte aber auch Frau Junge zumindest eine seelische Wunde mit. Sie wurde früher als Mädchen von den Erwachsenen oft nicht ernst genommen. Dieses Nicht-ernst-genommen-Werden war ihre Kerbe, in die Frau Winter prompt hineinschlug. Frau Winter, die ja bereits an ihrem wunden Punkt getroffen war, redete mit Frau Junge eher unfreundlich.

Und prompt fühlte sich Frau Junge (mal wieder) wie ein »Dummchen« behandelt, das nicht ernst genommen wird. Und so fuhr auch sie ihre Stacheln aus. Beide hatten, ohne es zu ahnen, jeweils die wunden Punkte der anderen getroffen. Und beide haben das nicht offen angesprochen. Stattdessen haben beide die Kampfhandlungen aufgenommen. Der Konflikt spitzte sich zu.

Dort, wo Menschen zusammen arbeiten oder zusammenleben, treffen sie zufällig und ohne es zu wissen, die wunden Punkte der anderen. Das kann durch eine kleine Bemerkung geschehen, durch eine harmlose Geste, ein lautes Lachen oder durch eine gut gemeinte Hilfestellung. Leider sind den meisten Menschen ihre wunden Punkte nicht bewusst. Sie fühlen sich einfach nur getroffen und reagieren dann sozusagen automatisch aus dem Affekt heraus. Da wird dann gekämpft, statt den anderen über die eigenen wunden Punkte zu informieren. Und die andere Seite, die ja nichts Böses im Sinn hatte, reagiert auf so eine unerwartet schroffe Behandlung meist nach dem Motto »Wie du mir, so ich dir.« Und so wird die Konfliktspirale in Gang gesetzt und schraubt sich immer höher. Das Ganze kann verhindert werden, wenn die Betroffenen darüber reden, was sie verletzt oder gekränkt hat, statt gleich zurückzuschlagen oder den anderen zu bestrafen. Das setzt allerdings voraus, dass einem die eigenen wunden Punkte bewusst sind, dass die oder der Betreffende sich in der eigenen Seele auskennt, also ein gewisses Selbst-Bewusstsein hat.

Die andere Seite wird nur durch die Minus-Brille gesehen

Eine weitere Verschärfung in Konflikten ist die negative Sichtweise des Gegenübers. Ist der Streit erst einmal richtig hochgekocht, wird meist alles, was die andere Seite tut oder sagt, auf die Goldwaagschale gelegt. Jede Bemerkung wird überkritisch registriert, jede Handlung mit scharfen Adleraugen beobachtet. Im Konfliktfall neigen wir dazu, uns eine Minus-Brille aufzusetzen. Alles, was uns beim anderen stört, wird vergrößert. Die Pluspunkte oder die guten Seiten bei unserem Gegenüber werden dabei ausgeblendet.

Als Frau Junge das Telefon ihrer Kollegin abnahm, um einen Anruf entgegenzunehmen, hat Frau Winter die Sache nur durch ihre Minus-Brille gesehen. Für sie war das keine kollegiale Hilfe, sondern eine Einmischung in ihre Angelegenheiten.

Solange wir die Minus-Brille tragen, erscheint das Verhalten der anderen Konfliktpartei in einem negativem Licht. Auch wenn die andere Seite sich neutral verhält oder sogar freundliche Gesten macht, erscheint uns das wie ein gemeiner Trick oder ein hinterhältiges Ablenkungsmanöver. Das kann so weit gehen, dass keine der beiden Konfliktparteien in Ruhe gucken kann, ohne dass die andere Seite darauf überempfindlich reagiert. »Was die wieder für ein Gesicht macht!«, heißt es dann, oder: »Und wie die mich angeguckt hat – einfach schrecklich!«

Die Minus-Brille verursacht noch ein weiteres Problem: Es findet kein gegenseitiges Zuhören mehr statt. Niemand bemüht sich, den anderen zu verstehen, sondern es wird nur noch auf ein bestimmtes Stichwort von der anderen Seite reagiert. Während eine Person redet, ist der oder die andere schon dabei, sich die passende Gegenrede zurechtzulegen. Wenn Menschen das Gefühl haben, dass das, was sie sagen, bei der anderen Person nicht richtig ankommt, dann sagen sie meistens das Gleiche noch einmal, nur dieses Mal werden sie dabei etwas lauter und heftiger. So kommt es, dass bei einem Streit ständig das Gleiche wiederholt wird. Und während sich die Beteiligten weiter im Kreis drehen, werden sie immer lauter und aufgebrachter, um endlich richtig gehört zu werden.

Schuld verteilen und die Suche nach einem Sündenbock
Wenn ein Streit im Raum ist, dann taucht meist auch die Frage danach auf, wer Recht hat und wer schuld hat. Viele Menschen gehen bei Konflikten noch von einem alten Muster aus, das sie früher in ihrer Familie oft erlebt haben. Da war es häufig so, dass bei Konflikten ein Machtwort gesprochen wurde und jemand die Schuld bekam. Und wer die Schuld hatte, wurde bestraft. Dieses Muster findet sich auch noch in vielen Organisationen und in Betrieben wieder. Aber gerade das Beispiel von Frau Winter und Frau Junge zeigt, dass Konflikte eher Prozesse sind, an denen beide Seiten ihren Anteil haben. Beide Seiten tanzen diesen Tanz. Aus der Sicht jeder einzelnen Konfliktpartei sieht es natürlich so aus, als hätte jeweils die andere Seite schuld. Frau Winter fand, dass Frau Junge schuld hatte und umgekehrt. Jede konnte das aus ihrer Sicht natürlich beweisen. Wir als Außenstehende können darüber lächeln. Wir erkennen, dass sich die beiden in einer Konfliktspirale befanden und sich gegenseitig hochschraubten. Wenn wir uns selbst aber in so einem Konflikt befinden, dann neigen wir auch dazu, uns selbst als unschuldig darzustellen und der Gegenseite die Schuld an dem Konflikt in die Schuhe zu schieben.

Wenn dann die Schuld verteilt ist und ein Sündenbock gefunden wurde, dann liegt häufig auch der nächste Schritt sehr nahe: die Bestrafung des Schuldigen. Dieses Strafe-muss-sein-Prinzip geht davon aus, dass der oder die Schuldige gefälligst lernen soll und sich durch die Strafe bessern soll. Natürlich wissen wir rein rational, dass Strafe einen Menschen oft nicht bessert, sondern ihn oft verbitterter macht und ihn noch mehr in die Außenseiterposition treibt. Dieses Strafe-muss-sein-Prinzip ist auch deshalb schädlich, weil es in zwischenmenschlichen Konflikten sehr häufig niemanden gibt, der *allein* die Schuld hat. Schon deshalb führen Strafe oder Rache meistens auch nicht zu einer Klärung des Konflikts.

Was Sie tun können, wenn Sie in einem Konflikt stecken

Bevor Sie versuchen, einen Streit mit einem anderen Menschen zu klären, ist es sinnvoll, zuerst Ihr Selbst-Bewusstsein zu steigern. Oder anders ausgedrückt: Werden Sie sich zunächst darüber bewusst, was bei Ihnen selbst los ist. Ein großer Nutzen von Konflikten liegt ja gerade darin, dass wir dabei auf verborgene oder unterdrückte Teile unserer eigenen Persönlichkeit gestoßen werden. Wir können Sachen über uns selbst erfahren, die wir in »Friedenszeiten« kaum merken würden. Lassen Sie sich diese Chance nicht einfach entgehen, sondern riskieren Sie einen Blick in Ihr eigenes Innenleben. Um Ihnen diese Selbstklärung zu erleichtern, habe ich ein paar Fragen gesammelt, die Ihnen dabei weiterhelfen können.

Haben Sie den Konflikt verleugnet?
Neigen Sie dazu, Konflikte unter den Teppich zu kehren?
  Haben Sie geschwiegen, obwohl es eigentlich besser gewesen wäre, deutlich zu sagen, was Ihnen missfällt? Was würde passieren, wenn Sie Ihren Unmut oder Ihre Kritik klar aussprechen?
  Falls Sie sich im Kontakt mit einem bestimmten Menschen innerlich unbehaglich fühlen, dann bleiben Sie bei diesem Gefühl und verdrängen Sie es nicht. Was stört Sie beim anderen? Was ärgert Sie? Was hat Sie verletzt?

Gibt es Gegensätze, von denen Sie sich abgestoßen fühlen?
Prüfen Sie, ob Sie bei dem Menschen, mit dem Sie einen Streit haben, bestimmte Eigenschaften ablehnen oder sogar hassen. Gibt es Verhaltensweisen, auf die Sie allergisch reagieren? Gibt es etwas, was Sie sich selbst verbieten und was Ihnen bei anderen besonders sauer aufstößt?

Denken Sie daran, dass das, was wir bei anderen ablehnen, oft ein (verborgener oder unterdrückter) Teil unserer eigenen Seele ist.

Wie sehen Ihre wunden Punkte aus?
Versuchen Sie für sich zu klären, ob die andere Konfliktpartei, vielleicht ohne es zu wissen, einen wunden Punkt bei Ihnen getroffen hat. Gibt es Worte oder Taten der anderen Seite, durch die Sie ärgerlich wurden oder Angst bekommen haben? Was hat Sie am meisten verletzt und warum? Gab es bestimmte Situationen, in denen Sie überreagiert haben? Welcher wunde Punkt wurde dort bei Ihnen getroffen?

Welche wunden Punkte haben Sie vermutlich bei Ihrem Gegenüber getroffen?

Betrachten Sie die andere Seite nur noch durch eine Minus-Brille?
Sehen Sie bei der anderen Konfliktpartei nur das Negative? Wenn Sie am anderen kein gutes Haar lassen, wenn alles schlecht ist, was Ihr Gegenüber sagt oder macht, dann deutet das darauf hin, dass Sie selbst bereits die Minus-Brille tragen. Um diese einseitige negative Sichtweise loszuwerden, probieren Sie einmal Folgendes: Stellen Sie sich vor, Sie wollten der anderen Konfliktpartei mitteilen, welche *guten* Eigenschaften Sie bei ihr sehen. Was würden Sie sagen? Welche Pluspunkte hat Ihr Gegenüber?

Bevor Sie jetzt direkt mit dem Klärungsgespräch anfangen, überprüfen Sie einmal Ihre innere Einstellung zu der Lösung des Konfliktes. Oft scheitern Menschen bei der Klärung ihrer Konflikte, weil sie das Gespräch mit einer belastenden inneren Überzeugung führen.

Eine eher behindernde Auffassung in Konflikten ist die Haltung, unbedingt Recht haben zu wollen. Wenn wir Recht haben wollen, dann fangen wir meist an zu argumentieren.

Wir wollen die andere Seite verändern, belehren, überzeugen und selbst dabei gut wegkommen. Dabei wird übersehen, dass Menschen sich nicht gegen ihren Willen verändern, belehren oder überzeugen lassen. Im Gegenteil, je mehr wir am anderen herumzerren, desto stärker wird er oder sie sich wahrscheinlich widersetzen und in Opposition zu uns gehen. Unbedingt Recht haben zu wollen, zerstört die Beziehung zum Gegenüber. Viel sinnvoller als das Argumentieren ist es, dem anderen wirklich zuzuhören, um zu verstehen, was bei ihm oder ihr los ist. Es ist auch hilfreich, die eigene Abwehr fallen zu lassen und die eigenen Wünsche, Ängste und Verletzungen offen auszusprechen.

In einem Gespräch, das den Konflikt klären soll, geht es darum, das, was bisher verschwiegen wurde, ans Licht zu bringen. Das heißt auch, die eigenen wunden Punkte zu erklären und die wunden Punkte des anderen zu verstehen. Es geht darum, einander zuzuhören, ohne gleich zu verurteilen oder eingeschnappt zu sein. Wenn ein solches Klärungsgespräch hilfreich war, dann haben beide mehr davon erfahren, wie die jeweils andere Seite »gestrickt« ist, was der oder die andere braucht oder auch verabscheut. Es sind die Wünsche und Bedürfnisse *beider* Seiten deutlich geworden. Aber es wurde auch klar, wie das Verhältnis zwischen beiden Konfliktparteien wirklich beschaffen ist. Was beide voneinander erwarten können, was aber auch unrealistisch ist und was miteinander nicht möglich ist. Die Klärung eines Konfliktes bedeutet gemeinsam festzustellen: »So ist das mit uns.« Und das kann manchmal auch eine bittere Wahrheit sein.

Lassen Sie uns jetzt einmal genauer betrachten, wie so eine Gesprächsführung bei Konflikten aussehen kann.

SELBSTBEHAUPTUNGS-
STRATEGIE: **Gesprächsführung bei Konflikten**

Führen Sie das Gespräch auf »neutralem« Boden, also an einem Ort, wo sich beide Parteien wohl fühlen oder zumindest keine der beiden einen Heimvorteil hat. Achten Sie darauf, dass Sie während des Gespräches nicht gestört werden.

1. Stellen Sie das Problem, den Konflikt aus Ihrer Sicht dar, und beschreiben Sie Ihre Gefühle dazu, ohne Anschuldigungen, Drohungen, Sarkasmus oder Spott.
2. Sprechen Sie nur für sich selbst. Bedienen Sie sich nicht der Meinung anderer Leute, um Ihre Position zu stärken.
3. Billigen Sie der Gegenseite die gleiche Redezeit zu, die Sie selber in Anspruch genommen haben. Unterbrechen Sie den oder die andere nicht, wenn er oder sie Ihrer Meinung nach etwas Falsches sagt.
4. Informieren Sie die andere Seite über Ihre wunden Punkte. Sagen Sie Ihrem Gegenüber, wovor Sie Angst haben, was Sie besonders verletzt hat.
5. Geben Sie Ihre Fehler offen zu.
6. Verzichten Sie auf Machtmittel, die den Konflikt verschärfen. Versuchen Sie nicht, Ihrem Gegenüber zu drohen, machen Sie keine Erpressungsversuche. Eine Konfliktlösung, die beide Seiten zufrieden stellt, lässt sich nicht erzwingen.
7. Wenn Sie das Gefühl haben, selbst bedroht oder erpresst zu werden, dann sprechen Sie das direkt an. Sagen Sie Ihrem Gegenüber, wodurch Sie sich bedroht oder erpresst fühlen. Führen Sie das Gespräch erst weiter, wenn Sie sich wieder einigermaßen sicher fühlen.
8. Drücken Sie Ihre Wünsche deutlich aus. Sagen Sie, was Sie gerne verändert haben möchten, was für Sie eine gute Lösung wäre.
9. Lassen Sie zu, dass auch Ihr/e Gesprächspartner/in eigene Wünsche und Vorstellungen auf den Tisch bringt. Überlegen Sie

> gemeinsam, was eine gute kurzfristige Lösung wäre und wie eine langfristige Lösung aussehen könnte.
> 10. Stellen Sie sich auf mehrere Konfliktgespräche ein. Oft lässt sich ein Konflikt nicht mit einem einzigen Gespräch klären und lösen.

Mit einem solchen Gesprächsverhalten bringen Sie von Ihrer Seite Klarheit mit ins Spiel. Das heißt noch lange nicht, dass Sie den Konflikt auch gleich lösen können. Eine Regel bei der Konfliktlösung besagt: Ein Konflikt kann erst dann vollständig gelöst werden, wenn alles, was damit zusammenhängt, einmal vollständig auf den Tisch gekommen ist. Das heißt konkret: Suchen Sie nicht nach Lösungen, bevor sich alle Beteiligten gründlich ausgesprochen haben. Erst dann lassen sich Lösungen und neue Perspektiven finden.

Beispiel einer Konfliktklärung

Ich möchte nun kurz erklären, wie die Sache mit Frau Junge und Frau Winter weitergegangen ist. Ich habe in diesem Fall die Konfliktmoderation übernommen. Das heißt, ich habe mich bereit erklärt, Konfliktklärungsgespräche mit Frau Winter und Frau Junge anzuleiten und zu begleiten. Ich habe drei Gespräche zu je anderthalb bis zwei Stunden geführt. Bei den Gesprächen waren wir zu dritt, Frau Winter, Frau Junge und ich, im Anschluss daran hat es noch ein abschließendes Gespräch zu viert gegeben, bei dem auch der Vorgesetzte dabei war. Die Moderation von Klärungsgesprächen bei Konflikten teile ich in vier Abschnitte oder Phasen ein: die Startphase, die Klärung der Sichtweise jedes Einzelnen, der gemeinsame Dialog und der Abschluss.[3]

In der Startphase geht es noch nicht um den Konflikt selbst, sondern um die Rahmenbedingungen der Konfliktklärung. Es ist wichtig, dass die Gespräche in einem ruhigen, neutralen Raum stattfinden, also beispielsweise *nicht* im Büro von Frau Winter und Frau Junge und auch nicht im Büro des Vorgesetzten. Außerdem ist es wichtig, dass die Beteiligten wissen, unter welchen Bedingungen ich engagiert wurde und wie meine Rolle bei diesen Klärungsgesprächen genau aussieht. Ich erkläre beiden, dass ich allparteilich bin, das heißt, dass ich für *beide* Seiten bin und nicht die Anwältin einer der beiden Frauen oder des Vorgesetzten. Falls ich einmal in einem Konflikt nicht allparteilich sein kann, weil ich zum Beispiel mit einer Konfliktpartei eng befreundet bin oder weil der Auftraggeber unbedingt ein bestimmtes Ergebnis haben will, lehne ich den Auftrag ab. Aus diesem Grund übernehme ich beispielsweise keine Konfliktklärung im Freundeskreis oder in Firmen, die mir die Konfliktlösung schon von vornherein vorschreiben wollen. Ich bin offen gegenüber dem Ergebnis dieser Gespräche, das heißt, ich selbst will kein bestimmtes Resultat erzielen. Wenn die Gespräche zu einer Trennung führen, ist das für mich ebenso in Ordnung wie ein Näher-Zusammenrücken der Beteiligten. Ich verstehe mich selbst mehr als eine Art Hebamme. Ich unterstütze den Klärungsprozess, aber ich bestimme nicht dessen Endergebnis. In die Startphase eines Klärungsgesprächs gehört auch das Thema Freiwilligkeit hinein. Meine Konfliktmoderation ist nur dann möglich, wenn die Beteiligten freiwillig an den Gesprächen teilnehmen. Ich werde in meinen Seminaren oft gefragt, was zu tun ist, wenn jemand ein Konfliktgespräch nicht führen will. Meine Antwort lautet: »Nichts.« Wenn sich jemand an einem Gespräch nicht beteiligen will, dann kommen wir nicht dagegen an. In Firmen und Behörden kann möglicherweise die Anwesenheit eines Mitarbeiters/einer Mitarbeiterin angeordnet werden, aber eine echte Beteiligung am Gespräch lässt sich nicht befehlen. Wenn einer der Anwesenden den Konflikt nicht bearbeiten will, dann kann ich daran nichts ändern. Manchmal stelle ich allerdings eine Frage, um herauszufinden, warum jemand ein Klärungsgespräch nicht will. Die Frage lautet: »Unter welchen Bedingungen wären Sie bereit, sich vielleicht doch auf ein Klärungsgespräch einzulassen?« Oft lehnen Menschen ein Klärungsgespräch ab, weil sie Angst davor haben. Sie wollen nicht wieder verletzt oder untergebuttert werden. Manche fürchten auch, dass sie unterlegen sind, weil sie sich nicht so geschickt ausdrücken können wie die anderen Beteiligten. Manchmal kann ich dafür sorgen, dass diese Befürchtungen ausgeräumt werden. Manchmal auch nicht. Klärungsgespräche, zu denen die Beteiligten zum Beispiel von der Firmenleitung zwangsweise hinbefohlen werden, lehne ich grundsätzlich ab.

Wenn die Freiwilligkeit geklärt ist und die weiteren Rahmenbedingungen abgesteckt sind, kommt die nächste Phase im Klärungsgespräch, die Klärung der Sichtweise jedes Einzelnen. Jetzt geht es darum, dass beide Konfliktparteien zunächst einmal loswerden können, was sie bedrückt oder ärgert. In dieser Phase mache ich mir ein erstes Bild vom Konfliktverlauf. Frau Winter und Frau Junge haben mir nacheinander erzählt, wie sie den Konflikt erlebt haben. Ich lasse mir das von jeder Einzelnen berichten und frage so lange nach, bis ich verstanden habe, wie jede der beiden Frauen den Konflikt erlebt hat. Dabei reden die beiden nicht miteinander, sondern jeweils nur mit mir. Nur wenn beide *nicht* in den üblichen Schlagabtausch verfallen, habe ich eine Chance, zu verstehen, was überhaupt los ist. Ich achte darauf, dass beide ungefähr die gleiche Redezeit haben und sich nicht gegenseitig unterbrechen oder korrigieren. Ich versuche zunächst herauszufinden, wie jede der beiden den Konflikt sieht. Dabei achte ich auf Hinweise, welche wunden Punkte bei der jeweiligen Frau getroffen wurden. Ich kann diese wunden Punkte erahnen, wenn ich bei derjenigen, die gerade redet, auf die Stimme, die Wortwahl und die

Körpersprache achte. Wenn wir an unsere wunden Punkte herankommen, dann wird unser Verhalten oft aufgeregter, es fallen harte Worte, die Stimme wird lauter, die Gesten werden energischer, abrupter oder ganz gebremst. Manchmal kann es auch zu schroffen Abwehrreaktionen kommen, die nach außen hin oft böse oder gemein wirken. Das können Beleidigungen, Vorwürfe oder Drohungen sein. Oder wir sind berührt und traurig. Vielleicht werden die Augen feucht, und wir fangen an zu weinen. Diese Signale merke ich mir, und ich merke mir auch, von welcher Situation die Rede war, wenn so ein Hinweis auf einen wunden Punkt im Klärungsgespräch auftaucht. Während beide Frauen mir nacheinander erzählten, wie sie den Streit jeweils sahen, sammelte ich innerlich die wunden Punkte der beiden. Wenn es viele sind, mache ich mir auch Notizen, um nichts zu vergessen. Ich achte darauf, dass ich mich nach dieser Phase der Aussprache in jede der beiden Frauen gut hineinversetzen kann, sodass ich jede verstehe. Nur wenn ich den Konflikt aus der Sicht *beider* Frauen gut nachvollziehen kann, ist es gewährleistet, dass ich wirklich allparteilich bin. Wenn ich den Standpunkt einer der beiden Frauen nicht nachvollziehen kann, dann fehlen mir von dieser Seite noch Informationen und ich frage dann weiter nach, bis ich diese Frau verstanden habe.

Nach der Aussprache kommt jetzt die nächste Phase: der Dialog. Beide reden jetzt miteinander, wobei ich dafür sorge, dass es nicht zu dem üblichen Streit kommt. Zu diesem Zeitpunkt habe ich bereits Vermutungen darüber, wie der Konflikt entstanden ist, wodurch er sich zugespitzt hat und welche wunden Punkte bei der jeweiligen Seite getroffen wurden. Jetzt ist es wichtig, dass beide mit den üblichen Anschuldigungen aufhören und zu einer »Sprache des Herzens« finden. Zu dieser Sprache des Herzens gehört, dass sich beide Konfliktparteien direkt sagen, was sie gekränkt, verletzt und ärgerlich gemacht hat und dass sich beide gegenseitig über ihre wunden Punkte informieren. Ich bin in dieser Phase der Konfliktklärung eine Art Dolmetscherin, die immer dann einspringt, wenn etwas unklar ausgedrückt wurde oder wenn eine der beiden doch wieder ihre Stacheln ausfährt und zum Angriff übergeht. Ich filtere giftige Bemerkungen und Sticheleien aus dem Gesagten heraus und versuche die Gefühle, die dahinterstehen, direkt auszudrücken.

Dazu ein kurzes Beispiel aus dem Konfliktgespräch. Frau Winter zeigte mit dem Finger auf Frau Junge und sagte aufgebracht: »Als Sie ins Büro kamen, haben Sie sofort Ihre Nase überall hineingesteckt, ohne mich zu fragen. So was gehört sich doch nicht, wenn man in einem Büro neu anfängt.« Ich griff hier ein, weil sich Frau Junge wahrscheinlich durch die leicht giftige Bemerkung »... überall die Nase hineingesteckt ...« angegriffen gefühlt hätte. Damit wäre dann wieder der alte, unproduktive Schlagabtausch hergestellt, bei dem sich beide nur gegenseitig verletzen. Deshalb habe ich das »Gift« aus der Bemerkung von Frau Winter herausgenommen und diesen Satz in eine giftfreie Fassung übersetzt, in der auch deutlich wird, was Frau Winter eigentlich sagen wollte. Meine Übersetzung laute ungefähr so: »Das hört sich so an, als hätten Sie sich gewünscht, dass Frau Junge Sie fragt, bevor sie sich in den Schränken umsieht?« Frau Winter antwortet: »Ja natürlich! Ich war doch im Raum. Sie hätte mich einfach nur zu fragen brauchen. Ich hätte ihr das schon alles erklärt.« Ich bitte Frau Winter, das Frau Junge direkt zu sagen. Frau Winter spricht Frau Junge direkt an. »Sie hätten mich doch nur zu fragen brauchen. Ich war doch da. Ich meine, ich bin doch nicht nur zur Zierde im Büro.« Ich wandte mich an Frau Junge: »Frau Junge, was sagen Sie dazu?« Frau Junge spricht direkt zu Frau Winter: »Wissen Sie, ich wollte nur selbstständig arbeiten. Im Prinzip bin ich ja auch keine Anfängerin mehr, die immer andere fragen muss und nicht weiß, was los ist. Aus dem Alter bin ich raus.« Ich frage genauer nach: »Ihnen ist es wichtig, dass Sie eigenverantwortlich arbeiten können, und deshalb wollten Sie sich auch zuerst einmal allein zurechtfinden und nicht gleich Frau Winter fragen.« Frau Junge antwortet: »Ja, ich wollte sie (zeigt auf Frau Winter) eigentlich gar nicht weiter stören. Ich hab mir gedacht, ich kann mich da schon selbst zurechtfinden.« Frau Winter sagt dazu: »Na ja, die Störung fing ja schon damit an, dass man mir da einfach jemanden vor die Nase gesetzt hat. Einfach so von heut auf morgen. Da muss man ja Verdacht schöpfen.« Ich frage auch hier genauer nach: »Und welchen Verdacht haben Sie geschöpft?« Frau Winter antwortete aufgeregt: »Nun, was soll man davon halten? Ich dachte, die wollen mich jetzt langsam, aber sicher aufs Abstellgleis schieben. Die alte Frau Winter schafft die Arbeit nicht mehr, und jetzt kriegt sie eine junge Kollegin, die alles besser kann. Und das, nachdem ich so lange für die Firma gearbeitet habe.« Hier kam ein wunder Punkt von Frau Winter heraus, und ich hakte nach: »So, wie die Sache gelaufen ist, fühlten Sie sich abgeschoben.« Frau Winter hatte Tränen in den Augen und sagte: »Ja, ich dachte, nun habe ich ausgedient, nun muss ich aufs Altenteil.« Frau Junge war davon sichtlich berührt und sagte zu Frau Winter: »Aber das hat man mir gar nicht so gesagt. Ich sollte Ihnen doch nur etwas von der Arbeit abnehmen.«

Indem ich eingreife und die emotionale Seite des Konfliktes und den Konfliktverlauf näher beleuchte, schälen sich allmählich die wunden Punkte der Beteiligten heraus und die Schlüsselsituationen, in denen diese wunden Punkte getroffen wurden.

In dieser Phase ist es wichtig, dass alle Konfliktpunkte auf den Tisch kommen, damit der Streit sozusagen mit allen Wurzeln ausgegraben werden kann. Am Ende dieser Dialog-Phase haben die Beteiligten oft das Gefühl, zum ersten Mal richtig verstanden worden zu sein und dass das angekommen ist, was sie zu sagen haben.

Nach diesem klärenden Dialog waren beide Frauen weit davon entfernt, ein Herz und eine Seele zu sein. Aber beide fanden, dass jeweils die andere nun *nicht* mehr zu hundert Prozent die Schuldige sei. Frau Winter und Frau Junge erkannten, dass sie charakterlich aus einem unterschiedlichen »Holz geschnitzt« waren. Sie merkten, welche wunden Punkte sie selbst hatten und welche wunden Punkte jeweils die andere hatte. Und beiden wurde klar, wodurch sich die Konfliktschraube immer weiter hochgedreht hatte.

Nachdem beide Frauen alle Problempunkte bearbeitet hatten, ging es in der letzten Phase, dem Abschluss, um konkrete Maßnahmen und darum, wie beide den Arbeitsalltag künftig gestalten können. Und so sahen die Lösungen aus: Beide Frauen einigten sich darauf, dass die jeweiligen Arbeitsgebiete klarer als bisher getrennt werden. Frau Junge bat Frau Winter darum, dass sie ihr bei der Einarbeitung zur Seite steht. Frau Winter erklärte sich dazu bereit. Frau Winter wünschte sich, langfristig wieder allein in einem Büroraum zu arbeiten. Kurzfristig war sie bereit, mit Frau Junge das Büro zu teilen. Frau Junge wollte nicht so gern allein in einem Büro sitzen. Für sie war es wichtig, andere Leute um sich zu haben. Sie wollte zusammen mit anderen Kollegen und Kolleginnen in einem Raum arbeiten. In einem letzten Gespräch wurden diese Bitten an den Vorgesetzten weitergeleitet. Beide Frauen einigten sich darauf, dass jeweils die andere ans Telefon gehen kann, wenn eine der beiden nicht im Büro ist. Aber der wohl wichtigste Punkt war die Tatsache, dass beide – wenn auch nicht unbedingt freundschaftlich, so doch zumindest kollegial – wieder miteinander umgehen konnten.

Lassen Sie mich zum Schluss noch ein paar Worte zu dieser praktischen Seite der Konfliktklärung sagen. Ich habe die Erfahrung gemacht, dass die praktischen und organisatorischen Lösungen erst dann besprochen werden können, wenn der Konflikt in der Tiefe ausgelotet wurde und vollständig auf den Tisch kam. Eine vorschnelle, rein organisatorische Lösung klärt einen Konflikt meist nicht, sondern verschiebt ihn nur. Auch der Versuch, den Konflikt möglichst *ohne* die dazugehörigen Gefühle rein sachlich zu klären, geht oft schief. Ein Konflikt wurde ja gerade deshalb zum Konflikt, weil Emotionen im Spiel waren, weil die wunden Punkte bei den Beteiligten getroffen wurden. Ohne die Klärung der Gefühle, ohne das Aufdecken der wunden Punkte, wäre das Konfliktgespräch nur eine flüchtige Verzuckerung. Es wäre etwa so, als würde jemand Schlagsahne über einem Misthaufen verteilen. Die Schlagsahne kann den Mist zeitweise zudecken. Aber auf längere Sicht stinkt die Sache wieder zum Himmel.

Wie Sie Spannungen besser aushalten können

Mir ist in meinen Seminaren und Beratungen aufgefallen, dass viele Frauen konfliktgeladene Spannungen, die so genannte »dicke Luft«, nicht lange aushalten können. Vielen fehlt die nötige Standfestigkeit in Konflikten. Lassen Sie mich ein wenig genauer werden. Was heißt Standfestigkeit in Konflikten? Zu einem Konflikt kann es beispielsweise kommen, wenn Sie sich von anderen abgrenzen. Nehmen wir einmal an, Sie würden zu einer Bitte von jemandem nein sagen. Derjenige, der etwas von Ihnen wollte, kann nun möglicherweise enttäuscht sein und dann ärgerlich auf Sie werden. Standfestigkeit heißt hier die Spannung, die entstanden ist, auszuhalten. Diese Spannung kann sich darin äußern, dass sie beide wenig oder kaum miteinander reden und dass diese wortkarge Situation für Sie belastend ist. Oder Ihr Gegenüber wird immer aufgeregter und versucht Sie noch mehr von Ihrem Standpunkt abzubringen. Es wird lauter, die Situation wird turbulenter. Wenn Sie so eine dicke Luft nicht gut aushalten können, dann werden Sie wahrscheinlich zu

»radikalen Lösungsmitteln« greifen. Ein radikales Lösungsmittel besteht darin, dass Sie den Konflikt sofort beenden, indem sie der Bitte des anderen nachkommen und somit einlenken. Oder Sie versuchen so schnell wie möglich aus dieser Situation herauszukommen, indem Sie weggehen, die Beziehung beenden oder mit dem Ende drohen.

Um mehr Standfestigkeit und Beharrungsvermögen im Konfliktfall zu entwickeln, ist es ganz gut, wenn Sie in der Lage sind, den empfindsamen Teil Ihrer Seele angemessen zu schützen. Eine Möglichkeit, das zu tun, besteht darin, dass Sie bei Konflikten mit dem kleinen Mädchen in sich reden. Erklären Sie Ihrem empfindsamen Teil der Seele, was genau das Problem ist und versichern Sie ihm, dass ihm nichts passiert, dass es nicht bestraft wird, dass es sich auch nicht zu verstecken braucht.

Es gibt eine weitere Möglichkeit, den empfindsamen Teil Ihrer Seele aktiv zu schützen. Dazu möchte ich Ihnen eine Selbstbehauptungsstrategie anbieten, die ich das Schutzschild genannt habe. Mit diesem Schutzschild können Sie sich gefühlsmäßig von anderen Menschen abgrenzen. Dazu errichten Sie mental, also in Gedanken, eine Art unsichtbare Schranke zwischen sich und den anderen. Durch dieses gedachte Schild verhindern Sie, dass zum Beispiel die schlechte Laune oder die nervöse Hektik Ihres Gegenübers auf Sie überspringt. Ihr unsichtbares Schutzschild ist dabei wie ein dickes Fell, das Sie wärmt, wenn um Sie herum ein eisiger Wind weht.

Es ermöglicht Ihnen, ein wenig über der jeweiligen Situation zu stehen und so einen kühlen Kopf zu behalten, wenn es hoch hergeht. Wenn zum Beispiel Ihr Chef tobt und wütet, weil etwas schief gegangen ist, können Sie ruhig bleiben und herausfinden, worum es geht, ohne selbst ärgerlich oder unterwürfig zu reagieren. Ihr Schutzschild hilft Ihnen auch dann noch freundlich mit Ihrer Mutter (oder Schwiegermutter) zu reden, wenn sie Ihnen wieder einmal vorwirft, Sie würden sich nicht genügend um die Familie kümmern und die Kinder falsch erziehen. Selbst nörgelnde Kollegen oder quängelnde Kinder zerren sehr viel weniger an Ihren Nerven, wenn Sie sich innerlich gut dagegen abschirmen können.

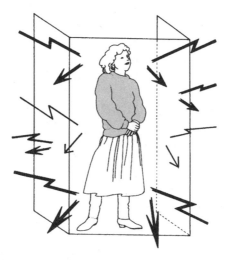

Ein Schutzschild ist der innere, mentale Zustand, der es Ihnen ermöglicht, Ihre Befindlichkeit von der anderer Menschen zu trennen. Das ist zum Beispiel dann sinnvoll, wenn Sie irgendwo bleiben möchten, wo die zwischenmenschliche Atmosphäre Sie verletzen oder aufregen könnte. Ich denke dabei an Vera, eine zwanzigjährige Frau, die ihre Eltern besuchen wollte. Sie hatte gerade ihr Studium abgebrochen und eine Ausbildung als Fotografin angefangen. Nun war es der erste Besuch von Vera bei ihren Eltern, nachdem sie diese Entscheidung getroffen hatte. Sie fürchtete, wahrscheinlich zu Recht, dass ihr Vater, der selbst Anwalt war, die Fotografie als ein »brotloses, albernes Hobby« abwerten würde. Er würde ihre Entscheidung nicht akzeptieren. Und Vera ahnte, dass sie daraufhin wütend werden würde, sodass der Besuch wahrscheinlich in einem Desaster endete. Deshalb wollte sie ihre Eltern eigentlich überhaupt nicht sehen. Mithilfe des Schutzschildes fand sie für sich einen Weg, ihre Eltern zu besuchen und auch mit ihnen zu reden, ohne sich von ihrem Vater provozieren zu lassen. In diesem gut abgegrenzten Zustand gelang es ihr, den beiden zu erklären, warum sie lieber Fotografin werden wollte. Sie ließ das, was ihr Vater dazu sagte, nicht allzu dicht an sich herankommen. Das Schutzschild half Vera sich von ihrem Vater abzugrenzen, ohne die Beziehung zu ihm abzubrechen.

Ihr Schutzschild kann Ihnen helfen, mit anderen Menschen in Kontakt zu bleiben, obwohl die Situation emotional belastend ist. Ich denke da beispielsweise an all die Menschen, die im Beruf mit Kunden zu tun haben. Der Umgang mit Kunden und Kundinnen kann schwierig sein. Besonders dann, wenn diese herablassend oder arrogant auftreten oder wenn sie sich beschweren und dabei aggressiv werden. In so einem Fall können die Kundenberaterinnen oder Verkäuferinnen nicht einfach weglaufen, weil die Situation ungemütlich wird. Aber ohne eine gute Abgrenzung besteht die Gefahr, dass jeder Ärger, jede Reklamation zu einer persönlichen Belastung wird. Deshalb brauchen vor allem diejenigen, die Kundenkontakte haben, ein gutes Schutzschild, um auch mit schwierigen oder ärgerlichen Menschen verbindlich reden zu können.

Ein gutes Schutzschild kann auch sehr nützlich sein, wenn Sie zu den Frauen gehören, die dazu neigen, sich selbst zu überlasten, indem Sie schnell die Probleme von anderen adoptieren. Falls das auf Sie zutrifft, dann reagieren Sie wahrscheinlich sehr sensibel auf die Hilflosigkeitssignale Ihrer Mitmenschen. Sie springen womöglich schnell auf, wenn jemand nicht zurechtkommt, wenn jemand etwas braucht oder einfach nur Kummer hat. Wenn Sie nun schnell aufspringen und Ihrem Gegenüber alle Schwierigkeiten abnehmen, dann landen viele Arbeiten bei Ihnen. Das habe ich bereits im vorherigen Kapitel »Grenzen ziehen« beschrieben. Ein Schutzschild kann Ihnen helfen, sich noch besser von anderen abzugrenzen.

Legen Sie sich ein »dickes Fell« zu

Bevor ich genauer beschreibe, wie Sie sich so ein persönliches Schutzschild zulegen können, lassen Sie mich noch eine Frage erörtern, die immer wieder auftaucht, wenn in meinen Seminaren davon die Rede ist. Ich erinnere mich noch gut an eine Teilnehmerin, die so ein Schutzschild für sich nicht wollte. Sie unterbrach meine Erklärungen ungefähr mit diesen Worten: »So ein Schutzschild will ich nicht. Dann wäre ich ja so wie mein Mann. Der baut auch immer so eine Mauer des Schweigens um sich herum auf, wenn er nach der Arbeit nach Hause kommt. Mein Mann sitzt dann im Sessel und liest seine Zeitung. Die Kinder und ich, wir existieren für ihn nicht. Der schaltet vollkommen ab, egal was gerade los ist. So will ich nicht werden.«

Verwechseln Sie »sich schützen« bitte nicht mit »abschalten«. Es geht nicht darum, dass Sie teilnahmslos und gleichgültig gegenüber anderen Menschen werden. Ein Schutzschild ist keine undurchdringliche Mauer, die Sie um sich herum errichten. Es geht lediglich darum, dass Sie sich nicht in den Gefühlszustand des anderen verwickeln. Tatsächlich können Sie sogar besser auf andere Menschen eingehen, wenn Sie innerlich gut abgegrenzt und geschützt sind. Ich selbst stelle mir mein Schutzschild gerne als eine durchsichtige Trennwand vor, an der alles abprallt, was mir im Moment nicht gut tut.

Lassen Sie uns nun dazu kommen, wie Sie sich Ihr persönliches Schutzschild aufbauen können.

SELBSTBEHAUPTUNGS-
STRATEGIE: **Ihr Schutzschild**

1. Erinnern Sie sich bitte an eine Situation, in der Sie kühl und gelassen reagiert haben, obwohl die Situation turbulent und aufregend war. Tauchen Sie in Ihrer Erinnerung nochmals ganz in diese Situation ein. Vergegenwärtigen Sie sich das Gefühl, dass die Unannehmlichkeiten an Ihnen abprallen, wie ein Tischtennisball von der Tischtennisplatte abprallt.
2. Lassen Sie innerlich das Gefühl wachsen, dass Sie sich schützen können, indem Sie eine Art unsichtbares Schutzschild um sich herum aufbauen.
3. Stellen Sie sich vor Ihrem geistigen Auge ein Schild vor, durch das Sie alles sehen und auch hören können, ähnlich wie das dicke Glas vor einem Bankschalter. Dieses Schutzschild können Sie jederzeit und an jedem Ort aufbauen.
4. Finden Sie selbst einen passenden Satz als »Begleitmusik« zu Ihrem inneren Schutzschild. Sagen Sie zu sich selbst etwas wie: »Das lass ich beim anderen« oder: »Das hat jetzt nichts mit mir zu tun« oder: »Das trifft mich nicht.«

Frauen, die dieses Schutzschild für sich entwickelt haben, haben sich ganz unterschiedliche Schilde vorgestellt. Manche Frauen dachten dabei an ein dickes Panzerglas, andere stellten sich innerlich ein Schild aus Metall vor. Einige haben eine Art Schutzaura für sich entwickelt. Wie immer Sie sich Ihr Schutzschild vorstellen, wichtig ist, dass Sie für sich eine Abschirmung entwickeln, mit der Sie sich wohl fühlen. Wenn Ihr Schutzschild funktioniert, dann werden Sie merken, dass Sie gelassener bleiben können, wenn es turbulent wird oder wenn es Ärger gibt.

Damit Sie, wann immer Sie es wollen, schnell zu Ihrem Schutzschild finden können, ist es wichtig, dass Sie es häufiger trainieren. Probieren Sie in ganz harmlosen Situationen, wie beim Einkaufen oder beim Spazierengehen, immer mal wieder Ihr Schutzschild zu errichten. Dabei ziehen Sie jeweils für eine kurze Zeit die Aufmerksamkeit vom äußeren Geschehen ab und konzentrieren sich auf sich selbst. Wenn Sie das ein paarmal geübt haben, sind Sie in der Lage, sich blitzschnell, quasi wie mit einem Fingerschnippen, innerlich zu stärken und zu schützen.

Überleben in der Giftküche

Das Thema »Umgang mit blöden Bemerkungen und Herabsetzungen« taucht in den Selbstbehauptungstrainings immer wieder auf. Oft lauten die Fragen der Teilnehmerinnen dazu so:

»Mein Schwiegervater nennt mich ›Emanze‹, wenn er bei uns zu Besuch ist. Ich weiß nicht, wie ich darauf reagieren soll.«

»Wenn ich mit meinem Chef diskutiere und ihm keine Argumente mehr einfallen, dann sagt er zu mir: ›Nun werden Sie nicht gleich so emotional.‹ Das verunsichert mich völlig. Ich weiß nicht, was ich dann sagen soll.«

»Ein Kollege hat zu mir gesagt, dass er solche Karriereweiber wie mich nur besoffen ertragen könnte. Ich war völlig sprachlos. Was hätte ich darauf antworten können?«

Manche dieser verbalen Angriffe sind Ausdruck eines schwelenden Konfliktes. Manchmal handelt es sich dabei auch nur um eine Statusrangelei, darum, wer der (verbal) Stärkere ist. Bevor ich darauf eingehe, wie Sie mit solchen seltsamen Sprüchen fertig werden können, möchte ich noch einen Moment bei dieser Form des verbalen Kräftemessens bleiben.

Zunächst möchte ich hier nicht den Eindruck erwecken, als seien Frauen die wahren Unschuldslämmer. Frauen können andere Menschen auch herabsetzen und demütigen, aber ihre Methoden unterscheiden sich meistens von denen der Männer. Frauen setzen meist mehr auf die leiseren Praktiken, wie Nase rümpfen und wortkarg werden, Klatsch und üble Gerüchte verbreiten, die sich zu kleineren oder auch größeren Intrigen ausweiten können. Das lernen Frauen oft schon in ihrer Kindheit. Da Mädchen eher auf Bindung zu anderen Menschen hin erzogen werden, laufen ihre Rivalitätskämpfe untereinander eher verdeckt als offen ab. Jungen wird zugestanden, buchstäblich um die eigene Überlegenheit mit anderen Jungen zu raufen. Mädchen raufen selten miteinander, um zu sehen, wer die Stärkere ist. Je älter die Mädchen werden, desto weniger geht es überhaupt um Stärke, sondern mehr darum, wer die Hübschere oder die Beliebtere ist und wer den tollsten Freund hat. Die Rivalitätskämpfe der Mädchen bestehen weniger aus dem direkten Kräftemessen als vielmehr aus einem »Guck mal, wie hübsch und liebenswert ich bin«. Dieses eher indirekte, leisere Konkurrieren macht weniger Lärm als die Raufereien der Jungen und fällt deshalb auch weniger auf. So sind Frauen oft verunsichert, wenn sie direkten, verbalen Angriffen gegenüberstehen. Wobei Frauen nach meinen Erfahrungen hier oft mit zweierlei Maß messen. Kommt der verbale Angriff von einer Frau, dann wird er sehr viel stärker beachtet und übler genommen, als wenn der Angriff von einem Mann kommt. Anders gesagt: Frauen sind sehr viel unbarmherziger, wenn es sich bei dem Angreifer um eine Frau handelt.

Der Tanz um die Dominanz

Das Gerangel um die Dominanz hat für viele Männer eine gewisse Selbstverständlichkeit. Für viele sind diese kleinen Machtkämpfe eine Art, den Kontakt zum anderen zu knüpfen und zu halten. Sie sind dabei wie kleine Jungs, die sich schubsen und miteinander raufen, aber trotzdem Freunde sind, nur dass eben jeder weiß, wer im Augenblick der Stärkere ist. Besonders in der männlich-dominierten Berufs- und Geschäftswelt passiert es nun, dass ein Mann eine Frau zu einem Gerangel um Macht und Status herausfordert. Er wird vielleicht eine bissige Bemerkung machen, einen ablehnenden Kommentar von sich geben, im ironischen Tonfall die Leistung oder die Frau selbst angreifen. In der eher männlichen Kultur ist das eine Aufforderung zum Tanz um die Dominanz. Männer erwarten jetzt die entsprechenden Tanzschritte von der Gegenseite. Frauen sind aufgrund ihrer weiblichen Kultur hauptsächlich auf (gute) Beziehungen eingestellt. Dieses Machtgerangel bedeutet für sie eine bedrohliche Verschlechterung der Beziehung. Und das geht Frauen meist direkt unter die Haut. Sie ziehen sich zurück, versuchen die gute Stimmung wiederherzustellen oder reagieren aggressiv. Aus der Sicht der männlichen Kultur wirkt ein solches Verhalten wie ein Eingeständnis der Unterlegenheit.

Wie unterschiedlich Männer und Frauen mit verbalen Angriffen und Herabsetzungen umgehen, wird auch an dem Beispiel einer Teilnehmerin deutlich, die als Baustellenleiterin fast ausschließlich mit Männern zusammenarbeitete. Als auf dem Bau einiges schief ging, kam der Bauherr persönlich zu ihr und schrie sie »in Grund und Boden«. Die Teilnehmerin berichtete, dass sie noch nie so angeschrien und beleidigt worden sei. Sie hat daraufhin nächtelang nicht schlafen können und war wirklich kurz davor, ihren Beruf an den Nagel zu hängen. Sie hatte das Gefühl, bis in alle Ewigkeit versagt zu haben. Ein Freund von ihr, der selbst als Bauleiter tätig war, konnte ihr helfen, indem er ihr die »Spielregeln« auf der Baustelle erläuterte. Er erklärte ihr, dass so ein tobender Bauherr häufiger vorkommt. Er selbst lasse in solchen Situationen den Bauherren schreien und rufe ihn dann, so nach zwei, drei Stunden an, wenn sich der Sturm gelegt habe. Dann gehen beide zusammen ein Glas Bier trinken und klären dabei das Problem. Die Teilnehmerin sagte, dass sie völlig perplex gewesen sei, nachdem ihr Freund ihr diese »Geschäftsregeln« erklärt hatte. Sie selbst musste feststellen, dass sie das ganze Brüllen und Herumtoben des Bauherren sehr persönlich genommen hatte. Und nun kam heraus, dass das Ganze eine Art »Theaterdonner« ist, den die Beteiligten miteinander veranstalten, um kurz klarzustellen, wer das Sagen hat.

Dieser »Theaterdonner« dient dazu, in einer vorwiegend männlich-geprägten Öffentlichkeit und Berufswelt den Überlegenen und den Unterlegenen auszumachen. Diese Machtdemonstrationen sehen natürlich auf einer Baustelle anders aus als in einer Bank oder in einem Lehrerkollegium, aber sie sind fast in jedem öffentlichen Bereich zu beobachten. Immer geht es darum, dass der Angreifer (oder die Angreiferin) sich selbst ins Recht setzt, indem er sein Gegenüber als wertlos, dumm oder unfähig darstellt. Frauen neigen eher dazu, jeden Angriff sehr persönlich und absolut ernst zu nehmen. Sie haben keinen Blick dafür, dass das Ganze dazu dient, den »größten Hecht im Karpfenteich« auszumachen und die eigene Machtposition abzusichern. Dabei leiden durchaus auch Männer unter diesen Angriffen und Herabsetzungen. Aber sie wissen auch, dass dieser Machtpoker in irgendeiner Form zum »Geschäft« dazugehört.

Gelassen Kontra geben

Ich möchte Ihnen nun verschiedene Möglichkeiten zeigen, wie Sie auf solche Bemerkungen reagieren können. Um souverän damit umgehen zu können, ist es wichtig, dass Sie in der Lage sind, sich nicht treffen zu lassen. Wie können Sie es anstellen, sich nicht treffen zu lassen? Eine giftige Bemerkung ist zunächst nur ein Kommunikationsversuch. Es ist der Versuch, Sie anzugreifen. Ob Sie sich angreifen lassen, liegt an Ihnen. Es ist etwa so, als ob Ihnen jemand einen alten, stinkenden Schuh vor die Füße wirft. Es liegt an Ihnen, ob Sie sich diesen Schuh anziehen und damit herumlaufen. Tatsächlich kann derjenige, der Ihnen eine dumme Bemerkung vor die Füße wirft, Sie nicht zwingen, diese Bemerkung auch aufzugreifen. Wenn Sie nun gekränkt oder empört reagieren, zeigen Sie, dass Sie sich den Schuh angezogen haben, der Ihnen vor die Füße geworfen wurde. Sie haben den Kommunikationsversuch so verstanden, wie Ihr Gegenüber es wollte. Wie aber würde eine Reaktion aussehen, bei der Sie sich »den Schuh nicht anziehen«? Ich habe Ihnen hier drei verschiedene Reaktionsmöglichkeiten aufgelistet.

Die blöde Bemerkung einfach überhören
Das Überhören von Herabsetzungen und Sticheleien kann besonders im beruflichen Bereich sehr nützlich sein. Dort werden Frauen manchmal mit einer blöden Bemerkung regelrecht getestet. Die Testsituation sieht dann so aus, dass in einem völlig sachlichem Gespräch plötzlich eine Bemerkung zu den »Emanzen« oder den »Karriereweibern« gemacht wird, und dann warten alle gespannt auf die Reaktion der angesprochenen Frau. Für die übrigen Anwesenden wird es besonders interessant, wenn die betreffende Frau nun auf diesen Anschlag empört reagiert. Dann nämlich hat der Angreifer oder die Angreiferin gewonnen. Aus einer überlegenen Position heraus kann der Angreifer die empörte Frau nun bitten, doch wieder sachlich zu werden. Das gezielte Überhören erweist sich hier als eine gute Methode, um sich in solchen Testsituationen nicht hochnehmen zu lassen und die eigenen Pläne weiterzuverfolgen.

Die blöde Bemerkung direkt ansprechen
Eine andere Möglichkeit der Reaktion besteht darin, dass Sie die Stichelei ans Licht zerren und darüber reden, wie ge-

rade mit Ihnen geredet wird. Dafür gibt es verschiedene Möglichkeiten.

Werfen Sie den alten Schuh zurück, indem Sie gezielte Klärungsfragen stellen:

- »Als du eben sagtest ... (hier die blöde Bemerkung wiederholen) – was genau hast du damit gemeint?«
- »Was meinen Sie mit (zum Beispiel Karriereweibern)?«
- »Wie definieren Sie (zum Beispiel Emanzen)?«

Oder fragen Sie nach den Motiven Ihres Gegenübers:
- »Warum sagen Sie mir das gerade jetzt?«
- »Wie kommen Sie zu dieser Feststellung?«
- »Interessant. Was möchten Sie damit erreichen?«

Oder sagen Sie deutlich, was gerade passiert ist bzw. was Sie wollen:

- »Wahrscheinlich habe ich Sie da falsch verstanden, aber das hörte sich für mich wie ein Angriff auf meine Person an.«
- »Mit dieser Äußerung von Ihnen bin ich nicht einverstanden.«
- »Ich möchte nicht mehr so weiterreden. Ich schlage deshalb vor, dass wir ... (Ihr Wunsch oder Vorschlag).«

Die Bemerkung rein sachlich verstehen
Ich möchte diese Kontra-Strategie an einem Beispiel erklären. Die Mitarbeiterin einer kaufmännischen Abteilung in einem Industrieunternehmen war beruflich sehr erfolgreich. An diesem Tag kam sie aus einer Konferenz, in der sie ein Konzept überzeugend vorgestellt hatte. Einer ihrer Kollegen war vermutlich neidisch auf ihren Erfolg. In der Firma herrschte ein freundlicher, wenn auch distanzierter Umgangston, umso verwunderter war diese Frau, als der betreffende Kollege sie nach der Konferenz auf dem Flur beschimpfte. Ohne dass es jemand anderes mitbekam, mur-

melte er etwas vor sich hin und sagte dann laut und deutlich zu ihr: »Blöde Kuh!« Die Frau fiel aus allen Wolken und war sprachlos. Was sollte sie jetzt antworten? Dem Kollegen ebenfalls einen Tiernamen an den Kopf werfen? Sollte sie ihn nun im Gegenzug »Mistkäfer« oder »Regenwurm« nennen? Oder wäre es besser, nichts zu sagen, sich seine Beschimpfung zu notieren, um das dem Vorgesetzten zu melden? Sie selbst fand die erste Lösung mit dem Tiernamen für den Kollegen nicht passend. Zu Recht, wie ich finde. Diese Mitarbeiterin hätte sich dadurch auf das Niveau ihres Kollegen herabgelassen. Oder anders ausgedrückt, sie wäre so geworden wie er. Das wollte sie nicht. Aber sie wollte ihn auch nicht beim Chef anschwärzen. Sie wollte ihm etwas entgegnen, ohne dabei ebenfalls so giftig zu werden wie ihr Gegenüber.

Die Bemerkung »blöde Kuh« hat die Mitarbeiterin sofort als persönlichen Angriff aufgefasst. Das hat der Kollege wahrscheinlich auch so gemeint. Dennoch kann niemand bestimmen, wie wir etwas verstehen. Wie wir die Worte deuten und interpretieren, liegt allein an uns. Es ist unsere Freiheit, das, was uns jemand mitteilt, auch ganz anderes zu verstehen. Versuchen wir einmal die Bemerkung »blöde Kuh« nicht persönlich als Angriff zu verstehen, sondern sie rein sachlich zu nehmen. Bei einer Kuh handelt es sich um ein Tier. Ein Vierbeiner, den wir zunächst nicht in der kaufmännischen Abteilung eines Industrieunternehmens vermuten würden. Wie können wir es interpretieren, wenn jemand auf dem Flur eines Industrieunternehmens sich an eine Mitarbeiterin wendet und »blöde Kuh« sagt? Steht hinter der Mitarbeiterin überraschenderweise eine Kuh, oder hat der Kollege eventuell Halluzinationen? Ist es notwendig, dass ein Landwirt geholt wird, um das Tier zu entfernen, oder wäre es angebrachter, den Betriebsarzt zu holen, damit der Kollege die notwendige Erste Hilfe erhält? Sie denken vielleicht, das wären völlig abwegige Gedanken. Aber ist es nicht auch völlig abwegig, eine Mitarbeiterin »blöde Kuh« zu nennen? Wenn diese Mitarbeiterin sich nicht treffen lassen will, dann kann sie diese Bemerkung einfach sachlich verstehen. Damit wird deutlich, was für einen Unsinn der Kollege redet. Ihre Antwort darauf könnte etwa so lauten: »Verzeihen Sie, aber ich sehe hier weit und breit keine Kuh. Wir sind hier im dritten Stock, und um ehrlich zu sein, ich glaube auch kaum, dass eine Kuh in den Fahrstuhl passen würde. Den Weg durchs Treppenhaus halte ich auch für unrealistisch. Aber nehmen Sie es nicht so tragisch, wir können uns alle mal irren.« Mit einer solchen Antwort wäre die Mitarbeiterin gezielt auf den Sachverhalt »Kuh« eingegangen. Natürlich wäre es auch möglich, darauf abzuzielen, dass der Kollege ein Problem hat, wenn er im dritten Stock eine Kuh sieht. Betrachten wir seine Bemerkung mehr als eine Aussage über seinen Zustand, so könnte die Antwort folgendermaßen lauten: »O Gott, Sie sehen hier eine Kuh? Ist ansonsten alles in Ordnung mit Ihnen? Brauchen Sie Hilfe?« Alle diese Antworten liegen nicht auf der gleichen giftigen Ebene wie der Angriff, aber sie sind dennoch nicht einfach harmlos. Sie machen vielmehr den Irrsinn deutlich, der in so einer Herabsetzung steckt. Mit so einer Reaktion können wir uns wehren, ohne allzusehr an der Konfliktschraube zu drehen. Wir setzen keine blöde Bemerkung dagegen, sondern wir diskutieren die Stichelei rein sachlich oder bieten unsere Hilfe an. Voraussetzung, damit wir so reagieren können, ist, dass wir die Herabsetzung nicht als etwas nehmen, was uns betrifft, sondern sie mehr als eine Zustandsbeschreibung unseres Gegenübers ansehen. Unser/e Angreifer/Angreiferin sagt damit etwas über sich aus, über seine oder ihre Befindlichkeit. Diese andere Sichtweise von blöden Bemerkungen fällt uns leichter, wenn wir unser sachbezogenes Selbst einschalten. Dieser Teil der Seele kann besonders Frauen helfen, nicht alles sofort auf sich zu beziehen, sondern die giftige Bemerkung Wort für Wort auseinander zu nehmen, um dann sachlich darauf zu reagieren.

Aber vielleicht möchten Sie sich nicht so viel Mühe machen. Ich habe nach weiteren Reaktionsmöglichkeiten gesucht, mit denen Sie ruhig und gelassen Kontra geben können. Ich habe ein paar Standardantworten entwickelt, die ich das »Angriffs-Judo« genannt habe.

Mich haben schon immer asiatische Formen und Techniken der Selbstverteidigung wie Judo oder Aikido fasziniert. Der Kern dieser Kampfkunst mag uns paradox anmuten, da es in erster Linie um das Nichtkämpfen und um die Widerstandslosigkeit geht. Hierbei wird der Energie des Angreifers keine Kraft direkt entgegengesetzt. Der Schwung des Angriffs wird lediglich umgelenkt. Diese Haltung können wir auch verbal, also mit Worten zum Ausdruck bringen. Das Angriffs-Judo ist eine Möglichkeit, Kontra zu geben, ohne direkt zurückzuschlagen. Sie lassen den (verbalen) Angriff vielmehr ins Leere laufen. Damit überraschen Sie Ihr Gegenüber, weil der Angreifer/die Angreiferin eigentlich mit einer bestimmten Reaktion von Ihnen rechnet. Er oder sie will, dass Sie sprachlos, empört, gekränkt oder zumindest verunsichert sind. Wenn Sie ein Wortgefecht anfangen und sich schlagkräftig zur Wehr setzen, verhalten Sie sich wie erwartet. Für Ihr Gegenüber sind Sie damit durchschaubar. Der oder die andere kann sich ausrechnen, wie Sie auf eine Stichelei oder einen Angriff reagieren werden und die eigene Vorgehensweise darauf abstellen. Das Angriffs-Judo hingegen bietet Ihnen die Möglichkeit, unberechenbarer zu werden.

SELBSTBEHAUPTUNGS-
STRATEGIE: **Das Angriffs-Judo**

Denken Sie an eine blöde Bemerkung oder eine Stichelei, zu der Sie gerne Kontra geben würden, Wählen Sie nun aus diesen fünf Judogriffen den passenden aus.

1. *Der Samaritertrick*
   Machen Sie einen besorgten Gesichtsausdruck. Sagen Sie dem anderen, dass Sie gern bereit sind, ihm zuzustimmen, wenn ihm das hilft.
   »Hilft es dir, wenn ich dir Recht gebe?« Oder:
   »Ich stimme Ihnen gern zu, wenn es Ihnen dadurch besser geht.«
   »Ja natürlich, Sie haben Recht. Geht es Ihnen jetzt besser?«

2. *Die Ablenkung*
   Gehen Sie überhaupt nicht auf den Angriff ein. Reden Sie über das, was Ihnen gerade einfällt, zum Beispiel über das Wetter, die wirtschaftliche Gesamtsituation, Ihr letztes Wochenende. »Dabei fällt mir gerade ganz etwas anderes ein ...« oder: »Wo wir hier gerade so nett beieinander sind, muss ich Ihnen mal schnell etwas erzählen, was mir am Sonntag beim Spazierengehen passiert ist.«

3. *Das völlig unpassende Sprichwort*
   Bringen Sie Ihren Gesprächspartner ins Grübeln. Antworten Sie mit einem Sprichwort, das überhaupt *nicht* zu dem Angriff passt.
   Der Angriff: »Ach, Sie sind wohl auch eine von diesen Emanzen?«
   Die Antwort. »Ja, eine Schwalbe macht noch keinen Sommer.«
   Völlig verwirrend wäre auch diese Antwort: »Ich sage da immer: Die Axt im Haus erspart den Zimmermann.« Oder: »Ja, ja. Genau wie meine Großmutter immer sagte: In der Not frisst der Teufel Fliegen.«
   Erklären Sie anschließend nichts weiter, sondern schauen Sie Ihren Gesprächspartner nachdenklich an.

4. *Das gezielte Missverständnis*
   Können Sie manchmal schlecht hören, oder verstehen Sie gelegentlich nicht, was andere Ihnen sagen wollen? Das kann sehr

nützlich sein, besonders wenn Sie verbal angegriffen werden. Der Angriff: »Nun reagieren Sie doch nicht gleich so emotional.« Das gezielte Missverständnis könnte so lauten: »Ich reagiere rational? Wie kommen Sie denn darauf? Ich versuche immer, meine Gefühle zu zeigen.«

5. *Das überraschende Kompliment*
Kontern Sie, indem Sie Ihr Gegenüber freundlich ansehen und einfach etwas Nettes sagen, wie zum Beispiel: »Toll, wie Sie die Worte aneinander reihen können« oder: »Ich mag Ihre Witze« oder »Sie sind ein wunderbarer Gesprächspartner. Bleiben Sie so.«

Finden Sie diese Antworten etwas absurd? Ja, stimmt, das sind sie auch. Es sind absurde Reaktionen auf absurde Angriffe. Wenn Sie einen verbalen Judogriff anwenden, dann tragen Sie damit vor allem der grotesken Seite des Angriffs Rechnung. Vielleicht fällt Ihnen das am Anfang noch etwas schwer, weil Sie eigentlich lieber schlagkräftig und böse kontern würden. Bei vielen Frauen verbirgt sich dahinter die große Hoffnung, mit so einer Antwort etwas bewirken zu können. Sie möchten den Angreifer/die Angreiferin umerziehen, ihn oder sie zur Vernunft bringen, damit diese Person das nie wieder tut. Falls das auch auf Sie zutrifft, dann überlegen Sie genau, an wen Sie Ihre erzieherischen Talente verschwenden. Lohnt es sich bei Leuten, die sich Ihnen gegenüber so rüde aufführen? Sie werden mit einem dieser verbalen Judogriffe den Angreifer/die Angreiferin wahrscheinlich nicht zu einem besseren Menschen machen, aber Sie können Ihr Gegenüber ungeheuer verwirren. Nachdem sich der/die andere von der Verwirrung erholt hat, können Sie immer noch ein vernünftiges Gespräch anfangen. Setzt Ihr Gegenüber die Angriffe fort, haben Sie die Gelegenheit, unterschiedlich zu reagieren: Sie können Ihrem Gegenüber ehrlich sagen, was Sie von solchen Bemerkungen halten oder ein Kritikgespräch führen oder weitere Judogriffe ausprobieren.

Wenn Sie erst anfangen, mit diesen verbalen Judogriffen souverän und kreativ umzugehen, dann ist es gut möglich, dass Sie auf Herabsetzungen und Sticheleien weniger ängstlich oder zornig reagieren. Viele Teilnehmerinnen berichten, dass sie im Alltag häufig lachen, wenn sie auf eine blöde Bemerkung mit einem der Judogriffe kontern. Ich persönlich finde es vollkommen in Ordnung, wenn Sie dabei vergnügt sind. Damit trägt das Angriffs-Judo dazu bei, dass es Ihnen gut geht und dass die Verwirrung und der Ärger dort entstehen, wo sie hingehören – bei Ihrem Gegenüber.

Der Ärger mit der Wut

Gut, ich es gebe zu – nicht alle Widrigkeiten des Alltags lassen sich mit einer heiteren Gelassenheit ertragen. Nicht immer sind humorvolle Bemerkungen die passende Antwort auf die Gemeinheiten anderer Leute. Vor allem dann, wenn unsere Grenzen nicht respektiert werden, wenn unsere Würde mit Füßen getreten wird, kann einem schon mal der Humor vergehen. Was passiert, wenn Sie sauer werden? Reißen Sie sich zusammen und versuchen Sie sich nichts anmerken zu lassen? Wollen Sie mit Tassen oder wahlweise mit Aktenordnern um sich werfen? Oder würden Sie am liebsten weglaufen und alles hinter sich lassen? Wie gehen Sie mit Ihrem Zorn um?

Viele Frauen tun sich schwer mit ihrer Wut. Lassen Sie uns einmal genauer hinschauen, welche Schwierigkeiten das im Einzelnen sind. Viele haben bereits große Probleme damit, sich ihren Zorn überhaupt einzugestehen. Sie werden nicht wütend. Ja, ihre Trauer, Tränen, Angst oder Schuldgefühle sind ihnen vertraut – aber Wut scheinen sie nicht zu kennen.

Andere Frauen wiederum schildern, dass sie lange Zeit allen Ärger hinunterschlucken und dann beim geringsten Anlass explodieren. Diese Explosion ist dann wie ein Staudamm, der bricht, und die wütenden Reaktionen entsprechen kaum noch dem eigentlichen Anlass.

Für viele Frauen ist es eine wichtige Entdeckung, wenn sie merken, wie viel Wut sie innerlich angesammelt haben. Eine Teilnehmerin sagte dazu: »Ich war für alle Freunde und Kollegen immer die sanfte und liebe Gabi. Ich war immer nett, hilfsbereit und hatte ein Lächeln für die anderen. Hinter all dieser Nettigkeit hab ich oft mit den Zähnen geknirscht und die Fäuste geballt, aber ich hab mich zusammengerissen und mir nichts anmerken lassen. Ich hatte so einen riesigen Hass, den ich nie jemandem zeigen mochte.«

Warum haben Frauen solche Probleme mit ihrer Wut?

Ärger, Wut und Zorn zählen zu den Gefühlen, die gemeinhin als unweiblich und eher männlich gelten. Männern wird es eher zugestanden, mit der Faust auf den Tisch zu schlagen und herumzuschreien. Es gilt sogar als Zeichen von Durchsetzungsfähigkeit, wenn ein Mann mal so richtig aus der Haut fährt und ein »Machtwort« spricht.

Frauen, die ihre Wut zeigen, werden immer noch von anderen Frauen und Männern eher negativ bewertet: Sie gelten als hart, unbeherrscht oder hysterisch. Zu den klassischen weiblichen Durchsetzungsstrategien gehören das Schmeicheln, Verführen oder das (tränenreiche) Bitten und Flehen. Schon kleinen Mädchen wird gesagt, dass es sich nicht gehört, wütend zu sein: »Brave Mädchen stampfen nicht mit dem Fuß auf und schreien auch nicht herum!« Mit diesem Wut-Verbot sind die meisten von uns aufgewachsen. Und so haben viele Frauen nicht gelernt, ihren Ärger klar wahrzunehmen und angemessen auszudrücken. Das hat auch zur Folge, dass manche sich selbst nicht mögen, wenn sie in Wut geraten. Sie stellen sich vor, dass etwas Schreckliches passieren würde, wenn Sie Ihren Ärger zeigen. Solche Katastrophenfantasien klingen oft so:

»Andere Menschen werden mich verlassen, wenn ich wütend auf sie bin.«

»Wenn ich auf jemanden wütend bin, bedeutet das, dass ich ihn nicht mehr mag.«

»Wenn ich in Ordnung wäre, dann hätte ich keine Wut.«

»Ich muss meinen Zorn unterdrücken, sonst verliere ich die Kontrolle und flippe völlig aus.«

Hinter solchen Überzeugungen steckt die Ansicht, Wut und Ärger wären »schlechte« Gefühle. Lassen Sie es mich hier noch einmal ganz deutlich sagen: *Es gibt keine bösen, schlechten oder verkehrten Gefühle. Jedes Gefühl hat seinen Sinn.* Wut ist ein Gefühl, das Ihnen, wie kaum ein anderes, sehr deutlich mitteilt, dass etwas nicht stimmt.

Aufgestaute Wut und ihre Folgen

Betrachten wir einmal genauer, was passiert, wenn Wut nicht bewusst ausgedrückt, sondern unterdrückt und »eingemacht« wird. Unterdrückte Wut führt zu einer Art inneren Ärger-Sammlung. Das wird auch »Rabattmarken sammeln« genannt.[4]

Solche Wut-Rabattmarken kleben nun nicht einfach still und ruhig auf unserer Seele. Sie sind vielmehr aktiv und können einen Dauerstress auslösen, der wiederum eindeutige körperliche Reaktionen hervorruft. Manche Krankheitsbilder wie Migräne, Magenschleimhautreizungen, Bluthochdruck werden in der Psychosomatischen Medizin mit unterdrücktem Zorn in Verbindung gebracht. Aber verdrängter Zorn kann auch indirekt krank oder besser gesagt süchtig machen. Um diese innere, brodelnde Wutsammlung einzudämmen, greifen viele Frauen (und Männer) zu »Dämm-Stoffen« wie Alkohol, Medikamenten oder übermäßigem Essen. Damit wird das Grollen im Bauch zugeschüttet und ist so wenigstens für einige Zeit nicht mehr fühlbar.

Manche versuchen noch auf eine andere Art mit diesen Wut-Rabattmarken fertig zu werden. Sie lassen ihren Zorn indirekt heraus. Das kann dann so aussehen: Statt offen ärgerlich zu werden, wird sehr distanziert reagiert. Damit wird der anderen Person die Nähe verweigert, was wie eine indirekte Rache oder Strafe sein kann. Ein anderes Schlupfloch für den Zorn können auch kleine Sabotageakte sein. Da werden dann »ganz zufällig« und »aus Versehen« bestimmte Sachen vergessen oder ein Termin verschwitzt. Frauen, die ihren Ärger so verdeckt ausdrücken, sind dabei meist nicht besonders zufrieden. Sie fühlen sich vielmehr hilflos und ohnmächtig. Ihnen fehlt im Verhalten die Möglichkeit, direkt und klar zu sagen, dass sie sauer sind und was sie gern verändert haben möchten.

Lassen Sie uns die Wut einmal genauer unter die Lupe nehmen. Wie in jedem anderen Gefühl steckt auch in Ihrem Zorn eine Botschaft für Sie. Ihre Wut teilt Ihnen mit, was für Sie persönlich nicht stimmt. Sie ist ein deutliches Nein, ein klares »So-geht-es-nicht-Weiter«. Die Wut ist zunächst Widerstand, der sich *gegen* etwas richtet, gegen ein Verhalten, eine Person, eine Situation. Ihre Sehnsucht kann Sie zu etwas hinziehen, aber wenn Sie gleichzeitig Angst davor haben, Ihrer Sehnsucht zu folgen, dann treten Sie womöglich auf der Stelle. Vielleicht halten Sie an einer Freundschaft fest, die schon lange keine mehr ist, Sie bleiben auf einem Arbeitsplatz, der keine Herausforderungen mehr bietet, Sie halten eine Partnerschaft aufrecht, die in Wirklichkeit schon zerbrochen ist. Ihr Zorn kann Ihnen die Energie liefern, um endlich da rauszukommen. Alles, was Sie danach noch brauchen, ist eine Vorstellung oder eine Vision davon, wo Sie hinwollen, oder anders gesagt: Ihre Wut stößt Sie von dem ab, was Ihnen nicht gut tut, aber worauf steuern Sie dann zu? Was wäre besser für Sie?

Während ich das hier schreibe, denke ich an Erika, eine Frau, die bei mir in der Beratung war. Bei ihr stimmte die Beziehung zu ihrem Mann schon lange nicht mehr. Sie dachte schon seit Monaten über eine Trennung nach, aber traute sich nicht, den Schritt auch tatsächlich zu vollziehen. Sie hatte große Angst davor, allein zu leben, obwohl sie und ihr Mann seit Jahren keine Gemeinsamkeiten mehr hatten. Beide sagten sich nur noch das Notwendigste und lebten ansonsten nebeneinander her. Erika sehnte sich nach einem Partner, mit dem sie reden konnte. Dennoch reichte ihre Unzufriedenheit über die derzeitige Ehe und ihre Sehnsucht nach einer besseren Partnerschaft nicht aus, um Erika zum Handeln zu bewegen. Erst ihre Wut schaffte das. Als Erikas Vater starb, war sie sehr traurig und für Wochen fast depressiv. In dieser Zeit brauchte sie Unterstützung, und sie versuchte immer wieder mit ihrem Mann darüber zu reden. Aber ihr Mann wies sie ab und sagte ihr, sie solle mit ihren Problemen zu einem Nervenarzt gehen. Darüber wurde sie wütend. Und durch ihren Zorn kam sie nicht nur aus ihrer depressiven Stimmung heraus, sie schaffte es auch, sich aus der Beziehung zu lösen. Erika, die eine solche Angst hatte, allein zu leben, stellte nun fest, dass sie an der Seite ihres Mannes bereits seit geraumer Zeit allein lebte. Es war ihr Zorn, der ihr klar aufzeigte, was in ihrem Leben nicht stimmte, und er gab ihr auch den nötigen Antrieb, um sich aus dieser Situation zu befreien.

Wut, die angemessen und konstruktiv ausgedrückt wird, setzt auch deutliche Zeichen für andere. Wenn Ihre leisen Töne bisher überhört wurden, dann sind Sie jetzt mit Ihrer Wut so deutlich, dass niemand mehr sagen kann, es wäre nichts gewesen.

Der bewusste Umgang mit der Wut

Wie aber kann Wut ausgedrückt werden? Einfach raus damit, losbrüllen, Türen knallen, Fäuste ballen und zuschlagen? Nein, es geht nicht darum, die Wut einfach über jemanden auszuschütten, sondern mehr um den bewussten Umgang mit diesem Gefühl. Aber was genau ist ein bewusster Umgang?

Ich möchte zunächst auf die körperliche Ebene eingehen. Ärger bewirkt im Körper eine Anspannung der Muskeln. Wenn wir ärgerlich werden, machen wir uns sozusagen körperlich kampfbereit. Diese Muskelanspannung betrifft meistens die Region im Hals-, Schulter- und Oberarmbereich. Oft ist auch der Kiefer angespannt, die Zähne werden zusammengebissen. Wird der Ärger nun über längere Zeit aufgestaut, dann kann diese andauernde Muskelverspannung zu chronischen Störungen, insbesondere zu Schmerzen im Kopf- und Schulterbereich führen. Auf der körperlichen Ebene ist es sinnvoll, die Spannungen abzubauen. Das kann beispielsweise durch sportliche Betätigungen geschehen wie zum Beispiel joggen, schwimmen oder Yogaübungen. Aber der Abbau von körperlicher Anspannung allein ist nur ein Teil des bewussten Umgangs mit dem Ärger. Hinzu kommt auch, dass Sie verstehen, welche Botschaft, welche Hinweise in Ihrer Wut stecken. Was möchten Sie anders haben, was brauchen Sie? Und wie können Sie anderen unmissverständlich zeigen, dass Sie ärgerlich sind, ohne dabei verletzend oder zerstörerisch zu sein?

Frauen, die Schwierigkeiten mit ihrem Zorn haben, verfügen oft nur über ein einziges Verhalten, wenn sie ärgerlich sind. Eine Frau, die bei mir in der Beratung war, schilderte mir dazu Folgendes: »Ich will ja, dass zu Hause Frieden herrscht, und deshalb sage ich oft nichts, wenn ich ärgerlich auf meinen Mann oder die Kinder bin. Ich schlucke viel zu viel herunter, das weiß ich. Aber irgendwann kann ich nicht mehr, und dann platzt mir der Kragen. Vor kurzem war wieder so eine Situation: Mein Mann wollte mit dem Auto den Wochenendeinkauf machen, aber er hat den Einkaufszettel zu Hause vergessen und dann alles aus dem Gedächtnis eingekauft. Das hatte zur Folge, dass wir wahnsinnig viel Zwiebeln und Kartoffeln hatten, aber kein Brot und keine Milch. Ich bin dann am Sonnabend kurz vor Geschäftsschluss nochmals los und habe die restlichen Sachen besorgt. Während ich einkaufen war, hatten meine beiden Kinder zu Hause das Wohnzimmer auf den Kopf gestellt. Und mein Mann saß dabei seelenruhig in der Küche und las die Zeitung. Ich kochte innerlich, als ich vom Einkaufen zurück war und die Unordnung sah, aber ich habe nichts gesagt. Beim Mittagessen kippte sich mein jüngster Sohn fast einen ganzen Teller Tomatensuppe über die Hose, und da bin ich explodiert. Ich hab ihn angebrüllt, den Teller auf den Boden geschmissen und die Küchentür hinter mir zugeknallt. Ich war vollkommen fertig mit den Nerven.«

Diese Frau nimmt ihren Ärger zwar innerlich wahr, aber ihr fehlt eine Art abgestufter Wut-Ausdruck. Lassen Sie mich das kurz erklären. Nehmen wir einmal an, die Frau wird, wenn sie sauer ist, schweigsam und guckt mürrisch. Aber für ihre Umwelt sind diese Signale nicht deutlich genug, und alle machen weiter wie bisher. Die Frau wird innerlich immer wütender, aber in ihrem Verhalten verändert sie nichts. Sie schweigt und guckt weiterhin finster. Das geht so lange, bis sie irgendwann explodiert oder weggeht. Für ihre Mitmenschen kommt das überraschend, schließlich hat sie doch vorher nur mürrisch geguckt. Besser wäre es für sie, wenn sie das Gefühl jeweils so ausdrückt, wie es gerade ist. Das heißt, bei etwas Groll auch ein wenig nach außen hin zu grollen. Bei Enttäuschung sich das Enttäuschtsein auch anmerken zu lassen. Bei Empörung auch empört zu sprechen, mitsamt der dazugehörigen Körpersprache.

Wie Sie Ihren Ärger zeigen, hängt natürlich auch von der jeweiligen Umgebung ab, also ob Sie sich gerade in Ihrem Wohnzimmer befinden oder auf einer Vorstandssitzung. Und davon, wie eng die Beziehung zu Ihrem jeweiligen Gegenüber ist. In einer Liebesbeziehung können wir meistens unsere Gefühle direkter ausdrücken als in einer beruflichen Beziehung, beispielsweise dem Vorgesetzten gegenüber.

Lassen Sie uns noch einen Augenblick bei der Explosion, der Ärgerüberflutung bleiben. Bei solchen Ärgerüberflutungen ist die Wut viel größer und intensiver, als es eigentlich angemessen wäre. Wie kommt es zu so einer Überreaktion? Oft sucht die Seele nach einem Ventil für alte, aufgestaute Emotionen. Wenn wir alte Wut-Rabattmarken in unserer Seele horten, dann kann es vorkommen, dass dieser aufgestaute Ärger herausbricht, wenn er dazu eine Chance bekommt. Diese alte Wut hängt sich an ein aktuelles Ärgernis dran und kommt so an die Oberfläche. Wir sind dann viel zorniger, als es dem momentanen Anlass gegenüber angebracht wäre. Deshalb gehört zum bewussten Umgang mit der Wut auch, dass wir in der Lage sind, zu fühlen, ob unser Zorn auch einen Teil unserer Lebensgeschichte ans Licht bringt und inwieweit sich in ihm vergangene Enttäuschungen oder seelische Verletzungen ausdrücken. Wenn Sie auch hin und wieder das Problem haben, bei einem Wutanfall die Kontrolle zu verlieren, dann empfehle ich Ihnen den Abschnitt »Einschnappen oder ausrasten: Wenn der innere Kritiker Amok läuft«. Dort finden Sie einige Hinweise, wie Sie solche automatischen Reaktionen erkennen und rechtzeitig unterbrechen können.

In der nachfolgenden Selbstbehauptungsstrategie finden Sie ein paar Anregungen, wie Sie Ihren Ärger wahrnehmen, ausdrücken und ihn als Veränderungskraft nutzen können.

SELBSTBEHAUPTUNGS-
STRATEGIE: **Machen Sie das Beste aus ihrem Ärger**

1. *Gönnen Sie sich Ihren Ärger.*
   Ihre ärgerlichen Gefühle dürfen da sein. Lassen Sie in Ihrem Bewusstsein zu, dass Sie sich im Moment ärgern.
   Fangen Sie nicht gleich an, alles zu analysieren, zu rechtfertigen oder die Schuld bei sich selbst zu suchen. Nehmen Sie keine Drogen (Medikamente, Alkohol usw.), um das Ärger-Gefühl loszuwerden. Erlauben Sie es sich, ärgerlich zu sein.

2. *Dem Ärger zuhören.*
   Hören Sie Ihrer Wut zu, so wie Sie einer guten Freundin zuhören würden. Was oder wer hat Sie geärgert? Wurde eine Grenze bei Ihnen verletzt, wurden Sie übergangen oder missachtet? Wodurch genau ist das geschehen?

3. *Zeigen Sie Ihren Ärger.*
   Falls Sie nicht wissen, mit welchem Verhalten Sie Ihre zornigen Gefühle angemessen ausdrücken können – hier ein paar Hinweise dazu: Verändern Sie Ihre Körperhaltung, Ihren Gesichtsausdruck und Ihre Stimme – falls das nicht von selbst passiert. Bauen Sie im Sitzen oder Stehen eine möglichst präsente »An-mir-kommt-keiner-vorbei«-Haltung auf. Machen Sie sich groß und breit. Behalten Sie Ihr Gegenüber mit festem Blickkontakt im Auge und lächeln Sie nicht. Hier ist das Ende der Freundlichkeit erreicht.
   Machen Sie besonders mit Ihrer Stimme deutlich, dass mit Ihnen jetzt nicht zu scherzen ist. Verändern Sie die Lautstärke Ihrer Stimme: Werden Sie entweder lauter, oder fangen Sie leise, aber sehr deutlich an zu zischen.
   Bitte seien Sie auch dann klug, wenn Sie wütend sind. Vermeiden Sie (auch aus juristischen Gründen) beleidigende, verletzende Ausdrücke, und greifen Sie nicht zu Waffen (Messern, Wurfgegenständen etc.), wenn Sie nicht akut körperlich bedroht sind. Überlegen Sie, ob es wirklich sinnvoll ist, jemanden vor den Augen und Ohren der Umstehenden »herunterzuputzen«.

4. *Stellen Sie Forderungen.*
Hinter Ihrem Ärger versteckt sich meistens eine ganz konkrete Forderung. Mit anderen Worten, Sie wollen, dass sich etwas verändert. Teilen Sie anderen Menschen klipp und klar mit, was Sie von ihnen erwarten oder fordern. Verlassen Sie sich nicht darauf, dass Ihr Gegenüber doch allmählich wissen müsste, was Ihnen fehlt oder was Sie möchten. Die meisten Menschen können keine Gedanken lesen und sind deshalb darauf angewiesen, dass Sie deutlich sagen, worauf es Ihnen ankommt.

5. *Verwandeln Sie Ihren Ärger in Tatkraft.*
Ärger ist pure Energie. Sie können Ihren Zorn als einen Energieschub nutzen, um kühl und planerisch Ihre private oder berufliche Situation zu verändern. Machen Sie Ihre Wut zu Ihrem Treibstoff, der Ihnen beim Ausstieg aus einer belastenden Situation die nötige Schubkraft verleiht.

Viele Frauen, die sich mit dem Gefühl der Wut neu anfreunden, brauchen Zeit, um zu akzeptieren, dass Zorn kein Gefühl ist, das alles in Fetzen reißt. Oft ist es reinigend für die Beziehung, für die Freundschaft oder für die Kollegialität, wenn jemand mal sagt: »Hier reicht es mir, ich habe die Nase voll, so geht es nicht weiter!« und damit seinen Ärger ausdrückt. Das ist jedenfalls sehr viel hilfreicher als der aufgestaute Ärger, der eine Beziehung leise und fast unbemerkt vergiften kann.

Achten Sie bei sich auch darauf, ob Sie nicht vielleicht aufgrund von inneren Vorschriften wütend werden. Menschen, die sich selbst mit vielen Vorschriften knebeln, haben oft die fixe Idee, andere Menschen *sollten* gefälligst so vernünftig, fair oder anständig sein, wie Sie das gerne hätten. Tatsache ist allerdings, dass andere Leute anders sind. Die anderen richten sich nicht immer nach unseren Vorstellungen von Vernunft, Gerechtigkeit und guter Qualität. Wenn wir glauben, unsere Ansichten seien die einzig richtigen, dann haben wir natürlich jede Menge Anlass, um uns aufzuregen. Je enger und kleinlicher unsere Vorstellungen von »richtig« und »falsch« sind, desto mehr Ärger halsen wir uns auf. Seien Sie mit sich und mit anderen großzügig. Das ist oft der beste Weg, um sich nicht über jede Kleinigkeit aufzuregen.

Wie Sie mit der Wut anderer Leute umgehen können

Gehen wir nun zu der Frage über, wie Sie mit dem Ärger von anderen fertig werden können. Wie können Sie mit jemandem umgehen, der oder die ärgerlich ist und vielleicht sogar in Ihrer Gegenwart schreit und tobt? Zunächst ist es wichtig, dass Sie keine allzu große Angst bekommen und sich davon nicht manipulieren lassen. Es ist ganz nützlich, wenn wir uns vergegenwärtigen, dass manche Menschen sehr hilflos in der Kommunikation mit anderen sind und glauben, dass es sich bereits um ein Kritikgespräch handelt, wenn sie sich aufregen. In so einer Situation ist es wichtig, zunächst nichts mit Ihrem ärgerlichen Gegenüber zu tun, sondern zuerst für sich selbst zu sorgen:

– Bauen Sie Ihr inneres Schutzschild auf.
– Achten Sie darauf, dass Ihre persönliche Distanzzone gewahrt bleibt.
– Treten Sie mehrere Schritte zurück, oder schieben Sie Ihren Stuhl nach hinten.
– Sie können auch weggehen, falls Ihr Gegenüber Ihre Distanzzone nicht respektiert. Das gilt vor allem dann, wenn der oder die Betreffende gewalttätig ist oder mit Gewalttätigkeit droht.
– Warten Sie, bis der Zorn des anderen »abgelaufen« ist.

Wenn Ihr Gegenüber wütend ist, dann können Sie nichts tun, um diesen Ärger abzubauen oder den Menschen zu versachlichen. Ärger ist eine Emotion, die wie alle anderen Gefühle auch ansteigt, ihren Höhepunkt erreicht und dann wieder abklingt. Wie lange das allerdings dauert, ob sich das in zehn Minuten abspielt oder ob es eine Stunde lang andauert, kann ich nicht vorhersagen. Manche Menschen schaffen es, sich durch bestimmte Gedanken immer wieder in Rage zu bringen und damit ihren Ärger sehr lange am Kochen zu halten. Denken Sie daran, dass Ärger im Körper Stress verursacht und dass wir unter Stress nicht klar nachdenken können. Wenn Sie versuchen, mit einer Person, die wütend ist, vernünftig und sachlich zu reden, dann ist das so, als würden Sie versuchen, mit jemandem zu reden, der gerade mit einem Tiger kämpft. Derjenige wird Ihnen nicht besonders interessiert zuhören und wird auch nicht sehr offen sein für das, was Sie sagen. Meist lässt sich die oder der Betreffende auch nicht besänftigen, etwa mit Worten wie: »Beruhig dich mal wieder und setz dich hin.« Eventuell setzt sich die Person hin, vielleicht wird sie auch etwas ruhiger, wenn aber der Ärger nicht ganz abgelaufen ist, dann reicht der kleinste Anlass, ein falsches Wort, und die Wut kommt wieder hoch. Deshalb mein Tipp für den Umgang mit ärgerlichen Leuten: Lassen Sie den anderen sich erst ausärgern, und führen Sie anschließend ein Gespräch mit ihm. Im Übrigen wird es Ihnen leichter fallen, den Ärger von anderen auszuhalten und *nicht* persönlich zu nehmen, wenn Sie mit Ihrer eigenen Wut gut umgehen können.

Ein Wort zum Schluss

Ich möchte Sie am Ende dieses Buches ermuntern, die beschriebenen Selbstbehauptungsstrategien einfach auszuprobieren und sie für Ihren Alltag so umzuändern, dass Sie gut mit ihnen zurechtkommen. Sie sind eine Zeit lang eine gute Hilfe, aber irgendwann werden Sie sie nicht mehr brauchen. Sie werden Ihre eigene Art der Selbstbehauptung entwickeln und verfeinern.

Wenn Sie mit diesen Selbstbehauptungsstrategien losgehen, um Gespräche und Verhandlungen zu führen, dann setzen Sie sich nicht unter den Druck, gleich alles perfekt hinkriegen zu wollen und auch noch »gewinnen zu müssen«. Statt mit verkrampftem Ehrgeiz versuchen Sie es doch mit Experimentierfreude. Wenn Sie mit so einer neugierigen Haltung an Ihre Selbstbehauptung herangehen, können Sie nicht »verlieren« oder »besiegt« werden. Sie machen lediglich einige interessante Erfahrungen mit sich und anderen Menschen. Und vergessen Sie nicht, sich selbst zu feiern, falls es klappt und gut läuft. Und wenn etwas danebengeht, dann feiern Sie sich erst recht.

Ich drücke Ihnen von ganzem Herzen die Daumen und wünsche Ihnen vor allem viel Spaß.

Anmerkungen und Literatur

Anmerkungen:

1 Die Auffassung, dass unsere Seele aus Unterpersönlichkeiten oder mehreren Selbsten besteht, vertreten u. a. die Psychotherapeuten H. und S. Stone, V. Satir, der Hirnforscher R. Ornstein sowie die Bochumer Uni-Arbeitsgruppe für Sozialen Konstruktivismus, Baecker, Borg-Laufs, Duda und Matthies.
2 In Anlehnung an Bambeck 1989.
3 Viel ausführlicher wird diese Form der Klärungshilfe bei Konflikten in dem Buch von Ch. Thomann und F. Schulz von Thun beschrieben.
4 Z. B. in der Psychologie, bei der Transaktionsanalyse.

Literatur:

Bambeck, Joern J.: Softpower – Gewinnen statt siegen. München 1989

Benard, Cheryl/Schlaffer, Edith: Rückwärts und auf Stöckelschuhen ... können Frauen so viel wie Männer. Köln 1989

Bepko, Claudia/Krestan Jo Ann: Das Superfrauen-Syndrom. Vom weiblichen Zwang, es allen recht zu machen. Frankfurt 1991

Berckhan, Barbara/Krause, Carola/Röder, Ulrike: Schreck lass nach! Was Frauen gegen Redeangst und Lampenfieber tun können. München 1993

Ornstein, Robert: Multimind. Wie die neue Hirnforschung unser Verhalten erklärt. Paderborn 1988

Protin, André: Aikido. Die Kampfkunst ohne Gewalt: ein Weg der Selbstfindung und Lebensführung. München 1997

Stone, Hal/Stone, Sidra: Abenteuer Liebe – Lebendige Partnerschaft. München 1997

Stone, Hal/Stone, Sidra: Du bist viele. Das 100fache Selbst und seine Entdeckung durch die Voice-Dialogue-Methode. München 1994

Tannen, Deborah: Du kannst mich einfach nicht verstehen. Warum Männer und Frauen aneinander vorbeireden. Hamburg 1991

Thomann, Christoph/Schulz von Thun, Friedemann: Klärungshilfe. Handbuch für Therapeuten, Gesprächshelfer und Moderatoren in schwierigen Gesprächen. Hamburg 1988

Tillner, Christiane/Franck, Norbert: Selbstsicher reden. Ein Leitfaden für Frauen. München 1989

Das *Powerpack* für mehr *Gelassenheit!*

Mit Kritik selbstsicher fertig werden – wer wünscht sich das nicht?

Barbara Berckhan zeigt in diesem Buch einfache, aber sehr wirksame Strategien, wie Sie konstruktiv mit Kritik umgehen können, um in allen Situationen souverän zu reagieren.
Auf der dem Buch beiliegenden CD können Sie Barbara Berckhan live erleben. Profitieren Sie von ihren cleveren Tipps!

Kompetent & lebendig.
PSYCHOLOGIE & LEBENSHILFE

Barbara Berckhan
Keine Angst vor Kritik
So reagieren Sie souverän
Powerpack: Buch und CD
Buch: 100 Seiten. Klappenbroschur
CD: Laufzeit 30 Minuten
Kösel-Verlag München
ISBN 3-466-30608-6

Kösel-Verlag München
www.koesel.de, e-mail: info@koesel.de